I0901386

NI PUTO CASO

NI PUTO CASO

ANDREA VILALLONGA

AGUILAR

Papel certificado por el Forest Stewardship Council®

MIXTO
Papel | Apoyando la silvicultura responsable
FSC® C117695

Penguin Random House Grupo Editorial

Primera edición: octubre de 2025

© 2025, Andrea Vilallonga
© 2025, Penguin Random House Grupo Editorial, S. A. U.
Travessera de Gràcia, 47-49. 08021 Barcelona

Penguin Random House Grupo Editorial apoya la protección de la propiedad intelectual. La propiedad intelectual estimula la creatividad, defiende la diversidad en el ámbito de las ideas y el conocimiento, promueve la libre expresión y favorece una cultura viva. Gracias por comprar una edición autorizada de este libro y por respetar las leyes de propiedad intelectual al no reproducir ni distribuir ninguna parte de esta obra por ningún medio sin permiso. Al hacerlo está respaldando a los autores y permitiendo que PRHGE continúe publicando libros para todos los lectores. Ninguna parte de este libro puede ser utilizada o reproducida con el propósito de entrenar tecnologías o sistemas de inteligencia artificial. PRHGE se reserva expresamente la reproducción, la extracción y el uso de esta obra y de cualquiera de sus elementos para fines de minería de textos y datos y el uso a medios de lectura mecánica u otros medios que resulten adecuados (art. 67.3 del Real Decreto Ley 24/2021). Diríjase a CEDRO (Centro Español de Derechos Reprográficos, http://www.cedro.org) si necesita reproducir algún fragmento de esta obra.
En caso de necesidad, contacte con: seguridadproductos@penguinrandomhouse.com.

Printed in Spain – Impreso en España

ISBN: 978-84-03-52482-8
Depósito legal: B-14.532-2025

Compuesto en Mirakel Studio, S. L. U.

Impreso en Black Print CPI Ibérica
Sant Andreu de la Barca (Barcelona)

AG2482A

A mi kiskus

Índice

Antes de empezar

Las dos caras del *Ni puto caso*

Este libro es para ti si alguna vez has sentido que hablas y no se entera nadie, ni el ficus del despacho, ni nadie en el grupo de WhatsApp, ni en tu familia, ni tu jefe, ni tu ex, ni tú misma, que a veces también haces como que no te oyes.

Si has intentado explicar algo importante y, en lugar de una reacción, has tenido como respuesta ese silencio tan largo y plano que da ganas de comprobar si la conexión emocional se ha caído; si a veces propones ideas, las lanzas con intención, y nadie dice ni mu hasta que otra persona repite lo mismo, con menos gracia, pero con voz de *yo mando aquí*; este libro te puede interesar.

También es para ti si sueles enviar mensajes que piensas que son perfectamente neutros, pero sin emoji, y de repente tienes que hacer control de daños para explicar que estás bien, que no estás enfadada. O si te cuesta decir *no* sin justificaciones, tono amable y una disculpa preventiva. O, mucho peor, si a veces haces más caso del necesario a una ceja levantada, a un *yo solo decía* o a un consejo no pedido que se te queda rondando en la cabeza más de lo que debería.

Porque *Ni puto caso* puede usarse como un lamento y como una declaración de intenciones. Es una moneda que tiene dos caras, como este libro.

Primera cara: cuando no te hacen ni puto caso

Te esfuerzas en ser clara, en explicar las cosas sin sonar intensa, en suavizar lo que dices para que no moleste, para que guste, para que encaje. Pero, ahí estás, hablando, y al otro lado no pasa nada. Ni un «te entiendo», ni una pregunta, ni un «cuéntame más». Solo ese silencio raro que no sabes si significa reflexión o pasotismo premium.

Y lo peor es que no te ocurre una vez, sino que es un patrón de respuesta cada vez que hablas. Te interrumpen, te ignoran, te explican tu propia idea. Y tú te vas haciendo pequeña, y dudas sobre si hablar otra vez o tragarte lo que ibas a decir.

Lo peor de lo peor es que, a veces, quienes te ignoran no lo hacen con mala intención. Lo que sucede es que no te están escuchando de verdad, están ocupados con su ego, sus expectativas, sus ganas de imponer. O simplemente no te ven. No porque no estés, sino porque no miran, o no saben cómo hacerlo, o no les interesa mirar.

Por eso la primera parte de este libro va justo de eso, de cómo recuperar tu espacio. Veremos cómo hablar con intención sin necesidad de gritar, cómo sostener tu mensaje con claridad sin disfrazarlo de nada. Aprenderás a hacerte escuchar sin convertirte en otra persona, porque cuando tu presencia es consciente y tu mensaje tiene dirección, el impacto llega. Y, sí, entonces te hacen caso. Del bueno, del que no tienes que rogar, ni justificar, ni forzar.

Segunda cara: cuando haces puto caso de más

Esta faceta de *Ni puto caso* es más sutil, pero igual de traicionera. Porque a veces el problema no está en los demás. A veces eres tú quien escucha demasiado todo lo que te dicen, lo que no te dicen, lo que crees que te dijeron. Y lo que tú misma te repites en bucle.

Te remueves por pequeñeces, dices que sí a todo con sonrisa automática, te adaptas antes de verificar si realmente querías hacerlo. Respondes, aunque no te apetece, das explicaciones cuando no hace falta, te callas para no incomodar y luego te enfadas contigo por no haber hablado.

Es ese momento en el que haces más caso del necesario a lo que opinan tu madre, tu jefe, tu amiga bienintencionada, tu ex, tus vecinos, los del chat del colegio o tu voz interna en modo *saboteadora en prácticas*. Esa que te dice: mejor no digas nada. Mejor espera. Mejor no te pongas intensa. Mejor no seas tú.

Y, claro, acabas un poco perdida. No porque no sepas quién eres, sino porque no sabes cómo defenderte de todo lo que opinan los demás sobre ti.

Por eso, la segunda parte de este libro no va de hablar más, sino de aprender a hablar contigo misma. De revisar lo que dejas entrar, lo que te tragas, lo que te callas, lo que dices solo para no perder el vínculo. Va de aprender a filtrar, a poner límites con elegancia, a no justificar lo evidente, a dejar de estar disponible para todo el mundo, todo el tiempo. Va de practicar el arte de no contestar y de recordar que no todo merece tu energía, tu tiempo o tu explicación.

Ahora bien, si después de leer todo esto aún estás pensando: Bueno, no sé si soy yo, o si esto es para mí... Haz el test que sigue. Hazlo con humor, por favor, no estamos en la autoayuda de lágrima fácil.

Marca tus respuestas con alegría, resignación o brindando con una copa de vino imaginaria.

MINI TEST – ¿Te hacen caso... o haces caso de más?

- ☐ Has enviado un «vale» sin emoji... y luego has tenido que aclarar que no estabas enfadada.
- ☐ Has propuesto una idea brillante y no ha pasado nada... hasta que otro la repitió con voz de jefe.
- ☐ Has dicho «no pasa nada» cuando claramente sí pasaba algo.
- ☐ Has pedido perdón por pedir algo básico.
- ☐ Has escrito un mensaje y lo has borrado tres veces para que no sonara agresivo.
- ☐ Has entrado tan directa en una conversación que luego has pensado: vale, igual fui un pelín bulldozer.
- ☐ Te han dicho «cuando te conocí me pareciste borde»... y tú ni habías abierto la boca.
- ☐ Has soltado una frase sincera con tanto filo que después tuviste que acompañarla de un *sticker* para suavizar.
- ☐ Has dado tu opinión disfrazada de pregunta, para no molestar.
- ☐ Te has quedado callada para no discutir... y luego has discutido contigo misma.
- ☐ Has dicho *sí* solo por no tener que explicar el *no*.
- ☐ Has respondido a algo solo porque te sentías culpable si no lo hacías.
- ☐ Has sentido que te ibas desdibujando un poco para que el resto estuviera cómodo.
- ☐ Has dejado una primera impresión tan intensa que tuviste que hacer *control de daños* en la segunda conversación.

Resultados (no científicos, pero sí claritos):

3 o menos checks:

Puede que no necesites este libro... o simplemente hoy te ha pillado en modo zen.

Vas bien, no parece que tu comunicación te genere grandes líos... pero no te confíes: siempre hay algo que revisar.

De 4 a 7 checks:

Sí, necesitas este libro.

Ya sabes lo que te pasa, pero todavía no sabes cómo contestar diferente sin hacerte un nudo mental.

Estás en ese punto donde cambiar tu forma de responder no solo es posible, sino necesario (y hasta liberador).

8 o más checks:

Necesitas este libro como el agua... o como el botón de silenciar del grupo.

Tu comunicación no está rota, solo está pidiendo orden, repaso y una sacudida con humor. No es drama: es mantenimiento.

Pasa la página. Tu voz te está esperando.

PRIMERA CARA: CUANDO NO TE HACEN NI PUTO CASO

Hola, ¿qué tal?

Vamos a decir la verdad: cuando sentimos que no nos hacen ni puto caso, lo primero que pensamos —y no te hagas la sorprendida— es que la cosa va con el otro. ¡Obvio! Que si no escucha, que si no entiende, que si es un borde, que si pasa de todo... El dedo va directo al de enfrente. Y, mira, es humano. Nos sale solo. Pero, claro, ahí se queda la cosa: no nos cuestionamos nada más.

Y aquí es donde empieza la fiesta. Porque la buena comunicación no arranca con hablar mejor, ni con proyectar la voz, ni con soltar frases lapidarias. No. Empieza con algo mucho más incómodo: mirar hacia dentro y preguntarse ¿y si hay algo en mi forma de comunicar que no está funcionando como yo creo?

Sí, ya sé, da un poco de urticaria. Pero es la base. Antes de meterte de cabeza en este libro (o en cualquier intento serio de mejorar tu comunicación), hay algo que necesitas tener claro: no, no sabes comunicar tan bien como crees. Nadie lo sabe. Todos pensamos que lo hacemos mejor de lo que en realidad lo hacemos. Lo veo en cada formación: más de uno viene buscando aplausos, no aprendizajes. Quiere confirmar que ya lo hace bien, no descubrir qué puede mejorar.

Nos encanta decir que queremos mejorar y, seguramente es verdad en cierta medida, pero cuando nos damos cuenta de que en los aspectos que debemos mejorar hay una parte de responsabilidad propia, la cosa cambia. Que nos señalen lo que podemos mejorar no nos sienta bien. No nos gusta. Y es normal, es humano. Y aunque con tantos cursos de asertividad y comunicación positiva hemos aprendido a sustituir el *No me has entendido* por un más diplomático *No me he explicado bien*, en el fondo, y lo sabes, seguimos pensando que es el otro quien no se entera.

Cuestionarse a uno mismo es difícil. Es mucho más fácil señalar al otro, porque señalarse a uno mismo implica asumir la responsabilidad. Y si nos fijamos en la propia palabra, responsabilizarse significa tener la habilidad de responder, es decir, actuar. Da pereza, ¿verdad? Porque mejorar la comunicación no es cuestión de apretar un botón y listo. Es aprender una nueva manera de hacer, desarrollar un nuevo hábito, y eso no sucede de la noche a la mañana. Es decir, requiere constancia. Para cambiar la base de nuestra comunicación hacen falta tiempo y esfuerzo, por ello, necesitamos estar seguros de que el esfuerzo valdrá la pena... Y eso, sinceramente, no te lo puedo asegurar (empezamos bien, ¿verdad?).

Y aquí viene una de las frases que más escucho en mis sesiones: «Pero Andrea, es que esto es muy difícil». ¡Por supuesto que lo es! Como cualquier hábito que intentamos cambiar. Si quieres mejorar tu salud física pero el deporte no es lo tuyo, te costará. Si quieres cambiar tu alimentación, también. Con la comunicación ocurre lo mismo: más o menos vamos *tirando* con nuestra forma de comunicar y hacer un esfuerzo extra nos da más pereza. Además, los resultados no son inmediatos, sino a largo plazo. No suena muy motivador, ¿verdad? Sin embargo, prefiero advertirte de todas las resistencias y excusas que te irás poniendo en el camino de mejorar tu comunicación.

También encontrarás ejercicios —algunos curiosos— que no funcionarán si los haces una sola vez. Volviendo al símil del gimnasio, ¿no sería maravilloso realizar un ejercicio y que los abdominales aparecieran al instante? A menos que los tengas de serie (y, sí, hay personas que comunican bien de forma natural), eso no ocurre. Hay que ir con regularidad, y en el proceso... aparecen las agujetas. Así que no, mejorar tu comunicación no es fácil ni inmediato. Es verdad que, al probar ciertos ejercicios, puedes sentirte rara y querer abandonar. Pero te aseguro que eso no significa que estés dejando de ser tú. Esa sensación de extrañeza forma parte del aprendizaje, como cuando trabajas un músculo que ni sabías que existía y te duele durante días, hasta que lo integras como algo propio. Pues esto es lo mismo. La comunicación es una habilidad que puedes desarrollar, ampliar y mejorar.

Otra gran resistencia es el clásico «Es que yo soy así, yo hablo así». No es cierto. No tienes un único registro comunicativo, sino que, como todo el mundo, posees varios registros. Eso sí, todos conectados a la misma persona, tú. De manera natural, eres capaz de cambiar tu registro. Fíjate que no le hablas igual a un niño que a tu jefa o a tu amiga. En esas ocasiones lo haces sin pensar, ¿no? Pues hay que aprender a hacerlo pensando, con consciencia. De eso va la comunicación consciente, de saber usar tus propios recursos de manera voluntaria. La comunicación consciente no cambia quién eres, solo mejora tu conexión con los demás. A mí la excusa típica del «es que yo soy así» ya no me vale. La comunicación no tiene que ver con quién eres, sino con la decisión que tomas a la hora de comunicarte. Cuantos más recursos comunicativos tengas, de más opciones dispondrás para conectar con diferentes personas, entender cómo funcionan y, sobre todo, decidir conscientemente cómo quieres ser vista, escuchada, entendida y tratada.

Otro error es pensar o creer que mejorando nuestra comunicación lograremos que los demás cambien de actitud. NO es cierto, tú solo eres responsable de tu comunicación y de tus acciones, no de las de los demás. Y no digo que no pueda pasar, pero ese no debería ser el objetivo principal de mejorar la comunicación. Si decides embarcarte en este proceso —que, aviso, puede ser desafiante—, ten claro que el objetivo es mejorar tú. O, dicho de otro modo, aprender y tomar conciencia, que al final viene a ser lo mismo.

Antes de meternos de lleno, ¿te has dado cuenta de cuánto comunicas sin darte cuenta?

Lo creas o no, comunicas *TODO* el tiempo. Incluso cuando crees que no estás diciendo nada, tu cuerpo, tu mirada y hasta tu silencio están enviando un mensaje. ¿El problema? Que muchas veces no somos conscientes de ello… y ahí es cuando la liamos. Y no solo hablando en persona, también escribiendo, enviando un audio de cinco minutos que ni tú quieres escuchar entero, poniendo un *ok* seco en WhatsApp que parece una amenaza, o soltando lo primero que se te pasa por la cabeza en una reunión. Y, claro, luego vienen las caras raras, los silencios incómodos o el famoso «¡pero si yo no dije eso!».

Así que, si alguna vez te han dejado en visto, te han interrumpido justo cuando ibas a decir algo importante o te han contestado con un «vale» que sonaba a divorcio… no es casualidad. No es culpa tuya, pero sí puedes hacer algo al respecto.

Para eso debe servirte este libro, para que cuando digas ese algo importante te hagan caso. Del bueno. Del que te mereces.

Y lo vamos a hacer desde la única base que de verdad transforma: la consciencia.

Porque si no sabes lo que estás proyectando, las reacciones que estás provocando en los demás o lo que estás comunicando sin querer, ¿cómo vas a cambiarlo?

Esta primera parte no te va a enseñar a ser otra persona. Te va a enseñar a ver lo que ya haces —lo bueno, lo torpe, lo mágico y lo mejorable— con ojos nuevos.

Es un *autocheck* de consciencia comunicativa.

Y, sí, a veces pica. Pero es el primer paso inevitable para que, de una vez por todas, empiecen a hacerte puto caso.

1

Primera impresión: ¿Ya te juzgaron?… (Y ya juzgaste)

Porque la gente te juzga en segundos, así que mejor que te juzguen bien

Quien diga que nunca ha juzgado por la primera impresión está mintiendo deliberadamente. Y no porque quiera engañar, sino porque es imposible no hacerlo. Nuestro cerebro está diseñado para recibir todas las señales externas y colocarles de inmediato una de estas dos etiquetas: «tranquilizador» o «amenazador». No podemos evitarlo. Es un mecanismo de supervivencia que ha funcionado durante miles de años. Nuestro cerebro reptiliano necesita identificar, controlar y gestionar lo que tiene delante, y evaluar si le resulta útil, peligroso, amable o irrelevante. Así que, aunque conscientemente creas que no estás juzgando, tu cerebro reptiliano ya ha tomado una decisión sin que te des cuenta.

Y no solo clasifica lo que ves, oyes, hueles o tocas, sino que también genera una sensación que influye en tus decisiones, tanto personas como todo lo que nos rodea. Seguro que te ha pasado alguna vez: pasas por delante de un escaparate, te atrae algo y decides entrar en la tienda, pero, en cuanto cruzas la puerta, sientes algo raro y, sin saber por qué, te das la vuelta y sales. Ese es tu cerebro reptiliano enviándote una señal. Algo de lo que has visto, olido, oído o sentido no encaja con lo que esperabas, no cumple con tus parámetros habituales y tu instinto te dice que te alejes.

Lo mismo ocurre con las personas. Cuando alguien nuevo entra en un grupo, es muy común que uno de los miembros te pregunte: «¿Has visto al nuevo?» y, sin haber cruzado una palabra con él, tú respondes: «Sí, me cae mal». Si te insisten con un «¿pero has hablado con él?», simplemente dices: «No, pero lo noto». Esa sensación es obra de tu cerebro reptiliano. No se basa en una conversación ni en una actitud específica, sino en esa primera impresión que dura poco menos de quince segundos

Y, en estos quince segundos, tenemos dos tipos de prejuicios:

- El juicio instintivo. Vinculado a nuestro cerebro reptiliano, que no se puede controlar.
- El juicio cognitivo. Vinculado a nuestros aprendizajes, entorno social y contextos, y que, por suerte, sí se puede modificar.

En los apartados siguientes vamos a centrarnos en cómo adaptarnos al juicio instintivo y cómo modificar el juicio cognitivo, para que puedas tener una visión más global acerca de los prejuicios que tenemos sobre los demás y los que tienen sobre ti.

Pero antes es esencial que entiendas que cualquier prejuicio —cualquiera de los dos tipos— se basa en lo que pareces ser, no en lo que eres. Quédate con esto: PARECES SER, no QUIEN ERES.

Muchas veces, lo que parecemos no nos define como personas, pero sí invita al comportamiento del otro. Ya lo dijo alguien: te tratan por cómo te presentas. Pero, claro, hay muchas cosas de nuestro aspecto que no podemos ni queremos cambiar, y, justamente, no se trata de eso, de cambiar. Se trata de entender esos prejuicios y, con esa información en nuestro poder, asumir lo que nos conviene mantener y lo que nos apetece modificar.

La decisión es nuestra y debe basarse en lo que queremos conseguir sin dejar de ser quienes somos. Es como alinear conscientemente lo que parezco con lo que soy y, luego, con cómo me comporto. Recuerda: la mente confunde el ser con el parecer.

SITUACIÓN: Cuando conoces a alguien por primera vez

Nuestro cerebro no solo nos hace sentir cosas que no entendemos, sino que, cuando no tiene toda la información, ¡se la inventa! Por eso, cuando conocemos a alguien por primera vez o cuando nos conocen, se asumen ciertas cosas sin tener pruebas reales. Seguro que alguna vez alguien te ha dicho: «Cuando te conocí, me pareciste simpático, borde, serio...», aunque ni siquiera hubieras abierto la boca.

Y esto pasa constantemente. Recuerda la época de la pandemia, cuando todos llevábamos mascarilla. Te cruzabas con alguien por la calle y te parecía atractivo. Pero, si se bajaba la mascarilla, pensabas: «Uy, uy, uy... mejor vuelve a subirla». No es que la persona fuera fea o guapa, sino que no encajaba con la imagen mental que tu cerebro había construido a partir de la mitad de su cara. Lo mismo ocurre con las interacciones por videoconferencia: solo vemos medio cuerpo de la persona con la que hablamos, y, cuando la conocemos en persona, nos parece más alta o baja de lo que imaginábamos. Incluso sucede con las voces. Escuchamos una voz en la radio o en un pódcast y nuestro cerebro automáticamente genera una imagen mental del físico de esa persona, con detalles específicos. Pero cuando la buscamos en Google, quizá nos llevamos una pequeña decepción. Y no porque esa persona sea más o menos atractiva, sino porque no coincide con lo que nuestro cerebro había imaginado. También pasa al contrario, y, al ver una imagen de alguien, tendemos a imaginar una voz que se ajuste a sus rasgos, pero que no tiene por qué corresponder con su voz verdadera. Yo creo que, para evitar falsas expectativas y discusiones, en las aplicaciones de citas, además de la foto deberían incluir la opción de añadir un vídeo o la nota de voz. Así de primeras tendrías la información al completo... No sabrías cómo es, pero sí al menos lo que parece al completo.

Nos guste o no, la primera impresión influye en la forma en que tratamos a los demás. No importa cuánto nos esforcemos en ser objetivos, nuestro cerebro reptiliano ya ha emitido su juicio. Y esto condiciona nuestro trato hacia ellos.

Imagina que entra una persona nueva en tu grupo de trabajo. Si te ha caído mal o te ha dado mala espina, aunque en los primeros quince días de convivencia demuestre que tiene una buena actitud y trabaja bien, probablemente tu comentario sea: «Bueno, espera, que solo lleva quince días». En cambio, si esa persona de entrada te ha transmitido buen rollo, pero en esos mismos quince días demuestra que no encaja del todo, tu comentario será: «Bueno, es que solo lleva quince días, hay que darle tiempo». Le vas a dar más oportunidades a quien tu cerebro reptiliano haya aceptado en principio como bueno que a quien haya descartado de entrada. Lo sé, es muy injusto… Por eso es importante conocer que este actúa así e intentar ir más allá de esta primera impresión.

La gran pregunta que debemos hacernos es: ¿qué impacto genero yo en los demás? Lo primero, repito, es que no somos conscientes de la imagen que proyectamos. Solemos ser más o menos conscientes de quiénes somos, qué nos gusta o hacia dónde vamos, pero tenemos muy poca conciencia del impacto que causamos. Y esto se hace evidente cada vez que nos vemos en un vídeo o nos escuchamos en un audio. Nos cuesta reconocernos porque lo que percibimos de nosotros mismos no coincide con lo que los demás ven y oyen. Piensa en la primera vez que te ves en un vídeo, no hablo de si te gustas o no, voy más allá: a veces hasta no te reconoces. Y qué decir de la voz… Cuando oyes tu voz grabada aún es más impactante, porque nosotros nos escuchamos por la oreja interna y nuestra voz suena de manera muy distinta a como la oye el resto del mundo. Seguro que te ha pasado: escuchas una grabación de tu voz y piensas: «¡pero qué horror, esa no soy yo!». No te preocupes, nos pasa a todos. Y la razón es más científica que dramática.

Nuestros oídos reciben el sonido por dos rutas distintas: a través del aire, que llega al tímpano, y a través de los huesos, que transmiten las vibraciones internas. En el día a día escuchamos nuestra voz con una mezcla de ambas rutas, lo que hace que la percibamos más grave y agradable. Pero cuando escuchamos una grabación, solo recibimos el sonido a través del aire, lo que le quita profundidad y nos hace pensar que nuestra voz es más aguda o «de pito» de lo que pensábamos.

Este fenómeno fue estudiado por primera vez en la década de 1960 por los psicólogos Philip Holzman y Clyde Rousey y se llama «confrontación de voz». Básicamente sucede que nuestro cerebro se enfrenta a una versión de nosotros mismos que no reconoce, y, como no está acostumbrado, nos incomoda. Pero aquí viene la buena noticia: la grabación es, en realidad, la versión más precisa de cómo nos escuchan los demás, así que, si quieres superar este choque auditivo, la clave es simple práctica: grábate hablando y escúchate sin juzgar. Repite el proceso varias veces. Con el tiempo, tu cerebro dejará de hacer resistencia y empezarás a aceptar tu voz tal como es.

El primer paso para la aceptación consiste en entender que la imagen que los demás tienen de nosotros es la que sale en ese vídeo y se escucha en ese audio, no lo que creemos que proyectamos. Por eso, cuando trabajamos la comunicación, es imprescindible vernos y escucharnos desde fuera.

Ahora, cuando hablo de apariencia física, no me refiero a belleza. Un tema que trataremos en el siguiente capítulo, porque forma parte de lo que llamamos los «prejuicios cognitivos». Además, la belleza es algo absolutamente subjetivo y muy difícil de explicar si no se relaciona con parámetros cognitivos.

De hecho, fíjate en esto: cuando te enamoras de alguien, la belleza de esa persona se magnifica, porque estás enamorado de ella. Cuando enseñas una foto suya a tus amigos, les dices: «Mira qué guapa es», probablemente ellos la perciban con una menor intensidad. Pasa lo contrario cuando te separas. Aquella persona que antes te parecía atractiva, de repente pierde su encanto. Ya no la ves igual, porque entran en juego otros factores: el contexto, la convivencia y la ruptura.

Sé que este primer capítulo es intenso, pero te lo advertí en la introducción: este libro va de cuestionarse y trabajarse.

Ahora bien, si es tan importante, ¿cómo funciona exactamente la primera impresión? Muy sencillo:

- El 55% del impacto que generamos en los demás tiene que ver con la forma de nuestro cuerpo. No con si es bonito o feo, sino con la impresión que provoca en el cerebro reptiliano. Tu dibujo corporal, rostro.
- El 38% está relacionado con el movimiento corporal, es decir, cómo nos movemos y gesticulamos.
- Y solo el 7% tiene que ver con la voz, pero no con el contenido de lo que decimos, sino con el tipo de voz que tenemos: si es aguda o grave, fuerte o suave.

En mi primer libro, *Mírate,* expliqué en profundidad cómo analizar la imagen y entender el impacto que generamos en los demás. No voy a repetirlo todo aquí, pero sí quiero dejarte una base sólida sobre cómo funciona la primera impresión.

Y lo primero que tienes que saber es que la clave del análisis objetivo es la «iconología de la imagen», una disciplina que combina la historia del arte, la estética y la comunicación para analizar la percepción de la imagen dentro de un contexto social e histórico.

Erwin Panofsky estableció un método que analiza la imagen en tres fases: lectura (descripción de elementos visibles), interpretación (análisis de su significado) y penetración (impacto emocional y valores expresados en la obra).

En el ámbito personal, esta técnica se aplica para comprender cómo la imagen de cualquiera es percibida por los demás.

Nuestra imagen no es subjetiva ni aleatoria, sino que funciona como un mensaje visual que otros interpretan mediante líneas, formas, volúmenes, movimiento y sonido. Pero ¿qué influye realmente en esta primera impresión? Vamos a desglosarlo en tres elementos clave:

1. Cuerpo (líneas, tamaño y altura)
2. Lenguaje corporal (direccionalidad y velocidad)
3. Voz (tono, velocidad y volumen)

El cuerpo: lo que transmitimos sin hablar

Antes de que abras la boca, tu imagen ya ha enviado un mensaje. Y ese mensaje no tiene que ver con ser guapo o feo, sino con la estructura visual de tu cuerpo: las líneas que lo definen, el espacio que ocupas y cómo te mueves.

Esta técnica de análisis de emociones a través de lo que vemos, olemos y oímos se ha utilizado en el cine y en la historia en general para crear personajes y estereotipos. No se trata de etiquetar a las personas, sino de entender las emociones que provocan y cómo estas influyen en la percepción de los demás. Por eso, estos elementos se usan de manera intencionada en diversos ámbitos, desde la publicidad hasta el liderazgo, para generar ciertos efectos y conexiones emocionales.

Lo primero que percibimos de una persona en un primer encuentro es el tamaño (pues para nuestro cerebro reptiliano el tamaño… sí importa) y luego nos fijamos en los rasgos y el dibujo corporal.

1. El volumen corporal, específicamente el tamaño y la altura, impactan en la percepción que los demás tienen de ti. Mientras que el tamaño se refiere al volumen del cuer-

po, la altura se relaciona con la impresión que provoca tu presencia. Un cuerpo grande proyecta seriedad, autoridad y fuerza, pero también puede percibirse como imponente o distante. Para suavizarlo, usa posturas relajadas y movimientos más abiertos. Piensa en figuras como Dwayne «The Rock» Johnson, cuya presencia física impone respeto, pero que equilibra con gestos amigables y una sonrisa. Así que, si eres alto y quieres parecer más accesible, inclina levemente el cuerpo al interactuar (sin bajarlo demasiado, para evitar parecer que pides perdón). Por ejemplo, personajes como Keanu Reeves suavizan su altura con posturas relajadas y contacto visual amigable. Aquí también es fundamental tomar la iniciativa en la comunicación para conectar mejor.

Por el contrario, un cuerpo pequeño se asocia con cercanía, simpatía y accesibilidad, pero puede percibirse como menos dominante. Para compensarlo, usa gestos amplios y una postura firme. Un buen ejemplo es Tom Cruise, quien, a pesar de no ser muy alto, proyecta confianza a través de su lenguaje corporal. Si es tu caso, mantén una postura erguida y usa gestos seguros. Actores como Daniel Radcliffe refuerzan su presencia con una actitud firme y expresividad gestual.

¿Ahora me dirás y si yo soy de tamaño medio con altura media qué pasa? Pues que no será un aspecto físico determinante en esa primera impresión y dominarán otros aspectos como el dibujo físico o el movimiento. Estos valores pueden variar dependiendo de la región o país, ya que la estatura promedio no es la misma en todas partes. En países nórdicos o en los Países Bajos, por ejemplo, la estatura media es más alta que en países asiáticos o latinoamericanos.

2. Líneas: la estructura visual de tu cuerpo y rostro.
   a. Las líneas verticales transmiten seriedad, elegancia y distancia. Se asocian con cuerpos estilizados, rostros alargados y simetría rígida. Ejemplos de esto son John Wick y Darth Vader, cuyas siluetas largas y rectas refuerzan una imagen de impenetrabilidad. En personajes femeninos, Morticia Addams con su figura alta y su rostro anguloso también encarna esta estructura visual. En la vida real, personas como Barack Obama o Christine Lagarde poseen una fisonomía vertical con una disposición corporal alargada y bien estructurada.
   b. Por el contrario, las líneas horizontales generan sensación de estabilidad y confianza. Se identifican con cuerpos proporcionados de forma equilibrada y rostros con una estructura más ancha o simétrica. Un buen ejemplo es Capitán América (Steve Rogers) en el universo cinematográfico de Marvel (MCU), cuya complexión amplia y su rostro de proporciones equilibradas refuerzan la sensación de solidez y confiabilidad. Obi-Wan Kenobi en *Star Wars* también representa este tipo de estructura visual con un rostro amplio y proporciones simétricas. En la vida real, David Attenborough y Angela Merkel tienen una composición física que proyecta estabilidad, con trazos horizontales bien definidos en su estructura facial y corporal.
   c. En un tercer orden están las líneas oblicuas, que denotan dinamismo y entusiasmo, con cuerpos asimétricos, rasgos desiguales y disposición física inclinada o desproporcionada. Se asocian con personajes caóticos y desenfadados. El Joker de Heath Ledger o Jack Sparrow presentan esta estructura con rostros marcados por ángulos irregulares y cuerpos que rompen la

simetría tradicional. Otro ejemplo claro es Jeff Goldblum, cuya fisonomía angular y movilidad impredecible crean una estructura visual inestable y dinámica. En personajes femeninos, Jennifer Lawrence encarna perfectamente esta línea con un rostro expresivo, gestos espontáneos y una postura inclinada que refuerza su imagen simpática y enérgica.

d. Las líneas sinuosas, sin embargo, son vistas como amigables y accesibles. Se caracterizan por posturas flexibles, movimientos fluidos y una disposición corporal que rompe con la rigidez. Amélie Poulain en *Amélie* y Hagrid en *Harry Potter* son ejemplos de personajes que incorporan curvas en su postura, generando un efecto de ligereza y cercanía. En la vida real, Drew Barrymore es un gran ejemplo femenino, con facciones suaves, mejillas redondeadas y una expresión naturalmente acogedora. En el caso masculino, James Corden encarna este tipo de estructura visual con un rostro amplio, formas redondeadas y una apariencia accesible que refuerza su imagen afable.
e. Por último, las líneas quebradas representan agresividad, fortaleza y dureza. Se identifican con cuerpos y rostros angulosos, trazos irregulares y facciones marcadas por cortes abruptos. Wolverine y Furiosa en *Mad Max: Fury Road* presentan estas características con siluetas recortadas y estructuras visuales que evocan resistencia. Loki en el MCU también encaja aquí, con un físico delgado pero marcado por ángulos cortantes y una expresión afilada que refuerza su imagen impredecible. En la vida real, Margaret Thatcher y Mike Tyson poseen estructuras visuales con ángulos pronunciados y trazos fuertes en su fisonomía.

Lenguaje corporal: el movimiento habla por ti

No solo importa cómo eres, sino cómo te mueves. Tu cuerpo habla constantemente sin necesidad de palabras, y cada gesto o postura puede comunicar algo sobre tu estado emocional, tu confianza o tu disposición en una situación.

1. Direccionalidad: hacia dónde proyectas tu energía es fundamental.
   a. Si tu movimiento es ascendente, muestra dinamismo y ambición, pero si es excesivo, puede parecer arrogante. Piensa en un conferenciante que usa gestos amplios y ascendentes para enfatizar su mensaje.
   b. Si tu movimiento es de avance, proyecta apertura y seguridad. Denota confianza en uno mismo. Es común en líderes como Barack Obama, que camina con dirección y movimientos controlados.
   c. Si tu movimiento es de retroceso, se asocia con reserva o timidez. En exceso puede interpretarse como inseguridad. Un ejemplo sería alguien que se inclina hacia atrás cuando habla, como si quisiera alejarse de la interacción.
   d. Si es descendente, puede reflejar desánimo, pasividad o falta de energía. Piensa en personajes como Eeyore (Igor de *Winnie the Pooh*), cuyo lenguaje corporal refleja pesadez y desánimo.

2. Velocidad: el ritmo con el que te mueves también dice mucho de ti.
   a. Si te mueves rápido, transmites energía, eficiencia y entusiasmo. Pero si es demasiado rápido, puede parecer precipitado o caótico. Es característico de personajes como Jim Carrey en muchas de sus interpreta-

ciones, donde su hiperactividad genera una sensación de intensidad y humor.

b. Si te mueves lentamente, da sensación de tranquilidad y control. Sin embargo, si es demasiado pausado, puede parecer desinterés. Un buen ejemplo sería Morgan Freeman, cuyo lenguaje corporal relajado y pausado transmite sabiduría y calma.

Voz: el poder del sonido

Tu voz es una herramienta clave en la impresión que generas en los demás. No solo importa lo que dices, sino cómo lo dices. Fíjate en las voces de personajes públicos y cómo influyen en su impacto:

1. Tono de voz: la emoción en el sonido.

a. El tono grave se asocia con autoridad, liderazgo y confianza. Piensa en Morgan Freeman o James Earl Jones, cuyas voces transmiten serenidad y poder.

b. El tono agudo denota energía y cercanía. Pero si es demasiado alto, puede sonar infantil o nervioso. Un ejemplo sería la voz de personajes como Steve Buscemi, que puede parecer excéntrica. Velocidad: el ritmo de tu discurso.

c. Hablar rápido refleja entusiasmo y dinamismo. Si es muy rápido, puede ser difícil de seguir. Piensa en presentadores como Jimmy Fallon, cuya rapidez transmite energía y espontaneidad.

d. Hablar despacio transmite calma y claridad, pero en exceso puede sonar monótono o aburrido. Barack Obama, por ejemplo, usa pausas estratégicas para enfatizar su mensaje.

2. Volumen: la fuerza de tu voz. Tu voz es una herramienta clave en la impresión que generas en los demás. No solo importa lo que dices, sino cómo lo dices.
   a. Volumen alto proyecta seguridad, pero si es demasiado fuerte puede parecer agresivo.
   b. Volumen bajo genera cercanía e intimidad, pero si es muy bajo suele denotar inseguridad o introspección. Piensa en una clase de yoga: si el instructor usa un tono de voz grave y pausado, relaja al grupo. Pero si hablara rápido y en tono agudo, probablemente todos estarían tensos en lugar de relajados.

El olor, el impacto invisible en la primera impresión

Sí, los olores también influyen —y mucho— en cómo nos perciben. Pueden evocar recuerdos, generar simpatía o, por el contrario, repeler sin piedad. El olfato va directo al cerebro emocional, sin pasar por filtros. Y aunque no siempre seamos conscientes de él, el impacto es inmediato.

Aquí tienes algunos tipos de aromas y lo que suelen comunicar:

- Aromas amaderados (sándalo, cedro, pachuli): transmiten madurez, seguridad, profesionalismo y cierta autoridad elegante.
- Aromas marinos o acuáticos (ozono, brisa, sal): evocan limpieza, frescura, claridad mental y neutralidad emocional.
- Aromas cítricos (limón, bergamota, naranja): dan sensación de energía, vitalidad, enfoque y ligereza. Muy útiles para reuniones o inicios de jornada.
- Aromas especiados (canela, clavo, pimienta rosa): suge-

rentes, intensos y con carácter. Aportan una presencia fuerte, creativa y algo atrevida.

- Aromas florales (jazmín, rosa, lavanda, violeta): generan cercanía, amabilidad, dulzura, apertura emocional y conexión humana.
- Aromas dulces (vainilla, caramelo, almendra): cálidos, acogedores, pero también pueden ser empalagosos si se abusa. Transmiten confort emocional.
- Aromas verdes o herbales (menta, albahaca, eucalipto): hablan de frescura mental, claridad, calma activa. Muy útiles en contextos creativos o pedagógicos.
- Aromas orientales (ámbar, incienso, mirra): intensos, envolventes y sofisticados. Generan una presencia magnética y misteriosa, pero cuidado con la dosis.
- Aromas afrutados (manzana, frutos rojos, melón): alegres, jugosos y algo juveniles. Transmiten ligereza, simpatía y frescura social.
- Aromas empolvados (talco, iris, heliotropo): elegantes, nostálgicos y suaves. Suelen evocar delicadeza, cuidado por los detalles y un estilo más clásico.

¿La clave? Que el aroma acompañe tu estilo y tu mensaje, sin robar protagonismo ni confundir a la nariz del otro. Porque sí, se puede ser recordado por lo que dijiste… pero también por cómo olías mientras lo decías.

La clave está en la consciencia, no en el cambio

No se trata de cambiar quién eres, sino de ser consciente de cómo los demás te perciben. Tu imagen, tu voz y tu lenguaje corporal son herramientas poderosas que puedes usar a tu favor.

La imagen es un lenguaje visual que enviamos constantemente. Si conoces sus códigos y aprendes a gestionarlos, puedes proyectar justo lo que quieres. Además, el lenguaje corporal y la comunicación no son inamovibles: todo se puede practicar y modificar sin perder autenticidad, ampliando nuestros registros. No se trata de imitar a los demás, sino de encontrar esos matices en nuestra propia comunicación para expresar mejor lo que de verdad queremos transmitir.

Quizá todo esto te parezca muy estereotipado, y en parte lo es, porque la industria de la imagen nos lo ha machacado así. Pero no olvides que la base de esto no es una invención de los medios, sino una percepción emocional real asociada a los sentidos. Resulta una herramienta útil para analizar la comunicación, pero no debe usarse para etiquetar.

Así que la próxima vez que entres a una reunión, conozcas a alguien nuevo o te mires al espejo... piensa en qué mensaje estás enviando sin palabras. Porque la verdadera clave está en aceptar lo que ves y querer lo que eres.

Cómo saber si tu imagen proyecta lo que quieres y qué piensan los demás de ti en los primeros segundos

¿Y ahora qué? Porque, claro, la teoría está muy bien, pero la realidad es otra. Mirarte en el espejo no siempre ayuda, porque hay una diferencia entre cómo te ves y cómo te perciben los demás. Una cosa está clara: si toda la vida te han dicho «cuando te conocí me pareciste borde» es porque lo pareces. No significa que lo seas, pero sí que proyectas esa impresión. Por eso, necesitas hacer un pequeño análisis lo más objetivo posible de tu imagen.

Ejercicio 1: Tu reflejo en tres perspectivas.
a. Perspectiva 1: «Autoanálisis con una grabación». Grábate en vídeo en tres situaciones distintas:

- Caminando hacia la cámara.
- Hablando de un tema cotidiano.
- Interactuando con alguien (si puedes, pídele a otra persona que te ayude).

Primero, mira la grabación sin sonido, centrándote en tu lenguaje corporal. Luego, revísala con sonido para analizar tu voz. Por último, evalúa estos aspectos marcando la opción que más se acerque a tu impresión:

Postura y movimiento

- Erguido/a y firme → Transmite seguridad y confianza.
- Relajado/a, pero alineado/a → Denota accesibilidad y calma.
- Encogido/a o inclinado/a hacia atrás → Puede dar una impresión de inseguridad o distancia.
- Muy recto/a, con el pecho hacia adelante y la cabeza elevada → Puede parecer arrogante o dominante.
- Movimientos rígidos o tensos → Puede reflejar estrés o agresividad.

Expresión facial

- Neutra o seria → Puede percibirse como autoridad o frialdad.
- Relajada con ligera sonrisa → Sugiere accesibilidad y simpatía.
- Muy expresiva y móvil → Refuerza dinamismo y entusiasmo.
- Cejas fruncidas o mandíbula tensa → Puede parecer agresivo o desafiante.
- Sonrisa forzada o asimétrica → Puede generar desconfianza o sensación de superioridad.

Uso del espacio

- Ocupo mucho espacio con mis gestos y postura → Denota presencia y autoridad.
- Ocupo un espacio medio, equilibrado → Transmite estabilidad y naturalidad.
- Ocupo poco espacio, mantengo brazos y piernas cerca del cuerpo → Puede reflejar reserva o timidez.
- Expando mi cuerpo en exceso (brazos abiertos, piernas muy separadas) → Puede percibirse como invasivo o dominante.

Movimientos

- Lentos y controlados → Sugieren seguridad y tranquilidad.
- Medidos y expresivos → Equilibran energía y confianza.
- Rápidos o agitados → Pueden percibirse como ansiedad o impaciencia.
- Gestos bruscos o abruptos → Pueden transmitir agresividad o impaciencia.
- Movimientos exagerados o teatrales → Pueden percibirse como artificiales o desmedidos.

Tono de voz y energía

- Voz grave y pausada → Proyecta autoridad y calma.
- Voz ágil y modulada → Sugiere dinamismo y carisma.
- Voz rápida o temblorosa → Puede reflejar ansiedad o nerviosismo.
- Voz suave y baja → Genera cercanía, pero puede parecer insegura.
- Voz con tono demasiado fuerte o imperativo → Puede percibirse como agresiva o dominante.

- Voz monótona o sin energía → Puede dar sensación de aburrimiento o falta de interés.

b. Perspectiva 2: «El test de los tres adjetivos». Pide a cinco personas de ámbitos totalmente distintos (tus padres o familiares muy cercanos no cuentan, te conocen desde que naciste…) que describan con tres palabras la primera impresión que creen que das. Luego clasifica sus respuestas en las siguientes categorías:

Impacto visual (cuerpo y rostro)

- Autoridad / Seriedad
- Cercanía / Amabilidad
- Dinamismo / Energía
- Distancia / Frialdad
- Arrogancia / Dominancia
- Agresividad / Tensión

Lenguaje corporal

- Seguridad / Firmeza
- Naturalidad / Equilibrio
- Expresividad / Entusiasmo
- Reserva / Inseguridad
- Desafiante / Invasivo
- Exagerado / Artificial

Tono de voz y energía

- Impactante y segura
- Natural y equilibrada
- Rápida o nerviosa
- Suave o baja

- Imperativa o imponente
- Apagada o monótona

c. Perspectiva 3: «Reflexión y ajustes». Compara lo que tú percibiste en el vídeo con lo que dijeron los demás. ¿Coinciden ambas percepciones? ¿Hay algo que te sorprendió? Si hay algún aspecto que quisieras ajustar, prueba a grabarte de nuevo aplicando pequeños cambios y analiza la diferencia.

SITUACIÓN: Cuando los prejuicios juegan en tu contra

No puedes evitar que te encasillen… es imposible… aún. Como ya te comenté al inicio de este capítulo, en una primera interacción existen dos tipos de juicios. El primero, que vimos en el capítulo anterior, como has podido comprobar, no se puede evitar: es instinto puro.

Pero luego está este segundo juicio: el juicio cognitivo.

Este segundo juicio es el que crea prejuicios por aprendizaje. Son todos los prejuicios que nos han enseñado o impuesto: la familia, la sociedad, el contexto y el entorno.

Existen muchos tipos, pero los más comunes son:

- Prejuicios de género. Se basan en ideas preestablecidas sobre lo que se considera *apropiado* o *normal* para hombres y mujeres, limitando roles y comportamientos según estereotipos tradicionales.
- Prejuicios de orientación sexual. Surgen de creencias y estereotipos sobre las diversas orientaciones sexuales, lo que puede llevar a la discriminación o estigmatización de quienes no se ajustan a la norma heteronormativa.
- Prejuicios raciales o de etnia. Son juicios negativos o simplificados que se hacen sobre grupos de personas basados

en su raza o procedencia, generando estereotipos y barreras para la integración social.

- Prejuicios sociales o de clase. Consisten en valorar a las personas según su posición socioeconómica o su grupo social, asignándoles características o capacidades determinadas que pueden limitar oportunidades.
- Prejuicios de edad. Implican estereotipos que asocian la edad, ya sea avanzada o temprana, con ciertas cualidades o limitaciones, afectando la valoración y el trato hacia individuos de diferentes generaciones.
- Prejuicios físicos. Se fundamentan en la apariencia corporal o características físicas, asignando juicios de valor que pueden marginar o favorecer a determinadas personas en función de su imagen. O incluso de estilos estilísticos (pija, hippy…).

Por desgracia, estos prejuicios no son naturales ni nos ayudan en nada más que a crear obstáculos en la comunicación con los demás. Pero lo que está claro es que debemos convivir con ellos y, en la medida de lo posible, combatirlos para que no se conviertan en un bloqueo en nuestra comunicación.

Y esto, como todo en este libro, empieza con un cuestionamiento personal. ¿Cuál de estos prejuicios tengo? Sé sincero. Detectarlos te permitirá comunicarte de manera más amplia con los demás y, sobre todo, como beneficio propio, vas a ser capaz de darte más oportunidades de conocer a todas las personas que, por culpa de esos prejuicios que ni siquiera son tuyos, porque son inculcados, estás bloqueando.

No es fácil detectarlos, pero seamos sinceros: todos los tenemos. Y la única manera de deshacernos de ellos es, al menos, ser honestos con nosotros mismos.

La segunda parte es entender cuáles son los prejuicios cognitivos que generas en el entorno en el que te mueves. ¿Eres joven? ¿Mayor? ¿Mujer? ¿De otra etnia? ¿De otra región o país? Piensa en cómo te afecta el prejuicio que los demás tienen sobre ti.

Y, estoy contigo, es totalmente injusto y ojalá algún día no existan. Pero, en el momento en que te escribo esto, aún sucede. Y cuando nos enfrentamos a una situación en la que el prejuicio cognitivo del otro crea un bloqueo para nosotros, es complicado comunicarse bien por la rabia o el enfado que genera esta injusticia.

Por eso debes tenerlo claro. Es importante que entiendas que es misión casi imposible cambiar los prejuicios cognitivos de los demás, y más si lo intentas desde un ataque o, peor aún, desde la justificación. Como ya sabes, la justificación es la menos poderosa de todas las herramientas de comunicación. De hecho, cuanto más te justificas, más sospechoso le parece al otro.

Puedes decidir perfectamente no quedarte donde el prejuicio del otro es más fuerte que lo que puedas aportar. ¡A tomar viento! Pero si decides quedarte, porque te interesa ese trabajo o contexto, lo más sabio es asumir que esto nos va a pasar, prepararnos con consciencia, tener paciencia y sortear las situaciones de la manera que menos te afecte.

La opción más inteligente es protegerte y aceptar ciertas características que te hacen distinta sin sentirte menospreciada. Si el otro no lo ve, el problema lo tiene el otro. Él no tiene opciones; tú sí, porque lo sabes. Es muy valioso asumir nuestra diferencia y saber que no vamos a encajar en todas las situaciones. Es la única manera de no perder nuestra esencia.

Mi amiga Adriana Chia decidió hace unos diez años ser coctelera. En aquel entonces era una profesión más bien masculina y, claro, para ella crearse un hueco no fue fácil. Pero, además del prejuicio de género —«esto no es un trabajo para mujeres»— también se enfrentaba a un prejuicio de edad por ser joven y a otro más por ser guapa. Este último, en según qué ámbitos, puede ser tanto una ventaja como un bloqueo. Ya sabemos lo de «guapa y tonta», ¿no?

Así que mi querida amiga, mujer, joven y guapa, en un mundo de hombres, no solo decide dedicarse a la coctelería, sino que, además, se plantea abrir un negocio.

Y, claro, con este cóctel (jijiji) de prejuicios, cuando ella abría el bar por la mañana y llegaban los proveedores, la primera pregunta era:

—¿Dónde está el jefe o el encargado?

Y ella, consciente de este prejuicio—porque, como verás en todo este libro, casi todo es una cuestión de consciencia—, en vez de contestar mal o ponerse a la defensiva (que no digo que no sea una opción, aunque, cuando te pones a la defensiva, la que se queda con el mal cuerpo eres tú, porque al otro le puede dar completamente igual), les decía:

—Ahora mismo lo aviso.

Se iba a la cocina, salía por otra puerta, cambiaba la voz y decía:

—Hola, ¿qué tal? Me han dicho que me estaba buscando.

Obtenía reacciones variadas: desde el que se cabreaba hasta el que se daba cuenta y le pedía disculpas por su suposición, pasando por el que ni siquiera notaba la diferencia.

No querer encajar en todos los sitios es un superpoder. En un mundo donde seguir al rebaño es lo que se espera, abrazar la diferencia es ser auténtico.

No es fácil y puede que te cierren algunas puertas, pero, a la larga, ser tú misma y estar a gusto con quien eres resulta mucho más gratificante.

Recuerda que asumir tu identidad no significa que no sepas adaptarte comunicativamente.

EXTRA: La sonrisa como arma secreta: genera confianza y cercanía

Uno de los gestos que muestra una disponibilidad inmediata en la creación de una relación en un primer contacto es, sin duda alguna, la sonrisa. Antes incluso que la mirada. La combinación de ambas es la bomba.

Y no por aquello que siempre se nos ha dicho a las mujeres de que si sonreímos estamos más monas —que es una machistada—, sino porque la sonrisa es el único gesto que redondea el rostro, cualquier tipo de rostro. Y como ya te he dicho, la sinuosidad evoca una sensación de bienestar y acogida.

Dirigirte a las personas con una sonrisa en una primera interacción es conseguir una conexión que va mucho más allá de nuestra primera impresión. Una sonrisa sincera (que se puede y debe practicar) abre casi todas las puertas o, por lo menos, suaviza el prejuicio.

Y te digo una cosa: aunque no te facilitara nada, por lo menos te aporta un beneficio personal. Dicen los expertos en neurociencia que tenemos unos neurotransmisores en los músculos de las mejillas que, cuando sonreímos, le envían la información a nuestro cerebro de que estamos más felices, incluso si el gesto es forzado. Esto sí que es un «fake it till you make it» en toda regla.

Por supuesto, debes practicar para que te salga natural. Si solo sonríes conscientemente una vez cada tres meses, segurísimo que te quedará rara.

Yo soy muy fan de ir sonriendo por la vida de manera consciente desde el minuto en que suena el despertador y, durante el día, voy chequeando mi rictus para constatar que la llevo puesta. Igual que verificas si tienes la bragueta abierta o si se te ha desabrochado el botón del canalillo, verifica de vez en cuando que llevas tu sonrisa de crucero* puesta.

* Sonrisa de crucero: levantar el pómulo sin llegar a los ojos y sin abrir la boca.

La ecuación sonrisa + contacto visual es la combinación más efectiva para conectar sin esfuerzo. Si además le añades una mirada franca a tu interlocutor, pues ya cantamos bingo. Claro, esto para los más introvertidos es más complicado, y lo entiendo, resulta superincómodo. No hace falta que sostengas la mirada demasiado tiempo; con tres segundos es suficiente, y luego puedes mirar a otro lado, pero sin apartarla demasiado ni bajarla.

Esto también se practica delante del espejo y, sobre todo, haciéndolo sin parar con todas las personas con las que interactúes. Supermercado, ascensor, cafetería... No hay secreto: la única opción es ponerse en peligro y practicar.

Aunque tampoco te pases, porque sostener demasiado tiempo la mirada puede dar a entender significados distintos, desde arrogancia hasta seducción, pasando por agresividad, dependiendo de cómo sea tu imagen. Así que lo ideal es mantener un equilibrio: una mirada que transmita seguridad sin resultar intimidante. Alternar entre el contacto visual directo y pequeñas pausas naturales ayuda a generar conexión sin incomodar.

La clave está en la intención: si tu mirada es abierta y amable, será percibida como una invitación a la comunicación, no como un desafío.

2

Tú hablas, pero ¿conectas?

Porque el cuerpo también habla, y a veces más fuerte que tú.

Usar lenguaje corporal es clave para asegurarte de que lo que dices no solo llegue a la mente de los demás, sino que también permanezca. Hay una expresión que me parece muy ilustrativa: OYES LO QUE VES.

Vamos por pasos. Una vez identificado nuestro *core* comunicativo, basado en la primera impresión, hay ciertos aspectos que podemos modificar y otros que no.

La imagen, por ejemplo, tiene aspectos inamovibles: no puedes cambiar tus rasgos o tu altura y, la verdad, sería una pena hacerlo. Forman parte de tu identidad, de lo que te hace único. En lugar de frustrarte, debes aprender a aceptarlos y usarlos a tu favor.

Para conseguirlo, contamos con dos herramientas esenciales: el lenguaje verbal y el no verbal.

¿Por qué son tan importantes? Porque, a diferencia de nuestra imagen física, estos elementos sí están bajo nuestro control. Podemos entrenarlos, mejorarlos y potenciarlos con práctica y consciencia. Eso sí, siempre partiendo de nuestra esencia. ¿Cuál es mi forma natural de comunicar? Esa es una pregunta que ya deberías haber empezado a responder en el capítulo anterior… te guste o no la respuesta.

Para alcanzar una forma de comunicación más consciente, podemos realizar tres acciones fundamentales:

- Analizar nuestras comunicaciones pasadas.

  Piensa en alguna de esas ocasiones en las que tu mensaje no llegó como esperabas. Tal vez en una reunión en la que notaste que nadie te prestaba atención o cuando intentaste explicar algo y te hicieron repetirlo varias veces. ¿Qué pasó? ¿Fue tu tono? ¿Tu postura? ¿El ritmo con el que hablaste? Identificar estos detalles concretos te ayudará a ajustar tu comunicación... porque, asúmelo, no siempre es culpa del otro que no es capaz de entender.
- Prepararnos mejor para futuras situaciones comunicativas.

  Para comunicar bien, no podemos improvisar. Como todo, la comunicación es una habilidad que se puede y debe entrenar para convertirnos en expertos. Y no... no por practicar y planificar pierdes tu autenticidad. De manera natural, te comunicas de forma diferente según quien sea tu interlocutor. No le hablas igual a tu madre que al cajero del súper o a un niño pequeño. Esa adecuación que te sale de forma inconsciente, puedes usarla también de manera consciente. No se trata de ensayar cada palabra de la conversación como si fuera un guion, sino de anticipar qué tipo de comunicación será más efectiva según la situación. Si tienes una presentación importante, ¿qué energía necesitas transmitir? Si vas a hablar con tu jefe sobre un aumento de sueldo, ¿cómo puedes estructurar tu mensaje para que sea claro y convincente?

  Se trata de poner de tu lado todas las posibilidades para que el mensaje llegue como quieres que llegue, sin malentendidos.
- Aprender de la experiencia para optimizar nuestro impacto.

> No hay mejor escuela que la vida misma. Cuantas más experiencias de comunicación tengas, más herramientas tendrás para mejorar. ¿Te ha pasado que, después de una discusión, piensas: «Debería haber dicho esto en lugar de aquello»? La clave está en no quedarnos atrapados en el hubiera, sino en aprender y aplicar esos aprendizajes en la siguiente oportunidad.
>
> Para que esas experiencias puedan servirte, no dudes en escribir a posteriori todas las opciones de respuesta o mejora que podrías haber usado en esa situación. Es una manera de anclar las distintas posibilidades en tu mente para, así, en un futuro, poder utilizarlas.

No hace falta que te conviertas en un experto en comunicación no verbal, pero sí te conviene aprender a observar y prestar atención. Porque, aunque no siempre lo hagamos de forma racional, todos tenemos la intuición suficiente para leer el lenguaje del otro. Vamos a ver lo mejor con varios ejemplos.

Seguro que alguna vez has estado en una entrevista de trabajo en la que, aunque todo parecía ir bien, en un instante determinado sentiste que no te iban a elegir. O quizá te ha pasado en una primera cita. Todo fluye, la conversación es interesante, pero de repente, sin que la otra persona haya dicho nada extraño, tienes la sensación de que no habrá una segunda. No sabes explicar por qué, pero algo en su actitud, en su mirada o en su postura te da la pista de que no está realmente interesado.

O, en otro tipo de situación, imagina que estás en un examen oral. Crees que estás respondiendo superbién, pero el profesor te mira con cara de póquer, asiente lentamente y te pregunta: «¿Seguro?». En ese momento sientes cómo se desmorona tu confianza y hasta dudas de tu propio nombre.

Otro clásico: estás en una videollamada con amigos y de pronto te das cuenta de que llevas diez minutos hablando, y nadie ha reaccionado. ¿El wifi ha muerto o simplemente estás hablando sin transmitir nada?

Estas intuiciones no ocurren por arte de magia ni son paranoias tuyas. Nuestro cerebro tiene una increíble capacidad para captar emociones y señales sutiles en cuestión de segundos.

Sin embargo, hay una gran diferencia entre percibirlo nosotros en los demás y ser conscientes de cómo nos ven los demás a nosotros.

La única manera de determinar nuestra gestualidad real es grabarnos en vídeo en diferentes situaciones: una conversación casual, una exposición en público, una negociación. Solo así podremos ver qué hacemos de manera automática, qué gestos refuerzan nuestro mensaje y cuáles, sin darnos cuenta, pueden estar restándole impacto.

Sé que se trata de un ejercicio doloroso, pero es la única manera de conocernos en lo bueno y en lo malo, porque te aseguro que en ese vídeo hay muchas cosas que son buenas. Mejorar no es solo corregir lo que no nos gusta, sino, sobre todo, anclar lo que ya funciona.

Grabar, observar y practicar. No hay otra fórmula. Es incómodo al principio, aunque con el tiempo te permitirá ajustar y potenciar tu comunicación de forma mucho más efectiva.

Recuerda nuestra frase de cabecera, oyes lo que ves.

Nuestros gestos pueden reforzar el mensaje o, por el contrario, restarle fuerza y credibilidad. A veces creemos que estamos transmitiendo seguridad, pero nuestro cuerpo delata nerviosismo. O queremos mostrarnos cercanos y terminamos pareciendo demasiado invasivos. Lo que haces con tu cuerpo influye en cómo te escuchan los demás.

Si tu lenguaje corporal no está alineado con lo que dices, las palabras pierden su impacto. Por eso, antes de preguntarte si te han entendido, pregúntate primero: ¿lo que se ve en mí coincide con lo que quiero transmitir?

SITUACIÓN: Cómo asegurarte de que tu cuerpo y tus palabras dicen lo mismo

En mis ponencias y formaciones me encuentro con todo tipo de escuchas. Está el que asiente, el que reacciona, el que se ríe, el que no... y el que no le gusta nada lo que oye. Ese que frunce el ceño, cruza los brazos y parece estar pensando: «Pero ¿qué me estás contando?».

Sin embargo, lo más complicado es lidiar con la ausencia total de expresión. No es que los asistentes estén enfadados, cerrados a mi mensaje o escépticos. No. Es directamente como si no existieran.

En esas ocasiones son el equivalente humano a una pantalla en reposo: ahí están, pero sin actividad visible. O como cuando intentas encender el wifi en el metro... no pasa nada.

Al principio, confieso que me resultaba incómodo. Me generaba inseguridad. Y, ojo, no porque yo pretenda gustarle a todo el mundo. De hecho, a mí tampoco me gusta todo el mundo. Pero, entiéndeme, en situaciones sociales yo al menos disimulo. Me incomoda hacer sentir mal a otra persona. Llámame educada.

Aquí algunos dirán que eso es hipocresía, yo prefiero llamarlo diplomacia. Si en una situación en la que ni ganas ni pierdes tienes la opción de hacer sentir bien o mal al otro, ¡ostras, elige hacerle sentir bien! No cuesta nada y, además, como dicen algunos expertos, hasta sube la oxitocina.

Pero, claro, no siempre es así de fácil. También me encuentro con gente que ha decidido, por la razón que sea, hacerme sentir mal a mí. No les gusto, tienen prejuicios (de los que ya hablamos en el capítulo uno) o simplemente están teniendo un mal día. Y aquí, mira, no hay que darle muchas vueltas: los ignoras y chimpún.

Ay, perdón, ¿he dicho ignorar? Sí, sí, palabra clave. Es absolutamente indispensable para tu comunicación saber ignorar a quien ha decidido que no le caes bien. Enfócate en los que responden de forma positiva. De esto, que básicamente va de aprender a no hacer ni puto caso, ya hablaremos más adelante en la segunda parte.

En este punto lo que quiero contarte aquí es otra cosa: hay personas que no tienen ni la más mínima conciencia de su expresión facial. Cero. Nulo. Nada. A mí me resultan fascinantes. Son como estatuas humanas, no reaccionan. Y lo mejor de todo es que, al final, muchas veces me dicen que les ha encantado la charla.

¿Perdón? ¿En qué momento? Me quedo estupefacta.

Y no, no es cuestión de introversión. Es pura inconsciencia de su propio lenguaje corporal. O, mejor dicho, de la falta total de él.

Recuerdo de manera especial a una chica en un curso de comunicación que, con cara de piedra, me pidió ayuda para transmitir cercanía y disponibilidad.

Yo le dije: «Vale, intenta mostrarlo conscientemente con tu rostro».

Ella se concentró y me preguntó, muy seria: «¿Así?».

Ni un solo músculo se movió en su cara. Juro que, si le hubieran puesto un detector de movimiento facial, habría marcado 0.

«A ver, sonríe», dije yo.

«Es lo que hago».

«¿En serio?».

«Es que, si no, se ve exagerado».

Nada. Ni una ceja levantada.

Al final opté por hacerle una foto porque la chica no me creía. Cuando la vio, flipó en colores. Pasado el shock, me miró y me dijo:

«Claro, ahora entiendo por qué la gente siempre me pregunta si me pasa algo o si estoy enfadada».

Momento patrocinado por *Las grandes revelaciones de la vida*.

¿Te ha pasado alguna vez que alguien te diga que pareces enfadado/a y tú estabas en modo zen total? Pues eso.

Y ahora la gran pregunta: ¿cómo saber si tú también eres de los que transmite menos emoción que una estatua de cera? Fácil. Haz este ejercicio y descúbrelo.

Ejercicio para detectar tu nivel de expresividad

Paso 1: Prepara tus emociones con pósits

1. Escribe en varios pósits diferentes emociones:
   Alegría
   Tristeza
   Enfado
   Miedo
   Sorpresa
   Asco
   Seducción
   Neutralidad (porque a veces, sin querer, estamos siempre en este modo)
2. Dobla los pósits y mézclalos en un recipiente.

Paso 2: Prepara frases neutras

Escoge una frase sin carga emocional, como:

Hoy es martes y hace sol.

Voy a salir a dar un paseo.

Tengo que comprar pan.

Voy a llamar a mi madre.

Me quedan dos capítulos de mi serie.

IMPORTANTE: La clave está en que la emoción que expreses sea lo que le dé sentido a la frase.

Paso 3: Modo solo – Grabación y autoconciencia

1. Saca un pósit al azar sin mirarlo y déjalo boca abajo.
2. Escoge una frase neutra de la lista.

3. Grábate en vídeo diciendo la frase con la emoción del papel.
4. Repite el proceso con todos los pósits, grabando una versión con cada emoción sin mirar cuál te tocó.
5. Cuando hayas terminado todas las grabaciones, mira los vídeos sin ver los pósits y trata de adivinar qué emoción estabas transmitiendo en cada uno.
6. Mira los pósits y verifica: ¿lo que expresaste coincidía con la emoción escrita?

Paso 4: Modo grupal – Adivina la emoción

Si quieres hacerlo con amigos:

1. Cada persona saca un pósit sin mirarlo y se lo pega en la frente.
2. Elige una frase neutra y dilo con la emoción que crees que te tocó.
3. Los demás deben adivinar la emoción basándose en tu lenguaje corporal y facial.

Paso 5: Afinando la expresividad

Después de varias rondas, intenta expresar cada emoción con solo una pequeña variación en tu rostro o cuerpo. Prueba con:

- Una microsonrisa para alegría.
- Una mirada caída y labios ligeramente fruncidos para tristeza.
- Mandíbula apretada y respiración marcada para enfado.
- Ojos abiertos y postura rígida para miedo.
- Cejas levantadas y boca entreabierta para sorpresa.
- Labios fruncidos y una ligera inclinación hacia atrás para asco.
- Mirada sostenida, sonrisa discreta y movimientos fluidos para seducción.

- Expresión neutra sin movimientos bruscos para neutralidad (porque a veces, sin querer, estamos siempre en este modo).

Así entrenas el control de tu expresividad de manera más sutil y efectiva.

Conclusión

Este ejercicio no solo te ayudará a detectar tu nivel de expresividad, sino que además mejorará tu capacidad de interpretar y transmitir emociones de forma clara y natural.

Si después de varias rondas siguen sin adivinarte… ¡Quizá seas un robot y no lo sabías!

SITUACIÓN: Cuando das tu opinión y te ignoran

Hablemos claro: pocas situaciones generan más frustración que compartir una idea y que todo el mundo actúe como si hubieras hablado en modo silencio. Dices algo, y… nada. Ni una mirada, ni un asentimiento, ni una mínima señal de vida. Pero, espera, minutos después, alguien dice lo mismo y de repente todos reaccionan como si hubieran descubierto la cura del resfriado común. Tremendo, ¿verdad?

Respira. Antes de lanzar miradas asesinas, vamos a analizar qué está pasando y, sobre todo, cómo puedes evitarlo en el futuro.

¿Era el momento correcto?

A veces, el problema no es el contenido de lo que dices, sino el momento en el que decides decirlo. Vamos a analizar diferentes errores en distintas situaciones para ver cuál puede ser la solución.

Reunión de equipo en la oficina. Llevas un rato queriendo dar tu opinión sobre una propuesta, pero justo cuando te decides a hablar, el jefe está mirando su móvil y otros dos compañeros están discutiendo entre sí sobre un tema diferente. Dices tu punto de vista, pero nadie parece escucharte.

Error: no leíste el ambiente antes de intervenir. No porque tu idea no fuera buena, sino porque no era el momento adecuado para soltarla.

Solución: espera un instante en el que todos estén más receptivos, haz un gesto para pedir la palabra o utiliza una pregunta para redirigir la conversación hacia tu punto.

Cena con amigos. Estás contando algo que te pasó en el trabajo, pero justo cuando llegas al punto clave, el camarero se acerca con la comida y todos se distraen.

Error: no era el momento porque la atención del grupo cambió por completo.

Solución: si ves que la distracción es inevitable, no te frustres ni sigas hablando al aire. Espera a que pase el ruido y retoma con algo que vuelva a captar la atención, como «Vale, ahora que ya tenéis la comida en la mesa, os termino de contar lo que pasó porque os vais a quedar en shock».

Conversación con tu pareja. Has tenido un día difícil y quieres hablar de algo importante, pero decides hacerlo justo cuando la otra persona llega agotada del trabajo o está concentrada en otra cosa. Empiezas a hablar y notas que su atención está en otra parte.

Error: aunque lo que quieres decir es importante, la otra persona no está en el estado mental adecuado para escucharlo.

Solución: en lugar de lanzarte de golpe, pregunta antes si es un buen momento para hablar: «¿Te pillo bien ahora o prefieres que lo hablemos más tarde?». Esto evita frustraciones y mejora la calidad de la conversación.

En cualquier interacción, leer el contexto antes de hablar es clave. Si tu mensaje no ha tenido impacto, hazte estas tres preguntas:

- ¿Estaban las personas atentas o distraídas?
- ¿Era un momento en el que podían escucharme o estaban concentradas en otra cosa?
- ¿Pude haber esperado o introducido el tema de otra manera?

Ajustar cuándo y cómo hablas puede marcar la diferencia entre ser ignorado o ser escuchado. Cuando tu mensaje sea importante, no te precipites, primero observa.

La voz: firme, clara y sin tics de lenguaje

Tu voz es tu sello personal, y si quieres que te escuchen, necesitas trabajar en tres aspectos esenciales:

Tu voz debe sonar firme y grave.

No se trata de gritar ni de sonar autoritario, sino de hablar con convicción. Si tu voz tiembla, se quiebra o suena débil, será difícil que los demás te tomen en serio. Habla con seguridad, como si tu opinión fuera importante (porque lo es).

Intenta también, si tienes una voz algo aguda, bajar un poco el tono. Acuérdate de que lo que dices en un tono más grave parece más interesante.

Sé que esto quizá te suene muy falso, pero, como los cantantes, puedes trabajar tu registro y fuerza vocal. De hecho, hay un vídeo muy famoso del cambio de voz que efectuó Margaret Thatcher para crear una voz más creíble. Búscalo, es brutal.

Debes hablar con un tempo medio

El ritmo con el que hablas importa, ¡y mucho! Todo aquello que decimos a toda velocidad transmite dinamismo, sí, pero también suena menos importante. La velocidad excesiva crea un doble mensaje subliminal: que lo que dices no es relevante y, lo peor, que para quien te escucha tampoco lo es, porque no te tomas el tiempo de decirlo. Si hablas demasiado rápido, los demás apenas captarán tu mensaje.

Por otra parte, si hablas demasiado lento, corres el riesgo de que desconecten. Y cuando la atención se pierde, recuperarla cuesta el doble.

¿Entonces? Practica un ritmo fluido, con pausas naturales que permitan a los demás procesar lo que dices. Un tempo moderado te ayuda a hablar con ritmo, con intención, sin atropellarte... pero también sin aburrir.

Y aquí viene un truco que nunca falla: antes de empezar, prepara el terreno.

Pequeños gestos como ajustar las mangas, frotarte ligeramente las manos o quitarte las gafas pueden funcionar como señales sutiles que captan la atención justo antes de abrir la boca.

Transmitir seguridad y credibilidad en un discurso no depende solo del contenido, sino también del ritmo con el que lo comunicas. El tempo con el que hablamos influye directamente en cómo se percibe nuestra presencia, autoridad y claridad.

Ahora bien, no existe un tempo exacto y universal —como en la música, donde se mide en BPM— para las conversaciones. El habla es más fluida y se adapta al contexto, la emoción y el interlocutor.

Sin embargo, sí hay rangos de referencia que la ciencia y la comunicación oral han identificado como ideales para transmitir claridad, seguridad y credibilidad.

Tempo de referencia en conversación: palabras por minuto (ppm):

El ritmo ideal para hablar con claridad y seguridad está entre ciento diez y ciento cincuenta palabras por minuto, dependiendo del idioma y del contexto.

110-130 ppm: ritmo pausado, usado para explicar ideas complejas o generar impacto.

Ejemplos musicales que reflejan ese tempo relajado y claro:

- «Let It Be» – The Beatles (≈ 72 BPM)
- «Someone Like You» – Adele (≈ 68 BPM, con fraseo cercano a 110-120 ppm)
- «Say Something» – A Great Big World & Christina Aguilera (≈ 60 BPM, con fraseo pausado)
- «No Woman No Cry» – Bob Marley (≈ 78 BPM)

130-150 ppm: ritmo conversacional natural, adecuado para la mayoría de las interacciones.

Canciones con un tempo fluido y equilibrado:

- «I'm Yours» – Jason Mraz (≈ 140 BPM)
- «Just The Way You Are» – Bruno Mars (≈ 135 BPM)
- «Viva la vida» – Coldplay (≈ 138 BPM)
- «Put Your Records On» – Corinne Bailey Rae (≈ 140 BPM)

Más de 160 ppm: se percibe como apresurado o ansioso, lo que puede restar credibilidad si se aplica en contextos que requieren reflexión o impacto.

Canciones que ilustran este ritmo más acelerado:

- «Rap God» – Eminem (≈ 150 BPM, con secciones que superan los 200 ppm)
- «We Didn't Start the Fire» – Billy Joel (≈ 145 BPM, letra muy densa)
- «Mr. Brightside» – The Killers (≈ 148 BPM, con fraseo rápido)

En resumen: usa la música para entrenar tu tempo. Escucha,

siente, repite. El ritmo adecuado te da PRESENCIA. Y con presencia, impactas. Así que encuentra ese punto en el que puedes pensar, respirar y conectar. Porque cuando tú fluyes, la gente te escucha.

Debes evitar los tics de lenguaje

Todos esos *eh*, *o sea*, *¿vale?*, *¿me entiendes?* repetidos en medio de tu discurso hacen que tu mensaje pierda fuerza. Le restan claridad, credibilidad y, sobre todo, impacto. Hablar sin muletillas transmite seguridad en lo que dices. Y cuando tú confías en lo que dices, los demás también lo hacen.

¿Un truco? Cámbialas por silencios. Sí, ¡silencios! Es mejor hacer una pausa y respirar que llenar el espacio con ruido innecesario. El silencio bien usado te hace parecer reflexivo, no nervioso. Eso sí, al principio deberás prestar mucha atención a esas muletillas: detéctalas, acállalas y sustitúyelas.

GESTOS CLAVE PARA REFORZAR TU MENSAJE

El lenguaje corporal puede ser tu mejor aliado… o tu peor enemigo. Aquí te dejo algunas claves para que lo que dices se vea tan convincente como suena:

Postura de ganador, pero sin avasallar

No se trata de ocupar la sala como si fueras el dueño del universo, pero sí de estar presente. Mantén la espalda recta, los hombros relajados y evita encogerte o desaparecer en la silla. Si hablas desde una posición de encogimiento, parecerá que dudas de tus propias palabras o que no estás implicado en la conversación. Recuerda que no solo debemos transmitir seguridad cuando hablamos, sino también cuando escuchamos. Tu espacio es tuyo, úsalo.

Para mantener una postura correcta, el truco no está en echar los hombros hacia atrás como si marcharas. Haz esto: coloca el dedo índice en el ombligo, el pulgar en el esternón y amplía el espacio entre ellos. *Voilà*, postura activada. Y, durante el día, ve chequeando que sigues en posición.

Cuando estamos cansados, nos hundimos, bajamos la cabeza, nos encogemos. Las mujeres, además, tendemos a apoyarnos en la cadera. Resultado: adiós impacto. Y no es solo un tema de presencia: tu postura también afecta cómo te sientes. Amy Cuddy, profesora de Harvard, demostró que mantener una postura de poder durante solo dos minutos puede cambiar tu biología. Aumenta la testosterona, la hormona que te hace sentir fuerte y seguro, y reduce el cortisol, que es la que se dispara cuando estás estresado. O sea, cuerpo firme, mente tranquila.

Si tú pareces una persona aburrida con lo que estás diciendo, los demás también se aburrirán. No hay más. La energía es contagiosa… ¡pero el aburrimiento también! Así que, aunque aparezca el cansancio, aunque el día pese, levanta la cabeza, alinea tu cuerpo y activa tu postura. Dale ese empujón a tu cuerpo, porque tu presencia física es el soporte de tu mensaje. Una postura firme no solo denota mayor seguridad, también proyecta mejor tu voz y da más claridad a lo que dices.

Y, ojo, llegado un momento puedes sincerarte y decir que estás agotado o agotada. Pero si tu cuerpo acompaña esas palabras con apatía, ese desánimo visual le quitará fuerza a tu contenido. El impacto no depende solo de lo que dices, sino de cómo lo encarnas. Así que incluso en días grises debes mantener esa postura de seguridad. Recuerda, oímos lo que vemos.

Cuerpo dirigido hacia tu interlocutor

La atención de tus oyentes también se comunica con la postura del cuerpo. Si sientes que alguien no te está escuchando, observa su postura: ¿te da la espalda?, ¿sus pies apuntan hacia la puerta?, ¿su tronco se aleja de ti? Mala señal. La desconexión corporal indica desconexión comunicativa. Según expertos en comunicación no verbal, como Joe Navarro, la dirección de los pies suele revelar nuestro verdadero interés o intención: los pies apuntan hacia donde realmente queremos estar. Por tanto, si quieres captar la atención de alguien, ajusta tu postura, dirige tu cuerpo hacia el suyo y muestra presencia con todo tu ser. Porque el cuerpo no miente, él también decide a quién le presta atención.

Brazos en la cintura o en movimiento, pero útiles

Usa los brazos y las manos para reforzar lo que dices. No los escondas, no los cruces, no los dejes colgando como si no fueran tuyos. Una buena gestualidad acompaña y potencia el mensaje. Es verdad que en un encuentro con pocas personas es más fácil soltarse, pero igual: ¡verifica! Que no tengas las manos debajo de la mesa, ni cogidas entre sí, ni en los bolsillos. Incluso en videollamadas, procura que tus manos hagan acto de presencia.

Me da muchísima risa ver esos troncos sin brazos en las llamadas... ¡Es tan poco natural! Parece que están atrapados en una caja o que solo hablan con la cara. Tus manos también comunican, ¡dales cámara!

En comunicación escénica se enseña que los brazos deben mantenerse por encima de la cintura para proyectar presencia y energía. Esta posición activa permite que los gestos nazcan del centro del cuerpo y se expresen con claridad y fuerza, evitando una actitud pasiva o cerrada. Desde la neurociencia, además, se ha demostrado que los gestos en la zona media-superior del cuerpo captan mejor la atención visual del interlocutor, facilitando así la conexión emocional y la comprensión del mensaje. Por eso, elevar los brazos al comunicar no solo potencia la expresividad, sino también el impacto de nuestro mensaje.

Y aquí viene la gran pregunta: ¿cómo hago para que se muevan de manera natural?

A ver, cuando estás con tus colegas tomando algo y les cuentas una anécdota, ¿estás pendiente de tus manos? No, ¿verdad? Se mueven solas. ¡Porque estás conectado con lo que cuentas! Eso es lo que necesitas lograr, usarlas de forma natural en situaciones no tan naturales.

Olvídate de ellas y céntrate, por un lado, en lo que quieres contar y, por otro, en la reacción de la otra persona. Si tú estás metido en lo que dices, tu cuerpo te va a seguir.

Ahora, hay algunos truquitos extra que pueden ayudarte si sientes que estás muy acartonado:

- Habla de pie cuando practiques. Te da más libertad corporal y tus manos se activan solas.
- Cuenta historias en voz alta. Las anécdotas conectan con la emoción y eso hace que los gestos salgan solos.
- Grábate (sin piedad, pero con cariño). Mírate sin juzgarte, solo para tomar conciencia de lo que ya haces bien y lo que puedes mejorar.
- Usa palabras visuales. Cuando describes algo con frases apoyadas por gestos (era así de grande, venía por aquí), tu cuerpo colabora sin que tengas que forzarlo.

Y, sí, existe ese consejo de sostener un objeto imaginario para activar las manos, pero la verdad es que yo no soy muy fan. Es como la pluma de Dumbo: parece que te da seguridad, pero en realidad no la necesitas. Así que pasemos por alto esa fase y vayamos directo a lo importante: conectar con tu mensaje.

Haz preguntas a tu audiencia para saber si te han escuchado

A veces creemos que hemos sido claros, pero en realidad hemos lanzado nuestra opinión al vacío. Para evitarlo, usa preguntas estratégicas.

Evita preguntas genéricas como el clásico «¿Está todo claro?». La respuesta garantizada es un sí. Fin de la conversación.

Una buena estrategia es adaptar las preguntas al contexto:

En el trabajo: Explicas tu propuesta, nadie reacciona. Antes de frustrarte, involucra a alguien: «Con esto que os he contado, en vuestro equipo, ¿veis alguna alternativa?» o «¿Cómo podríamos aplicarlo en nuestro caso?».

En clase: Planteas una idea en un grupo de estudio y te devuelven un silencio absoluto. Antes de asumir que nadie te ha escuchado, reformula: «¿Cómo os cuadra esto con lo que hemos visto en la teoría?».

En lo personal: Compartes una idea con amigos y sientes que se perdió en la conversación. En lugar de repetirla, personaliza: «¿Tú qué opinas de esto?».

Cuando involucras a los demás en la conversación, es más fácil que participen y respondan. No esperes que los demás te regalen la atención, crea el espacio para que tu mensaje sea escuchado.

SITUACIÓN: Cuando quieres proyectar confianza

La confianza no es algo que puedas exigir, es algo que proyectas. Y aquí está la clave: para que los demás confíen en ti, primero tienes que demostrar que tú confías tanto en ti mismo como en el otro. No puedes pretender que alguien se abra contigo si tú, de entrada, muestras desconfianza o pareces distante.

Piensa en esto: si alguien te habla con los brazos cruzados, evitando el contacto visual y con un tono de voz seco, ¿te sentirías a gusto confiando en esa persona? No, ¿verdad? La confianza es un intercambio, no un monólogo. No puedes esperar recibirla sin darla tú a su vez.

La confianza y la cercanía precisan su tiempo. No puedes forzar la conexión con alguien en los primeros cinco minutos de una conversación. Es un proceso, y el lenguaje corporal, la actitud, la voz y las palabras desempeñan un papel fundamental en ese camino.

Crear confianza es mostrar confianza

La confianza no se impone, se construye. Y la manera más sencilla de hacerlo es mostrando interés sincero en la otra persona.

Interés sincero, es decir, no se trata de preguntar por preguntar.

Todos hemos estado en conversaciones donde alguien hace preguntas por cortesía, pero se nota que no le interesa la respuesta. Es ese *cómo estás* tan típico que suena a trámite burocrático. No hagas eso.

Imagina esta escena:

—¡Hola! ¿Cómo estás?

—Bueno, la verdad es que he tenido una semana complicada en el trabajo. Mi jefe me ha dado un proyecto de última hora y he estado hasta arriba de reuniones, pero lo peor es que…

Y mientras hablas, notas cómo la otra persona asiente mecánicamente, pero su mirada está perdida en el horizonte. Ni un gesto de interés, ni una reacción a lo que dices. Solo está esperando su turno para hablar.

Cuando por fin terminas, te suelta:

—Uf, sí, yo también. ¡No te imaginas lo que me pasó el otro día!

Ahí tienes un interés que no es sincero. No te ha escuchado. Solo ha usado tu respuesta como una pausa antes de soltar su propio monólogo. No es conexión, es un cambio de turno de palabra disfrazado de interés.

Si le preguntas algo a alguien, hazlo con la intención de escuchar realmente la respuesta. Si alguien te cuenta algo, demuestra que te importa. No hace falta que te conviertas en terapeuta, pero sí que muestres auténtica curiosidad.

Un simple «¿Y qué pasó después?» o «Eso suena intenso, ¿cómo lo gestionaste?» puede marcar la diferencia entre una conversación superficial y una verdadera conexión.

Porque, al final, la confianza se construye en los detalles. En esas pequeñas señales que demuestran que te importa lo que la otra persona está diciendo y que no solo estás esperando tu turno para hablar.

Por todo ello, también tu lenguaje corporal puede ayudar en esa tarea de generar confianza. Las actitudes siguientes favorecen que surja ese ambiente de confianza mutua.

Inclina ligeramente la cabeza.

Este es el gesto universal del compromiso. Cuando alguien inclina un poco la cabeza hacia su interlocutor mientras escucha, está enviando una señal clara: Te estoy prestando atención. Es un gesto natural que usamos cuando estamos interesados en algo o alguien. De todas formas, atención, hablamos de una ligera inclinación, no de parecer un golden retriever esperando su premio.

Inclínate sutilmente hacia el otro mientras habla.

Acercarte un poco (sin invadir el espacio personal) demuestra interés y compromiso con la conversación. Si te mantienes demasiado rígido o echado hacia atrás, podrías parecer distante o desinteresado, como si estuvieras contando los minutos para salir corriendo.

Asegúrate de que tu cuerpo está dirigido hacia la persona.

Si quieres transmitir confianza, tu postura debe estar alineada con la conversación. ¿Tu torso está orientado hacia la otra persona o estás medio girado como si tuvieras un pie en la puerta? Si estás físicamente presente, pero tu lenguaje corporal dice lo contrario, la otra persona lo notará.

El tono de voz importa

También en cuanto a tu tono de voz hay algunos detalles que puedes cuidar.

El volumen: ni muy fuerte ni muy bajo.

Hablar demasiado fuerte puede parecer agresivo o dominante, mientras que hablar en un susurro da la sensación de inseguridad. Lo ideal es un tono firme pero natural, lo suficientemente alto para que te escuchen, pero sin que parezca que estás dando órdenes.

Habla a un ritmo moderado.

Si hablas demasiado rápido, parecerá que estás nervioso o que quieres terminar la conversación cuanto antes. Si hablas demasiado lento, corres el riesgo de aburrir o perder la atención del otro. Lo mejor es un ritmo fluido, con pausas naturales que permitan que la otra persona procese lo que estás diciendo.

No cierres tus frases con un tono descendente.

Cuando hablamos, no solo importan las palabras, también el tono con el que las soltamos. Y ese tono puede ser tan musical como una escala.

Si terminas una frase con un tono descendente —como si dijeras ♪ sol - fa - mi - re - do— estás cerrando. Es el equivalente a decir «ya he dicho lo que tenía que decir» y, pum, se acabó el diálogo.

En cambio, si cierras con un tono ascendente —rollo ♪ do - re - mi— estás dejando la frase abierta, como quien dice «¿te animas a seguir?».

Vamos con un ejemplo para que lo veas (o, mejor dicho, lo oigas mentalmente):

— «Esto es lo que pienso». ♪ mi – re – do (tono descendente, se baja el telón)

— «Esto es lo que pienso…». ♪ do – re – mi (tono ascendente, sigue la conversación)

¿Ves la diferencia? La primera frase suena a sentencia final. La segunda, a invitación.

No hace falta convertirlo todo en preguntas, basta con que tu voz termine con un poquito más de altura y deje esa notita vibrando en el aire. Como cuando en una canción no llega el estribillo y tú te quedas con ganas de más. ¡Pues lo mismo!

Es un detalle sutil, pero marca la diferencia a la hora de generar confianza y mantener viva la conversación.

Veamos algunos ejemplos concretos

Contexto: En una entrevista de trabajo quieres demostrar que tu candidatura es segura y confiable.

Actitudes recomendables:

Mira a los ojos del entrevistador cuando hables y cuando escuches.

Mantén una postura con la espalda recta, los hombros relajados y el cuerpo orientado hacia el entrevistador.

Asiente ligeramente cuando la otra persona habla para mostrar que sigues la conversación.

Emplea frases como *eso es interesante* o *en mi experiencia* para demostrar que tienes algo valioso que aportar.

Cuida tu tono de voz. Debe ser firme pero amable, con un ritmo natural y evitando terminar las frases de manera abrupta.

Contexto: En una cita quieres que la otra persona se sienta cómoda contigo y generar conexión.

Actitudes recomendables:

Mantén el contacto visual con tu cita sin que parezca un duelo de miradas.

Sonríe con frecuencia de forma natural para crear un ambiente relajado.

Inclínate ligeramente hacia la persona para mostrar interés en lo que dice.

Emplea expresiones como *cuéntame más sobre eso* en lugar de un simple *ajá*.

Juega con tu tono de voz: evita sonar demasiado serio o distante; un tono cálido y abierto hace que la conversación fluya mejor.

Contexto: En una conversación con amigos o familia quieres que los demás sientan que realmente los escuchas.

Actitudes recomendables:

Dirige tu cuerpo hacia la persona que hable en cada momento.

Usa las cejas y asiente con la cabeza para animar a que siga hablando.

Evita cruzar los brazos o parecer distraído.

Refuerza la conexión con frases como *eso me recuerda a algo* o *¿y qué pasó después?*

Remata tus frases con un tono abierto para invitar a la otra persona a participar.

En resumen, proyectar confianza no se trata de imponerse, sino de encontrar el equilibrio entre seguridad y calidez. La clave está en la postura, el lenguaje corporal, la forma de hablar y, sobre todo, en cómo haces sentir al otro en la conversación.

EXTRA: Gestos que te restan presencia y ritmos que conectan

Tan importante como los gestos conscientes que hacemos para comunicar con claridad es todo aquello que hacemos sin darnos cuenta mientras hablamos y que puede traicionarnos en ocasiones.

Se trata de pequeños gestos que parecen inofensivos, pero que pueden hacer que, en lugar de transmitir seguridad, parezcamos nerviosos, distraídos o, directamente, que estamos pensando en otra cosa.

Aquí van varios de los más comunes. Si te reconoces en alguno, no te preocupes, todo tiene solución.

Retorcerse las manos.

Si tus dedos parecen estar peleando entre sí mientras hablas, algo no va bien. Jugar con las manos como si fueran plastilina transmite nerviosismo y hace que la gente se fije más en tu malabarismo manual que en lo que estás diciendo.

Solución: apoya las manos suavemente sobre una mesa o mantenlas a la altura de la cintura. Si necesitas hacer gestos, que sean intencionados y no una coreografía de manos ansiosas.

Acariciarse los muslos.

Este gesto, que consiste en frotarte los muslos como si estuvieses limpiando un cristal, es muy común cuando la persona está sentada y se pone nerviosa.

Solución: mantén las manos sobre la mesa o en una postura relajada.

Morderse las uñas.

Además de destrozarte las manos y parecer que llevas una manicura de guerra, morderse las uñas frente a alguien transmite inseguridad, ansiedad y distracción. Es el equivalente gestual a gritar «No sé qué hacer con mis manos».

Solución: si tienes este hábito arraigado, mantén tus manos ocupadas con algo discreto (un bolígrafo, pero sin hacer clic cada tres segundos). También puedes entrelazarlas suavemente y mantenerlas en una posición natural.

Morderse los labios.

Morderse los labios puede ser un gesto sutil y hasta inconsciente, pero en un contexto social o profesional envía señales de nerviosismo, inseguridad o incluso distracción.

Solución: mantén los labios relajados y respira con normalidad. No hace falta que aprietes la boca como si te estuvieras reprimiendo un grito interno.

Crujir los nudillos.

Para algunas personas es una forma de liberar tensión, pero en una conversación puede parecer un gesto agresivo o incómodo para los demás. Además, hace ruido y distrae.

Solución: si sientes la necesidad de crujir los nudillos, hazlo antes de la conversación, no durante. Mejor aún, encuentra otra forma de canalizar la tensión, como respirar profundamente antes de hablar.

Pierna nerviosa.

Ese temblor constante de la pierna cuando estás sentado/a, aunque no lo notes, se ve y se siente. Si estás en una reunión, presentación o conversación importante, el movimiento incesante de tu pierna puede desviar la atención de lo que estás diciendo y hacerte mostrar inquietud o ansiedad.

Solución: apoya ambos pies en el suelo para darte mayor estabilidad. Si tienes la costumbre de mover la pierna, revisa tu postura y trata de hacer una pausa consciente para detenerlo.

Resoplar.

Suspirar o resoplar constantemente transmite impaciencia, cansancio o frustración, aunque no sea tu intención. Si lo haces mientras alguien más habla, la otra persona puede interpretarlo como desinterés o incluso como una falta de respeto.

Solución: controla tu respiración y, si necesitas soltar aire, hazlo de manera más sutil. Si tu estado es de cansancio o frustración, es mejor que las expreses con palabras que con un resoplido que pueda malinterpretarse.

Volvemos a la idea general: tú puedes estar exponiendo la idea más interesante y mejor construida del mundo, pero si tus gestos expresan lo contrario, quienes te escuchan no recordarán lo que dijiste, sino la incomodidad o distracción que demostraste.

Empatía rítmica: la conexión empieza por el ritmo

Una de las formas más potentes de conectar con los demás es a través de la empatía rítmica: la capacidad de identificar el ritmo comunicativo de la otra persona —su velocidad, tono, pausas y nivel de energía— y ajustar el propio para facilitar la conexión

No se trata de imitar ni de parecerse al otro, sino de alinearse con su forma de comunicarse, su tempo, para que el intercambio fluya. Es adaptabilidad, no imposición. Antes de hablar, conviene observar, escuchar y percibir cómo se expresa el otro… y, desde ahí, ajustar el ritmo propio.

Si la persona que tienes delante es rápida, no intentes *calmarla* bajando el ritmo, lo que conseguirás es desesperarla. Yo, por ejemplo, tengo un ritmo natural muy alto. Si entro con prisa en una tienda y me recibe un vendedor con tono pausado y sin captar mi urgencia, me lo quito de encima en tres segundos. ¿Por qué? Porque no ha entendido mi energía.

Lo mismo pasa al revés: si alguien es más tranquilo, más suave, yo debo hacer un esfuerzo consciente por bajar las revoluciones para poder conectar. Luego, si la conversación fluye, recuperaré mi ritmo natural poco a poco.

Así, la clave está en escuchar el ritmo del otro y mostrarle que lo has entendido adaptando el tuyo. Porque cuando los ritmos se acompasan, entonces es cuando la conexión se establece.

3
Relaciones: El comunicador que enamora (o espanta)

La comunicación en las relaciones puede ser como un beso inesperado o como una bofetada emocional, todo depende de cómo la uses. Porque sí, lo que dices —y cómo lo dices— puede acercarte a alguien o alejarlo para siempre.

Yo llevo treinta años de convivencia con mi marido Steph. Nos conocimos en enero de 1994, nos besamos por primera vez el 15 de abril y, desde entonces, nunca más se fue de mi vida. Al principio vivimos en un piso de estudiantes en Francia y empezamos una historia de amor que, con el tiempo, se convirtió también en una historia de aprendizaje comunicativo mutuo. Porque el amor, sin comunicación, es solo fuegos artificiales con fecha de caducidad.

Nos preguntan a menudo: «¿Y cómo lo habéis hecho para seguir juntos y aún enamorados?». Yo siempre respondo lo mismo: con respeto, comunicación y un enamoramiento que se ha transformado, sí, pero que sigue vivo. No es esa pasión loca de los primeros seis meses que, según los expertos, dura lo que un yogur abierto (qué agotamiento solo de pensarlo). Esa pasión se ha convertido en un amor real de esos que se eligen día a día. Y, sí, todavía me hace ilusión verlo cuando llego a casa, y también, cuando no estoy en casa lo echo de menos. Pero para llegar a este punto… ¡Menuda montaña rusa comunicativa hemos vivido!

La primera fase fue la del *todo por agradar* (la de *hemos sido engañados*). Por ejemplo, él me acompañaba a la playa a menudo —con lo que yo pensaba que le encantaba como a mí— pero resulta que él odia la arena, el sol y el mar. Me engañó. Por amor, pero me engañó. Aunque, para ser justa, yo también fingí que me gustaba su música al principio. Esa fase de adaptación donde los dos nos hicimos un poco los actores, interpretando un papel para el otro.

Luego vino la fase de la sinceridad: «Pues a mí no me gusta la playa», «Pues a mí tu música me parece un coñazo». En esa fase ambos aprendimos a decirnos la verdad sin aplastarnos.

Después llegó el peligroso momento de los reproches, ese en el que uno quiere que el otro haga, diga y reaccione como uno lo haría. Yo soy puro entusiasmo, una *¡wow woman!* nata. Y él es más bien un cactus emocional. Yo contaba algo esperando fuegos artificiales como respuesta y recibía un *ah, vale* que me frustraba, y mucho. Frustraciones que me duraron hasta que entendí que no podía pedirle que fuera yo.

Y ahí está la clave: entender que tu pareja no puede ser TODO para ti. ¡Qué presión tan innecesaria! Me he dado cuenta de que si necesito una sobredosis de emoción, puedo llamar a mi amiga Reichel Delgado—que es como un karaoke emocional andante—; si lo que busco es consuelo sin juicio, llamo a Meritxell, a quien todo lo que haces le parece bien (aunque te hayas teñido de rosa fosforito); y si estoy perdida y necesito orientaciones claras, ahí está mi madre, que me dirá por dónde tirar sin rodeos.

Entonces, una vez calmado mi tsunami emocional, ya puedo contárselo a Steph con la tranquilidad que él necesita —y que ya he alcanzado yo por otro lado—. Porque él me aporta otras cosas igual de valiosas. Y eso es precioso. Saber qué es lo que aporta cada uno.

No podemos exigirle a una sola persona que sea nuestro oasis emocional, nuestro GPS vital, nuestro animador de cabecera, nuestro terapeuta y nuestro cómplice al mismo tiempo... porque nosotros tampoco lo somos para los demás. Seguro que de manera inconsciente tienes a tus personas divididas por secciones: los del cotilleo, los de las recetas, los de los consejos. Es importante tener claro lo que te puede aportar cada uno para evitar la frustración y también tener claro quiénes somos los unos para los otros y qué esperar de los demás, y también cuáles son nuestros límites respecto a ellos.

Este capítulo va de eso: de aprender a comunicarte mejor en todas tus relaciones. De evitar malentendidos, conflictos innecesarios y momentos incómodos. De descubrir cuál es tu lenguaje del amor, qué necesitas de verdad y cómo decirlo sin espantar a nadie por el camino para conseguir que te hagan puto caso.

Para ello, una de las pautas más importantes en la comunicación dentro de las relaciones amorosas es entender qué necesitas tú y qué necesita el otro. Porque, sorpresa: no todos hablamos el mismo idioma emocional. Lo que para ti puede ser una muestra de amor, para la otra persona puede pasar completamente desapercibido. Y ahí es cuando empiezan los malentendidos, los reproches silenciosos o el temido «es que ya no me demuestras que me quieres», cuando tú llevas toda la semana preparando su plato favorito.

Aquí entra en juego un concepto maravilloso: los lenguajes del amor. Cada uno de nosotros tiene una forma principal —o una combinación— de recibir y expresar amor. Saber cuál es la tuya (y cuál es la de la otra persona) puede cambiar por completo la manera en la que os comunicáis.

Vamos a conocerlos, y te invito a leerlos pensando no solo en tu pareja, sino en tus amistades, tu familia, incluso tus relaciones laborales. Porque, spoiler: funciona para todas las relaciones personales:

1. Palabras de afirmación

Este es el idioma de quienes sienten amor a través de las palabras. Si este es tu lenguaje, un *te quiero* a tiempo o un *gracias por estar aquí* puede alegrarte el día.

Te alimentas de elogios sinceros, palabras bonitas, reconocimiento y apoyo verbal. Necesitas escuchar que te quieren, que te valoran, que te ven. Ojo, no es un síntoma de inseguridad, es tu idioma emocional.

Errores comunes con estas personas son usar un tono hiriente, criticar abiertamente o guardar silencio durante demasiado tiempo. Para ellas, no se trata solo de silencio, significa desconexión emocional.

2. Tiempo de calidad

Para estas personas, el amor no se mide en minutos, sino en momentos de presencia plena. No basta con *estar*, hay que *estar de verdad*. Sin móvil, sin distracciones, con mirada, con atención.

Lo que más valoran son las conversaciones sinceras, los planes compartidos, esa sensación de *ahora mismo, todo mi mundo eres tú*.

Errores comunes son estar presente físicamente, pero ausente a nivel emocional. O peor aún, priorizar TikTok, mails o reuniones cuando por fin tenéis un momento juntos.

3. Recibir regalos

Aquí no hablamos de cosas caras ni grandes gestos. Este lenguaje tiene que ver con la intención. Con demostrar que pensaste en esa persona.

Una nota escondida, una flor sin motivo, un libro que te recordó a ella. Son símbolos visuales que dicen: te tengo en mi mente y en mi corazón.

Errores comunes con estas personas son olvidar fechas importantes, regalar por compromiso o sin personalización. Porque para ellas, un regalo sin alma es casi peor que nada.

4. Actos de servicio

¿Amor? Amor es que te quiten un peso de encima sin que lo pidas. Que te hagan un café sin decir nada. Que alguien vea tu cansancio y te ayude sin que se lo digas.

Este lenguaje habla de cuidar al otro a través de acciones concretas. Y se siente muchísimo cuando se hace desde el cariño y no desde la obligación.

Errores comunes pueden ser no cumplir promesas, dejar de ayudar, o decir *ya lo haré* y nunca hacerlo. Para estas personas, las palabras no valen nada si no se acompañan de hechos.

5. Contacto físico

El abrazo que calma, la mano que aprieta, el beso en la frente. Para estas personas, el amor se vive a través del cuerpo. Es una reafirmación constante, cálida, de que estás ahí.

No se trata solo de sexualidad —aunque también—, sino de presencia física afectiva. El tacto es su forma de sentirse queridos.

Errores comunes: la frialdad constante, rechazar el contacto o evitarlo como si quemara. Para ellas, la distancia física se traduce como distancia emocional.

Si te muestras extremadamente servicial (porque tu lenguaje emocional es el de los actos de servicio) con alguien cuyo lenguaje emocional es más el de compartir tiempo de calidad, es probable que consigas el efecto contrario, que tu pareja piense que estás siempre pensando en tus quehaceres en vez de disfrutar del tiempo que pasáis juntos.

También puede pasar al revés: si alguien te escribe mensajes largos y detallados para compartir cómo se siente (porque su lenguaje es el de la expresión verbal), pero tú respondes con un «ok» o un emoji porque tu forma de expresar es más física o práctica, esa persona puede sentirse ignorada o poco valorada, aunque tú no tengas ninguna mala intención.

¿Ves por qué a veces no nos entendemos? Es simplemente porque estamos hablando idiomas distintos sin subtítulos. Este capítulo va a ayudarte a reconocer los tuyos, los de los demás. También a comunicarte con más intención, más claridad y, sobre todo, con más amor y respeto por las personas con quienes te relacionas.

Al final de este capítulo encontrarás un test para ayudarte a identificar cuál es tu lenguaje emocional.

SITUACIÓN: Cuando discutes con alguien y no quieres empeorar las cosas

Mi abuela siempre decía que dos no discuten si uno no quiere. Y en el lenguaje del amor, ser esa persona que no entra al trapo porque sabe cómo comunicar… es oro puro. No se trata de claudicar ni de tragarte lo que te incomoda. Se trata de saber gestionar los conflictos con cabeza, con intención y, sobre todo, con respeto.

Para eso hay una herramienta que nunca falla: las 5C. Cuándo, contexto, conectar, contar y concretar. Una brújula comunicativa que, en esta situación en concreto, puede evitar que una discusión se desmadre. Pero lo mejor de todo es que no sirve solo para apagar fuegos. Te servirá para prevenirlos, reconducirlos y para comunicarte mejor en todos los terrenos. Y las vas a ir viendo durante todo el libro.

Yo, personalmente, cuando estoy en medio de una discusión, si no consigo calmarme en el momento, prefiero dejarla para más adelante. Porque sí, soy un poco explosiva. Cierto es que, con los años —¡bendita madurez!—, he aprendido a que mi prioridad no sea tener razón, sino saber **CUÁNDO** es el momento de hablar. Ese ha sido uno de mis mayores aprendizajes vitales: la paciencia. He aprendido a no querer solucionarlo todo ya, a respetar mis tiempos para tranquilizarme y también los del otro.

Porque discutir en caliente es muy difícil. En esos momentos no habla la razón, sino el ego herido, y la conversación suele convertirse en un duelo de reproches, uno tras otro, como si estuviéramos lanzando pelotas de pin-pon cargadas de «¡y tú más!». ¿Y sabes qué? Así nunca se arregla nada.

Por eso, si ves que la situación se está calentando, párala. Antes de que escale, respira. Di algo como: «Ahora mismo no me siento preparada para hablar de esto» o «Prefiero que lo dejemos aquí y retomarlo cuando estemos más tranquilos».

Si es el otro quien te pide espacio, respétalo. No todos sentimos de la misma manera ni necesitamos el mismo tiempo para procesar los conflictos.

Eso sí, no se trata de no hablar del asunto, esa conversación tiene que seguir pendiente. Darse un tiempo no significa olvidar y evitar indefinidamente el conflicto no es resolverlo, sino postergarlo y, a veces, hacerlo crecer.

Bien, ya hemos llegado al momento de hablar, hemos encontrado el **CUÁNDO**, entonces pasamos al segundo punto que debemos tener en cuenta, hemos de analizar el **CONTEXTO** de lo ocurrido.

Para ello debes hacer el ejercicio de ver más allá de tu emoción. Pregúntate: ¿qué ha pasado realmente?, ¿dónde ocurrió, cómo estábamos, qué había detrás de lo que nos dijimos? Porque el conflicto no vive solo en las palabras, también en el entorno, en el estado emocional y en lo que no se dijo.

Y cuando ya estás frente a la otra persona, te recomiendo un gesto de generosidad brutal: deja que sea el otro quien empiece. No para que gane la discusión, sino para comprender.

Es indispensable entender el contexto del otro antes de lanzarte a una conversación, sobre todo si hay tensión. Porque el contexto lo cambia todo: te da una perspectiva más amplia, menos centrada solo en tu propia mirada. A eso lo llamo hacer un *National Geographic*: observar sin intervenir, tomarte el tiempo de explorar cómo ve el otro la situación, sin asumir que ya lo sabes.

Se consigue haciendo preguntas abiertas, no acusatorias. Preguntas que amplíen el mapa, que te ayuden a ver por dónde viene el otro antes de sacar conclusiones. Porque cuando comprendes su perspectiva, la conversación deja de ser un cruce de monólogos y se convierte en un verdadero intercambio. Y eso, en cualquier conflicto, marca la diferencia.

Puedes abrir el diálogo con preguntas como:

- ¿Cómo viste tú esta situación?
- ¿Qué sentiste tú en ese momento?
- ¿Qué interpretación le diste tú a lo que pasó?
- Cuéntame, ¿cómo fue el proceso?

Sí, ya sé lo que estás pensando: «¿Y por qué tengo que empezar yo con todo este esfuerzo?».

Primero, porque estás aquí leyendo esto, y eso ya es una pista.

Segundo, porque no puedes cambiar a nadie más que a ti.

Y tercero, porque si de verdad quieres resolver algo, hay que construir, no competir.

Mientras la otra persona habla, entramos en una nueva fase, ha llegado el momento de **CONECTAR.**

Y aquí, atención a tu cara.

Sí, tu cara. Porque si mientras te cuentan su versión pones cara de *¿en serio me estás diciendo esto?*, o frunces el ceño como si estuvieras oliendo algo raro, da igual que permanezcas en silencio. Ya estás juzgando. Y eso, querida, se nota.

Lo más difícil de esta parte es escuchar al otro como si la situación no fuera contigo. Separarte un poco emocionalmente para poder escuchar sin juicio, con empatía, aunque lo que esté diciendo te toque de lleno. Incluso cuando el otro está en modo «todo es culpa tuya», y te entran unas ganas tremendas de interrumpir, defenderte o poner los ojos en blanco.

Escuchar sin juzgar no significa que estés de acuerdo. Significa que respetas su derecho a dar su opinión, aunque no la compartas. Es un paso clave para desactivar el conflicto, porque si uno escucha de verdad, el otro baja la guardia. Y desde ahí se puede empezar a hablar de verdad.

Pero no se trata solo de la expresión no verbal. También tienes que verbalizar que has entendido al menos una parte de lo que la otra persona te acaba de contar. No hace falta que estés de acuerdo con todo, pero sí que demuestres que has procesado lo que te dicen. Eso ayuda a que la otra persona se sienta comprendida y, por tanto, se relaje.

Puedes decir cosas como:

- Ahora que me dices esto, puedo entender que no te gustara lo que dije.
- Visto así, entiendo por qué te sentiste de esa forma.
- No me había dado cuenta de que eso te afectó tanto.

Este tipo de frases son pequeñas joyas emocionales. Porque no se trata de concesiones, sino de puentes. Son la manera de decir: «Te veo, te escucho, y aunque no comparta todo, valoro tu vivencia».

Y si quieres ir un poco más allá, puedes seguir preguntando:

- ¿Y qué necesitabas en ese momento?
- ¿Qué esperabas de mí que no hice?

Así, no solo conectas desde la escucha, sino también desde la intención de reparar. Y es casi mágico porque cuando dices estas cosas, el cuerpo del otro se relaja. La empatía verbalizada ayuda a reducir la tensión.

Solo cuando ya hayas escuchado a la otra persona y conectado con ella habrá llegado el momento de **CONTAR** tu perspectiva.

Pero, atención, esto no es un monólogo de acusación. Nada de *tú siempre*, *tú nunca* o *me haces sentir así de mal*. No. Habla desde ti, desde tu experiencia. Usa hechos, no juicios. Emociones, no reproches.

Por ejemplo:

- Como yo lo viví, fue que…
- En ese momento, yo me sentí…
- Decidí actuar así porque…

Y si te interrumpen mientras hablas, respira y pide con calma poder terminar:

«Déjame terminar, y luego te escucho de nuevo».

Y si la otra persona no lo respeta, bueno, ahí ya hablamos de poner límites, pero eso lo trataremos más adelante.

Y ahora sí, el paso final: CONCRETAR.

Porque no sirve de nada hablar si no hay propuestas. No se trata solo de desahogarse, sino de pactar cómo hacerlo mejor la próxima vez. Aquí es donde se cierra el círculo.

Acordad nuevas formas de actuar en el futuro:

- ¿Qué te parece si, la próxima vez que te sientas así, me lo dices directamente?
- ¿Y si acordamos que cuando uno de los dos no pueda más, usemos una palabra clave para parar?
- ¿Te parece bien si en vez de callarme, te escribo lo que siento para no explotar?

Esos acuerdos deberán ser respetados por ambas partes. No se trata de ganar, sino de resolver. Y resolver requiere voluntad, claridad y práctica.

Esto debería ser algo habitual en todas tus relaciones. Porque no tienes telepatía. Y no puedes estar el cien por cien del tiempo atento a las necesidades del otro ni la otra persona puede estarlo a las tuyas.

¿Y si después de todo esto, la otra persona no cumple con lo acordado?

Pues ahí ya hay que hablar de otras cosas, que van más allá de la comunicación. Ese tema también lo trataremos más adelante en este libro.

Así que, si te pierdes en medio de un conflicto, recuerda tus cinco claves con C:

- CUÁNDO – Elige el momento adecuado. No todo se puede resolver en medio del enfado.
- CONTEXTO – Entiende lo que realmente pasó desde la perspectiva del otro, haciendo preguntas abiertas no acusatorias.
- CONECTAR – Escucha de verdad y verbaliza la empatía. Hazle saber que lo has entendido.
- CONTAR – Expresa tu parte con honestidad, sin atacar, desde ti.
- CONCRETAR – Acuerda qué hacer distinto la próxima vez. Resolver es comprometerse.

Para cerrar este apartado sobre cómo afrontar las discusiones, te dejo este consejo práctico que lo cambia todo: aprende a preguntar antes de responder.

Sí, parece simple, pero es muy potente. Porque cuando preguntas antes de reaccionar, le estás diciendo al otro (y a ti misma): quiero entender, no solo tener razón.

Por ejemplo, en lugar de saltar a la defensiva, puedes probar con:

- ¿Qué quieres decir exactamente con eso?
- ¿Puedes explicármelo un poco más?
- ¿A qué te refieres?
- ¿Qué sentiste tú realmente en ese momento?

Esto no solo baja la tensión. Te da contexto, tiempo y claridad. Y lo más importante: abre la puerta a una conversación más constructiva.

SITUACIÓN: Cómo expresar lo que piensas sin que la otra persona se sienta atacada

Tengo que reconocer que este de dar la propia opinión es uno de mis temas favoritos en la actualidad. Vivimos en una sociedad donde cualquiera se cree con el derecho de opinar de todo, sobre lo que haces, lo que no haces, lo que sientes, lo que comes, lo que vistes, lo que decides. Como si fuera obligatorio tener opinión sobre cada detalle de la vida de los demás.

Y, ojo, no solo tenerla... ¡Soltarla a la menor ocasión!

Hay algo que nos cuesta mucho asumir: dar nuestra opinión también puede hacer daño. Incluso cuando lo hacemos con la mejor intención, aunque tengamos el convencimiento de llevar la razón, aunque lo disfracemos de *te lo digo por tu bien*.

Más aún, cuando nadie nos ha pedido esa opinión.

A veces creemos que opinar es un acto de honestidad. Pero no siempre es el momento, no siempre la otra persona está preparada y, a menudo, nuestra necesidad de opinar tiene más que ver con nuestras incomodidades, con nuestra visión o nuestro ego que con los del otro.

«Yo si fuera tú...». ¡Oh, por favor, no!

Pocas frases me resultan más peligrosas que esta:

—Yo si fuera tú...

—Yo hubiera hecho...

¡Pero no eres yo! No tienes mi historia, mis miedos, mis límites, mis vivencias, mis heridas ni mis recursos. Tu opinión está teñida de tu vida, no de la mía. Y cuando opinas desde ahí, aunque sea para ayudar, suena a juicio, a corrección, a *yo sé más que tú*. Y eso duele.

Aunque venga envuelto en cariño.

Piensa en esas veces en las que, desde el afecto, desde el *te quiero y por eso te lo digo*, sueltas una opinión sobre la pareja de alguien, sobre su forma de criar, o sobre su cuerpo, su actitud, sus decisiones profesionales...

¿Qué recibes en respuesta?

Distancia. Silencio. Frialdad. ¿Por qué?

Porque opinar sin permiso se siente como una invasión.

La psicología lo llama *violación relacional*. Cruzamos una línea invisible y el vínculo se resiente. No importa si lo que dijiste tenía sentido, lo que importa es que la otra persona no te lo pidió.

Un estudio de la Universidad de Michigan sobre dinámicas familiares mostró que los comentarios no solicitados generan más resentimiento que los desacuerdos abiertos. Porque el problema no es el contenido. Es la forma. El momento. El tono.

El *feedback* que nadie pidió.

Y esto no pasa solo en lo personal. En el trabajo es un clásico.

Comentamos el estilo de un colega, damos *feedback* no solicitado, soltamos un *yo lo habría hecho distinto*. Aunque esas opiniones vengan desde la intención de mejorar, el resultado puede ser justo el contrario: bloqueamos, desmotivamos, erosionamos la confianza de la otra persona.

Harvard Business Review lo deja claro: el *feedback* no solicitado genera más ansiedad, más rechazo y menos efectividad que el *feedback* solicitado. Y más aún si no hay confianza previa.

Repitamos todas juntas: no todo lo «constructivo» construye.

Así que no, no se trata de callarse siempre, sino de elegir cuándo y cómo hablar. La diferencia entre opinar y aportar está en el consentimiento, la conexión y el respeto.

Y ahora tú me dirás...

—Venga, Vilallonga, que yo a veces lo hago para ayudar…

Sí. Ya. Misma situación, distinto envoltorio. Querer ayudar no es licencia para invadir. La persona que de verdad quiere ayudar no impone, acompaña; no juzga, escucha; no proyecta, pregunta.

Voy a ir aún más lejos: aunque alguien te pida tu opinión, antes de darla asegúrate de que la persona la quiere de verdad, asegúrate de que está abierta, de que hay espacio y posibilidad de recibirla. Porque si no es así, aunque sea brillante, tu opinión va a sonar como una bofetada emocional.

Y eso, ni construye ni conecta.

Aplícate este mantra:

Si no te piden la opinión, no la des.

Y si no te vale ponte en bucle la canción «Tu opinión de mierda» de *Los Punsetes.*

Cántalo, grítalo, báilalo, pero no des tu opinión a la ligera.

Hablar con intención, no por impulso

Muchas veces opinamos por impulso, porque nos incomoda el silencio, porque no soportamos ver al otro sufrir, porque creemos que sabemos o simplemente porque no sabemos callar.

Pero opinar sin pensar en cómo será recibida nuestra opinión puede romper relaciones, generar culpa, dejar heridas. A veces hablar por hablar es peor que callar con amor.

La filósofa Simone Weil decía: que *la atención es la forma más rara y pura de generosidad.* Yo lo interpreto como que *la generosidad no siempre está en lo que decimos, sino en lo que decidimos no decir.*

Así que, la próxima vez que sientas el impulso de opinar, hazte algunas preguntas:

¿Es el momento? (Cuándo)

No todo lo que es verdad necesita decirse ahora mismo.

El *timing* importa. Si la otra persona está pasando por algo difícil, si está emocionalmente vulnerable o no está en modo escucha, tu opinión puede sonar como un golpe en lugar de una ayuda. A veces lo más inteligente no es callar para siempre, sino esperar el momento adecuado.

¿Esta persona me ha pedido mi opinión?

Parece básico, pero se nos olvida.

Si no te ha preguntado, es probable que esa persona no esté para escuchar lo que quieres decir. Opinar sin invitación es como entrar en casa ajena sin tocar el timbre. ¿Verdad que no lo harías en una casa física? Pues en la emocional, tampoco.

¿Para qué lo quiero decir? (Contexto)

Aquí la cosa se pone interesante. ¿Lo dices por amor, por necesidad de control, para tener razón, para desahogarte, para salvar al otro?

Pregúntate con honestidad: ¿lo hago por el otro o por mí? A veces lo que decimos no construye, solo alivia nuestra frustración. Y eso está bien, siempre y cuando lo hagas en tu diario, no en la cara del otro. Si tu *opinión* solo busca que tú te sientas mejor, no es opinión, es descarga. Y para eso están las amigas, la terapia, el boxeo o los audios que no se envían.

Si tu motivación es alimentar tu ego o calmar tu incomodidad, mejor respira y deja pasar. Si de verdad es por el otro, entonces espera a que él te abra la puerta.

¿Cómo lo va a recibir el otro? (Conexión)

Esto no lo controlas del todo, pero sí puedes anticiparlo.

Conoces a esa persona: su historia, su sensibilidad, sus límites. Entonces, antes de hablar, piensa en el impacto más que en la intención. No se trata de enmascarar la verdad, sino de hacerla llegar sin destruir a la otra persona. Porque lo que no se recibe, no sirve de nada.

¿Desde dónde lo estoy diciendo? (Contar y concretar)
El tono lo cambia todo. ¿Estás hablando desde la empatía o desde la superioridad moral? ¿Desde el cuidado o desde el juicio? Porque una misma frase puede sonar como un abrazo o como un ataque, dependiendo de dónde la digas internamente.

Y si estás hablando desde el *yo sé más que tú*, es muy probable que el otro se cierre.

Y si a pesar de todas estas advertencias, *checklist*, mantras y canciones disuasorias, dar tu opinión es realmente necesario y además te la han pedido, entonces no improvises.

Vuelve a las 5C. Como ya dijimos, en muchas ocasiones las 5C pueden ser tu brújula para que ese *feedback* llegue bien, sirva de verdad y no dañe en el camino.

CUÁNDO

Elegir el momento adecuado lo cambia todo.

No es lo mismo soltar tu opinión justo después de un fallo, en público o cuando la otra persona está emocionalmente agotada, que esperar a un espacio tranquilo y privado.

No subestimes el contexto: una crítica mal situada puede cerrar puertas en vez de abrirlas.

Y si ves señales de incomodidad —brazos cruzados, evasión de mirada, tensión corporal—, quizá no es el momento. Aprende a leer lo que no se dice.

CONTEXTO

Antes de dar tu opinión, reconoce lo que hay. Antes de dar tu opinión, párate un momento y asegúrate de que has entendido bien la situación. Porque muchas veces respondemos desde lo que creemos, no desde lo que el otro realmente ha vivido. Y ahí es donde empiezan los malentendidos.

Una de las claves está en cómo preguntas. Evita empezar con un «¿por qué...?». Aunque parezca una pregunta neutra, suele activar la defensa automática del otro, como si tuviera que justificarse. Cambiar la forma de preguntar no es solo cuestión de estilo, es una manera de generar un espacio más claro y seguro para comunicarse.

- En lugar de «¿Por qué lo hiciste?», puedes decir «¿Qué intención tenías al hacerlo?».
- En vez de «¿Por qué reaccionaste así?», prueba con «¿Qué fue lo que te llevó a reaccionar de esa manera?».
- Si te sale un «¿Por qué no me lo contaste antes?», mejor pregunta «¿Qué necesitabas en ese momento para poder hablarlo?».
- Cambia el clásico «¿Por qué decidiste eso?» por «¿cómo llegaste a tomar esa decisión?».
- Y en vez de «¿Por qué no me respondiste?», puedes usar «¿Qué pasó por tu cabeza cuando recibiste el mensaje?».

No es maquillaje. Es intención. Preguntar diferente ayuda a entender mejor, conectar más y opinar con más sentido y menos juicio. Y eso mejora cualquier conversación.

CONECTAR

La intención importa, pero la conexión lo es todo.

¿Desde dónde estás hablando? ¿Desde el juicio o desde el cuidado?

Un buen truco es usar el «Sí, y...» en vez del «No, pero...»

—Sí, entiendo tu punto de vista, y me gustaría sumarte otra perspectiva...

Así no anulas al otro, construyes desde lo que ya está.
Y eso cambia por completo el tono de la conversación.

CONTAR

Cuando sea tu turno de decir lo que piensas, hazlo con claridad y empatía.

No te vayas por las ramas, pero tampoco dispares a matar.

Usa ejemplos reales, sin exagerar ni dramatizar.

Ofrece tu visión como una observación, no como una verdad absoluta.

Recuerda, no todo tiene que acabar en discusión.

Una opinión no es un debate eterno. Si ya dijiste lo que tenías que decir, aprende a cerrar el tema y suéltalo. Si sigue doliendo, no es tu responsabilidad sanarlo todo y no es obligación del otro aceptar tu opinión como válida.

CONCRETAR

Por último, procura que tu opinión sirva para algo.

Ofrece algo útil, claro y aplicable. No es «te lo dije», es «¿qué podrías probar distinto la próxima vez?».

Y deja la puerta abierta:

—Si quieres, puedo ayudarte a pensar opciones.

—Estoy aquí si en algún momento quieres retomarlo.

Vamos a utilizar la brújula de las 5C en algunos ejemplos concretos:

Ejemplo 1: Amiga que te pide opinión sobre su nueva pareja

CUÁNDO

La invitas a tomar algo, sin prisa y sin interrupciones.

—¿Te parece si lo hablamos tomando un café, con calma? Quiero cuidar cómo te lo digo.

CONTEXTO

—Sé que esta relación te importa, y me alegra que estés ilusionada. Gracias por confiar en mí para hablarlo. ¿Cómo te estás sintiendo tú con todo esto últimamente?

CONECTAR

—Sí, entiendo que estés feliz, y también me gustaría contarte cómo lo vivo desde fuera...

CONTAR

—Yo siento que algunas actitudes de él, como el comentario del otro día en la cena, me preocupan. Me pregunto si tú también lo notaste.

CONCRETAR

—Si en algún momento necesitas contrastar más cosas, estoy aquí.

Ejemplo 2: LABORAL – *Feedback* sobre una presentación

CUÁNDO

Esperas al final del día y le propones hablar con calma en un espacio tranquilo.

—¿Tienes cinco minutos después para comentar lo de hoy con calma?

CONTEXTO

—Sé que le pusiste muchas horas a esta presentación, y lanzarte a hacerla ya es un paso enorme. ¿Cómo te sentiste tú mientras la presentabas?

CONECTAR

—Sí, entiendo que estabas nerviosa, y me gustaría compartirte una visión que quizá te ayude para la próxima.

CONTAR

—Yo sentí que en algunos momentos las ideas se perdían un poco porque ibas muy rápido. Me dio la impresión de que querías decirlo todo sin dejar respirar.

CONCRETAR

—Si quieres, podemos revisar juntas cómo estructurar el cierre para que quede más claro. Tienes muy buen contenido, solo necesitas ordenarlo un poco.

Ejemplo 2 (nuevo): LABORAL – Tu compañero no está cumpliendo con su parte

CUÁNDO

Le propones hablar al final de la jornada, sin presión y en privado.

—¿Podemos hablar cinco minutos después de la reunión? Me gustaría comentarte algo que considero importante.

CONTEXTO

—Llevamos ya varios días trabajando en esto, y quiero que tengamos una conversación clara para que podamos avanzar mejor. ¿Cómo estás viendo tú la carga de trabajo en este proyecto?

CONECTAR

Sí, sé que todos vamos a mil y entiendo que cada uno tiene su ritmo, y al mismo tiempo quisiera hablar de cómo lo estamos gestionando como equipo.

CONTAR

—Yo siento que algunas tareas se están quedando descolgadas o que acaban recayendo en mí, y eso me está generando mucha presión. Como el informe de seguimiento, que al final tuve que resolver a última hora.

CONCRETAR

—¿Podemos revisar cómo dividirnos lo que queda? Me ayudaría mucho saber con qué te puedes comprometer y en qué plazos, así lo gestionamos de forma más equilibrada.

Ejemplo 3: PAREJA – Hablar sobre una desconexión emocional

CUÁNDO

Esperas a estar en casa, relajados, sin pantallas ni distracciones.

—¿Podemos hablar un momento después de cenar? Quiero contarte algo que me ronda y prefiero hacerlo con calma.

CONTEXTO

—Sé que estás a tope últimamente, y yo también. No es una queja, solo una conversación que me gustaría tener. ¿Tú cómo estás viviendo estos días entre nosotros?

CONECTAR

—Sí, sé que estás haciendo lo mejor que puedes, y quiero contarte cómo me estoy sintiendo, para no guardármelo.

CONTAR

—Yo siento que últimamente estamos un poco desconectados. Como si actuáramos en piloto automático, y echo de menos esos ratos en los que simplemente estábamos presentes.

CONCRETAR

—¿Te parece si intentamos volver a reservar un espacio para nosotros, aunque sea una vez por semana? Creo que nos vendría bien a los dos.

Todo esto —las 5C, los ejemplos, las preguntas, los giros de lenguaje— no son un ritual de perfección ni un manual para quedar bien.

Son herramientas reales para sostener conversaciones difíciles sin romper nada que valga la pena.

Porque pongamos las cosas claras: la comunicación necesita planificación y práctica. Estas conversaciones no se pueden improvisar sin tener consecuencias, ya sea a corto o a largo plazo. Sé que quizá de entrada puede parecer engorroso, poco espontáneo, muy *manual de instrucciones* para algo tan humano y cotidiano como hablar con quienes te rodean.

Pero, sinceramente, si algo vale la pena, si alguien te importa, o si el mensaje es necesario, ¿no crees que también merece la pena aprender a hacerlo bien?

No se trata de decir menos, sino de decir mejor.

Y cuando consigues transmitir mejor es cuando pasas de opinar… a impactar, de hablar… a construir.

SITUACIÓN: Cuando haces un cumplido y suena forzado o vacío

¿Te has fijado en lo incómodo que puede ser recibir un cumplido? Es como cuando alguien te da un regalo y tú no sabes si abrirlo, esconderlo o lanzarlo por la ventana. Lo esquivamos con un «bueno, tampoco era para tanto», lo minimizamos, o directamente lo negamos como si fuera un error del sistema. Pero… ¿por qué?

Pues porque un cumplido, aunque parezca una tontería, es un acto de conexión profunda. No es solo educación o cortesía, es un mini momento de validación, de reconocimiento, de impacto emocional.

La psicología nos lo deja claro: muchas personas con una autoestima más baja no saben aceptar los halagos porque van en contra de lo que se dicen a sí mismas cada día. Si tú piensas «yo no valgo mucho» y alguien viene a decirte «eres brillante», pues, claro, no te encaja. Es como intentar meter una pieza redonda en un hueco cuadrado: no encaja con tu narrativa interna.

Pero no todo se reduce a autoestima. También hay un componente cultural y educativo muy potente. Desde pequeñxs, nos han enseñado —especialmente a las mujeres— que aceptar un cumplido es sinónimo de creérselo demasiado, de parecer arrogantes, vanidosas, presumidas. Y ¿qué hacemos? Sonreímos incómodas, desviamos la mirada, soltamos un «bueno, tampoco era para tanto» y le restamos valor a lo que nos acaban de decir.

Este hábito está tan normalizado que muchas veces ni nos damos cuenta. Pero rechazar un cumplido no es humildad, es una forma de invisibilizarnos a nosotrxs mismxs. Es negar el impacto que tenemos, el trabajo que hacemos o la belleza que transmitimos. Y eso, más que modesto, es injusto. En Japón existe el concepto del *honne* y el *tatemae*, que diferencia lo que uno piensa realmente *(honne)* de lo que se expresa en público *(tatemae)*. En ese marco, aceptar abiertamente un cumplido puede verse como una falta de humildad o de armonía social, por eso muchas veces los elogios se rechazan por cortesía, aunque por dentro sean bienvenidos.

En cambio, en culturas como la estadounidense o la australiana, aceptar un cumplido con un «thank you» directo y confiado está bien visto, incluso esperado. Es parte de una educación orientada al refuerzo positivo y al reconocimiento individual.

Aceptar un cumplido con gratitud no es egocentrismo, es madurez emocional. Y además educa: enseña a quien te escucha que reconocer lo bueno en uno mismo no es soberbia, sino autoestima sana.

Aquí es donde entra en juego el trabajo de Carol Dweck, prestigiosa psicóloga de la Universidad de Stanford, conocida por sus investigaciones sobre la mentalidad de crecimiento. Dweck demostró que el tipo de reconocimiento que damos influye directamente en la motivación y el desarrollo personal. Cuando un cumplido se centra en el esfuerzo, la dedicación o la estrategia —y no solo en el talento innato—, el impacto es mucho más profundo: nos sentimos vistos, valorados y capaces de mejorar.

Porque no es lo mismo que te digan «eres un genio», a que te digan «se nota que te lo curraste muchísimo». Lo primero te encasilla; lo segundo te impulsa. Hablar del proceso en lugar del resultado refuerza la confianza real, no la frágil. Y ahí, justo ahí, se abre la puerta al crecimiento.

Porque sí... los cumplidos también educan.

Sí, sí, lo que oyes. Los cumplidos no son inocentes. Refuerzan valores. Si solo le decimos a las niñas «qué guapas están» pero nunca «qué listas, valientes o resolutivas», estamos sembrando el mensaje de que su valor depende de su imagen. Y eso es una semilla que luego cuesta arrancar. Así que: ¡a halagar con cabeza y con corazón! Vamos a ver cómo se hace esto bien, con intención, con autenticidad y con un toque de chispa:

1. Adiós a lo genérico. Un «qué bien hablas» se queda en tierra de nadie. Es como un café sin cafeína: no dice nada, no hace nada. En cambio: «Me encantó cómo explicaste ese concepto, lo hiciste tan claro que parecía fácil hasta lo difícil». ¡Toma impacto! Aquí demuestras que escuchaste, que te importó y que aprecias el esfuerzo.
2. Detalles, por favor. Sé específico/a: (los detalles enamo-

ran). Un simple «buen trabajo» suena a obligación. Pero si dices: «Tu energía en la presentación contagió al equipo, salimos todos con ganas de comernos el mundo», eso cambia todo. Nombras lo que viste y cómo te hizo sentir. ¡Ese cumplido tiene sustancia!

3. No te flipes: cuidado con la exageración. Decir «Eres lo mejor que he visto en la vida» cuando alguien hizo una presentación de PowerPoint... pues no cuela. A ver, si no es Beyoncé, cálmate. Los halagos desmedidos pueden parecer falsos, aunque tengas buena intención. Mejor algo honesto y proporcionado: «Tu presentación fue clara, visual y superútil. Me encantó el ejemplo del principio». ¡Mucho más creíble y efectivo! Honestidad, ante todo.
4. Usa el truco del «porqué». Explicar por qué haces el cumplido le da profundidad. No es lo mismo decir: «Me gustó cómo manejaste la reunión», que decir: «Me gustó cómo manejaste la reunión porque lograste que todos participaran sin que se interrumpieran». Eso sí que es ver a la persona en acción y reconocer sus habilidades reales.
5. Contexto, *baby*. No sueltes un «qué bien te queda esa camisa» en medio de una reunión de resultados. *Timing* y lugar son clave para que el cumplido no se pierda entre Excel y PowerPoint. Elige el momento y el lugar adecuados. Busca un espacio donde la persona pueda recibirlo bien, sin distracciones, sin presión, sin confusión.
6. Tu cuerpo también elogia. Recuerda: la forma es fondo. No digas un cumplido con cara de «me quiero ir a casa». Usa contacto visual, una sonrisa genuina y un tono de voz cálido. Que tu cuerpo diga lo mismo que tus palabras. Eso le da autenticidad al cien por cien.
7. Cumplido y piropo: no son lo mismo. Vale, aquí viene un clásico: mucha gente usa «cumplido» y «piropo» como si fueran sinónimos. Pero no, cariño, no. Juegan en ligas

diferentes, con intenciones distintas y efectos muy distintos también.

Cumplido: reconocimiento con foco en el otro. Un cumplido es un acto de reconocimiento genuino. Puede ser verbal o gestual, y pone el foco en la otra persona: en su actitud, en su esfuerzo, en su creatividad, en su manera de estar, de comunicar o de resolver. «Admiro cómo resolviste esa situación, tu calma me inspiró». Eso es un cumplido. Tiene intención positiva, respeta, valora y crea conexión. No busca destacar al que lo dice, sino reconocer algo real en quien lo recibe. El cumplido es altruista, empático y a menudo emocionalmente generoso. Su propósito es fortalecer vínculos, hacer sentir bien al otro por algo que ha hecho o que es, más allá de su físico.

Piropo: admiración que muchas veces es autorreferencial. El piropo, en cambio, no siempre tiene el foco en el otro, sino en quien lo emite. Aunque puede parecer un halago, muchas veces lo que busca es generar una reacción, llamar la atención o incluso marcar un territorio. «Esa sonrisa tuya alegra la oficina». Puede sonar bonito… pero también puede estar cargado de intención, y no siempre positiva. El piropo se centra sobre todo en atributos físicos o sensuales, y su naturaleza está más ligada a lo afectivo-sexual. El problema no es el piropo en sí, sino la falta de contexto, consentimiento y reciprocidad. Porque no es lo mismo decirle eso a tu pareja con cariño que soltarlo a una desconocida en la calle. Y aquí está la gran diferencia: el cumplido busca aportar al otro. El piropo, muchas veces, es para beneficio propio. Es decir, el piropo puede tener un disfraz de generosidad, pero en realidad busca que el otro reaccione, sonría, se sienta halagado… o, peor aún, «te lo agradezca» de alguna manera. En ese caso, no estás elogiando, estás interfiriendo.

8. La clave: intención, contexto y consentimiento. Un cumplido sincero puede recibirse en casi cualquier entorno: profesional, social, familiar, incluso con desconocidos, si se da con respeto. El piropo, en cambio, camina por la cuerda floja del contexto. Lo que para uno puede ser un gesto inocente, para otro puede resultar incómodo o incluso invasivo.

Por eso, antes de hablar, pregúntate:

- ¿Lo digo para que la otra persona se sienta bien?
- ¿O lo digo para sentirme mejor yo?
- ¿Tengo confianza suficiente?
- ¿Esto tiene sentido aquí y ahora?

Si la respuesta no es clara… tal vez sea mejor guardarlo. Porque elogiar con inteligencia no es censurarse, es respetar al otro. Y cuando se hace bien, el impacto es maravilloso.

Ahora sí, el momento estrella: ¡los cumplidos de mierda!

Sí, esos que parecen bonitos, pero apestan a crítica camuflada. Esos que vienen con lacito y al abrirlos te explotan en la cara. Yo hice un vídeo en redes sobre esto y, madre mía, ¡la de historias que salieron! La gente tiene una creatividad pasivo-agresiva que ni en Netflix.

Aquí mi ranking personal:

- «No esperaba que lo hicieras tan bien».
- «Para ser tú, no está nada mal».
- «Qué suerte tienes, yo nunca tengo tanto tiempo libre como tú».

Sí, son ejemplos clarísimos de cumplidos pasivo-agresivos. Frases que suenan a halago, pero en realidad llevan una crítica disfrazada de simpatía. Puñales envueltos en purpurina. Y lo más curioso es que no siempre se dicen con mala intención: muchas veces vienen de personas que no saben (o no se atreven) a expresar directamente lo que piensan o sienten. Entonces lo camuflan, como si así doliera menos. Pero no. Duele igual. Y, encima, descoloca. Este tipo de comentarios generan confusión, incomodidad y, con el tiempo, pueden erosionar la confianza entre las personas. Por eso es importante identificarlos y saber cómo gestionarlos, tanto si los recibes como si, al reflexionar, te das cuenta de que a veces tú también los usas.

Cómo responder a los cumplidos pasivo-agresivos sin perder la elegancia

Cuando te sueltan uno de estos *halagos bomba*, no hace falta tragárselo en silencio. Tampoco hay que entrar en guerra. Existen formas sutiles, inteligentes y hasta divertidas de devolver la pelota sin perder la compostura:

1. Ironía fina: «Gracias. Me encanta sorprender cuando nadie espera nada de mí». Una respuesta que no hiere, pero deja claro que el comentario ha sido detectado.
2. Claridad con elegancia: «No estoy segura de haber entendido lo que querías decir». Aquí invitas a que la otra persona reformule… o se dé cuenta del tono que ha usado.
3. Afirmación segura: «Gracias. Yo también estoy muy satisfecha con el resultado». Sin entrar en la provocación, reafirmas tu valor desde la tranquilidad.
4. Humor directo: «¡Qué cumplido tan peculiar! Casi me

lo creo». Una forma de desactivar la tensión y dejar claro que no te afecta.

Responder con estas herramientas no es ponerse a la defensiva, es proteger tu espacio emocional sin perder tu poder personal. Porque el silencio también comunica, pero a veces una buena respuesta te libera. Porque no se trata de humillar, sino de poner límites con gracia y recordarle al mundo que mereces respeto, no sarcasmo envuelto en celofán.

¿Y qué pasa con los cumplidos de verdad? ¿Qué aportan?

Un cumplido auténtico, bien dado y bien recibido, es una semilla de conexión. No solo eleva a quien lo recibe, también transforma a quien lo ofrece. Porque cuando observas con atención, valoras con honestidad y expresas algo positivo con intención, activas algo muy poderoso: empatía, gratitud y presencia. Te conectas con lo mejor de ti. Algo que, inevitablemente, se contagia.

Para la persona que lo recibe, un buen cumplido puede ser un bálsamo. Un espejo limpio. Un recordatorio de su valor, justo cuando más lo necesita. A veces, unas palabras dichas con cariño y precisión tienen la fuerza suficiente para levantar un ánimo, reforzar una autoestima o provocar una sonrisa que cambia el día.

Y para quien lo da, es un acto de generosidad que reconecta con lo humano y con lo esencial. Es el arte de ver al otro de verdad, de reconocerlo sin filtros ni adornos. Porque halagar no es adornar, es reconocer. Y reconocer es relacionarse desde lo genuino.

Un cumplido no es solo un adorno bonito. Es una herramienta potente. Una forma concreta de comunicar amor, respeto y admiración.

Bien dado, construye. Mal dado, descoloca.

Por esa razón, la próxima vez que vayas a halagar a alguien, piénsalo, siéntelo y dilo con intención. Que no sea automático. Que no sea por compromiso. Que sea desde la conexión. Y después... déjalo volar.

Y ya que estamos, haz la prueba: toma consciencia de cuántos reproches haces al día, aunque sean pequeños, y busca el equilibrio. Por cada queja, cada crítica o cada juicio... regala un cumplido. No por obligación, sino por elección.

EXTRA: Cuando te gusta alguien y no sabes cómo demostrarlo

El tema de flirtear es un mundo aparte... Las primeras citas son otro universo, y no lo digo yo —que no voy a una desde hace más de treinta años—, lo dicen todas las personas con las que me he ido encontrando y que me lo han contado entre risas, dramas y alguna que otra historia de horror. No voy a meterme en la parte del flechazo, de las apps o de la conexión online. Vamos a lo interesante: cuando ya quedas en persona para conoceros de verdad.

Lo fundamental ahí es hacer sentir importante al otro. Porque al final se trata de conocer, ¿no? Y lo que más he oído es que la otra persona no para de hablar de sí misma, como si estuviera en una entrevista de trabajo y tuviera que venderse: yo hago, yo soy, yo digo... ¡Paren un momento!

El foco en una cita no eres tú. Es el otro. Se trata de descubrir si hay conexión, no de hacer un monólogo. Habla de ti solo cuando te pregunten, y si hay muchas cosas en común, genial, pero no lo uses como excusa para interrumpir constantemente con el típico «a mí también me pasa» que corta el hilo y acapara la conversación.

Entiendo que cuando hay entusiasmo se nos puede ir de las manos, pero no avasalles, deja acabar. La verdadera seducción está en el interés genuino, no en las frases brillantes. No hagas preguntas solo para responderlas tú. Y, por favor, no vayas de encantador/a profesional: simplemente conoce al otro y trabaja tu curiosidad auténtica.

Aquí van algunos básicos para no estropear una buena primera impresión:

- ✔ Deja espacio para la otra persona. Si monopolizas la conversación, puedes parecer inseguro/a o demasiado ansioso/a. Escuchar es seducir.
- ✔ No sobreanalices. No necesitas un guion perfecto. Si te da apuro, prepara algunas preguntas abiertas (de las que no se responden con «sí» o «no») para que fluya la charla. Y ojo: a veces te gusta alguien... y cuando habla, se te pasa. Por eso, la curiosidad es clave.
- ✔ Cuida tu lenguaje corporal. Pequeños gestos como inclinarte levemente hacia la persona indican interés. Lo vimos en el capítulo 2: el cuerpo también comunica.
- ✔ No fuerces el humor. Un chiste natural conecta. Intentar hacer reír todo el rato, sin parar, puede resultar forzado o incómodo. (De este tema hablamos más en el siguiente capítulo).
- ✔ Haz cumplidos que dejen huella. En lugar del típico «qué guapo/a eres», prueba con: «Me gusta cómo hablas de ese asunto, se nota que te importa». Eso muestra que has estado presente, que has escuchado y que te interesa más que solo el envoltorio.

En resumen: si te gusta alguien, no intentes impresionar. Intenta conectar.

No llenes el silencio por nervios, llénalo de interés verdadero.

Y recuerda: lo que más seduce es sentirnos vistos... no deslumbrados.

TEST: ¿Cuál es tu lenguaje del amor?

Puedes realizar este test no solo pensando en tu pareja, sino también en tus padres hermanos o amigos. De este modo puedes detectar en cada contexto tu lenguaje del amor.

1. Me siento más amado/a cuando...
   A) Me dicen «te quiero» o me elogian sinceramente.
   B) Me abrazan o toman de la mano.
   C) Me hacen un favor sin que lo pida.
   D) Me regalan algo especial.
   E) Pasan tiempo de calidad conmigo sin distracciones.

2. En una relación, valoro más que...
   A) Me digan cosas bonitas y me reconozcan.
   B) Me acaricien, abracen o estén físicamente cerca.
   C) Me ayuden con mis responsabilidades.
   D) Me den sorpresas o regalos con intención.
   E) Quieran compartir tiempo real conmigo.

3. Me hace sentir más querido/a cuando mi pareja o amigo/a...
   A) Me envía un mensaje bonito o me dice algo alentador.
   B) Me toma de la mano o me abraza sin razón.
   C) Se encarga de algo que me estresa.
   D) Me da un pequeño detalle que demuestra que pensó en mí.
   E) Me escucha con atención sin mirar el móvil.

4. Me molesta más cuando...
   A) No me valoran con palabras o me critican.
   B) Se alejan físicamente o no son afectivos.
   C) No me ayudan cuando lo necesito.
   D) Olvidan una fecha especial o no tienen detalles.
   E) No tienen tiempo para mí o están distraídos.

5. Me emociono más cuando...
   A) Me felicitan sinceramente por algo.
   B) Me abrazan después de un mal día.
   C) Hacen algo por mí sin que lo pida.
   D) Me regalan algo que tiene un significado especial.
   E) Pasamos tiempo solos haciendo algo juntos.

6. Cuando pienso en una muestra de amor ideal, imagino...
   A) Escuchar un «estoy orgulloso/a de ti».
   B) Sentir un abrazo largo y cálido.
   C) Que alguien me ayude sin que yo lo espere.
   D) Recibir una carta, regalo o nota significativa.
   E) Compartir una tarde tranquila, solo los dos.

RESULTADOS: Cuenta tus respuestas

- Mayoría de A: Tu lenguaje del amor es Palabras de afirmación

  Necesitas palabras sinceras, reconocimiento y apoyo verbal para sentirte amado/a.

- Mayoría de B: Tu lenguaje es Contacto físico

  El tacto y la cercanía física son esenciales para ti. Te conectas emocionalmente a través del cuerpo.

- Mayoría de C: Tu lenguaje es Actos de servicio

  Para ti, el amor se demuestra en acciones. Te sientes querido/a cuando te ayudan o facilitan la vida.

- Mayoría de D: Tu lenguaje es Recibir regalos

  Valoras los gestos materiales que muestran que alguien pensó en ti. Los detalles con intención te hacen feliz.

- Mayoría de E: Tu lenguaje es Tiempo de calidad

  Anhelas presencia plena y conexión real. Lo más valioso para ti es compartir momentos significativos.

4

Cuándo quieres que te tomen en serio (en el trabajo, en casa o en la vida)

[illegible]

4

Cuando quieres que te tomen en serio (en el trabajo, en casa o en la vida)

¿Cuántas veces has estado en una reunión, en una comida familiar, en clase o incluso en una fiesta, con una idea clara en la cabeza, pero te ha costado expresarla de forma que realmente capte la atención de los demás?

O quizá sí la has compartido, pero tu anuncio no ha tenido el impacto que esperabas.

Amiga, no se trata solo de lo que dices, se trata de cómo lo comunicas.

Aquí entra en juego un recurso tan valioso como subestimado: *el carisma.*

Ese algo que no puedes tocar pero que se nota. Ese no sé qué que hace que ciertas personas brillen incluso cuando dicen lo obvio. Ese magnetismo que genera atención, respeto y conexión sin tener que gritar ni forzar.

Sí, el carisma. Esa cualidad que atribuimos a ciertas personas que *tienen algo* que hace que todo el mundo las escuche, las siga o simplemente les preste atención. Pero aquí va la buena noticia: el carisma no es un talento reservado a unos pocos elegidos, es una habilidad que se puede desarrollar, moldear y adaptar según el contexto.

Y si estás pensando que esto no va contigo porque no eres extrovertida, histriónica o el alma de la fiesta, también tengo una sorpresa para ti: el carisma no depende de tu personalidad, sino de lo que proyectas. De cómo haces sentir a los demás. De cómo combinas tu contenido con tu presencia.

Según la investigadora Vanessa Van Edwards, el carisma no es cuestión de personalidad, sino de percepción. Es decir, no se trata de cómo eres, sino de cómo te perciben los demás cuando te comunicas. Y lo mejor de todo es que hay una fórmula para entenderlo (¡y usarlo!).

Carisma = Calidez + Competencia

Las personas carismáticas no son necesariamente las más divertidas, ni las que saben más, ni las que tienen más títulos. Son las que logran proyectar, al mismo tiempo, dos mensajes clave:

1. *Puedes confiar en mí* → Calidez
2. *Sé lo que hago* → Competencia

Esta combinación, aunque suene simple, es increíblemente poderosa. Porque, como explica Chris Malone en su libro *The Human Brand*, desde los inicios de la humanidad, de manera instintiva, las personas evaluamos a quienes tenemos delante con dos preguntas defensivas:

- ¿Qué intenciones tiene esta persona hacia mí? (calidez).
- ¿Tiene la capacidad de llevarlas a cabo? (competencia).

En la actualidad seguimos evaluando a los demás según los mismos parámetros, aunque los contextos sean distintos ahora, como puede ser una entrevista de trabajo, una cena familiar, una presentación profesional o una primera cita. ¡No hemos cambiado tanto desde la cueva, solo que ahora llevamos blazer o vaqueros y usamos emojis!

El orden importa: primero conectas, después convences

Uno de los errores más comunes es empezar por intentar demostrar lo mucho que sabes, sin haber creado primero un vínculo. Debes tener en cuenta que la mente humana no funciona así. Recuerda, primero queremos saber si podemos confiar en la otra persona. Y solo después nos interesan tus capacidades y lo que nos tienes que decir.

La buena noticia es que no tienes que elegir entre ser amable o ser eficaz. De hecho, cuando combinas ambos rasgos, se refuerzan mutuamente. Tu mensaje gana peso porque viene de alguien en quien confían y que demuestra saber de lo que habla.

CALIDEZ: la conexión primero

La calidez es la puerta de entrada a la confianza. Si una persona te cae bien, estás mucho más dispuesto a escucharla, seguirla o colaborar con ella. Este rasgo se construye con un lenguaje corporal abierto, una sonrisa sincera, un tono amable y, sobre todo, un interés genuino por el otro, como hemos visto con detalle en el capítulo 2 sobre la importancia de conectar al comunicar.

Proyectas calidez cuando…

- Sonríes sin forzar.
- Escuchas de verdad, no solo para responder.
- Agradeces, reconoces y validas lo que otros aportan.
- Haces preguntas abiertas.
- Adaptas tu comunicación al momento y a la persona.

Ejemplos de calidez en acción (por contexto)

1. En una comida familiar:

«Esa historia me ha encantado, ¿cómo acabó todo?».

Por qué funciona:

Muestras un interés genuino, le estás dando protagonismo al otro y fomentas una conversación más rica. Escuchar con curiosidad es una de las formas más potentes de generar conexión emocional. Calidez que une.

2. En un entorno social (fiesta, cena, evento):

«Hola, no nos conocemos. Me encanta tu estilo, ¿vienes mucho por aquí?».

Por qué funciona:

Rompes el hielo con naturalidad, elogias sin exagerar y generas una interacción desde el aprecio, no desde la incomodidad. Calidez que abre puertas.

3. En un contexto laboral:

«Me gustó lo que dijiste antes, ¿puedes explicármelo de nuevo?».

Por qué funciona:

Valoras la aportación del otro, demuestras escucha activa y refuerzas su participación. Haces que la otra persona se sienta vista y valorada. Calidez profesional, sin perder foco.

Una buena dosis de calidez hace que la gente se relaje en tu presencia. Eres esa persona con la que se puede hablar, debatir, reír o compartir. Pero, ojo: si hay demasiada calidez y poco fondo, puedes resultar un encanto de persona, pero irrelevante.

Para terminar, quiero introducir una idea importante: calidez no significa servilismo ni peloteo.

Ser cálido no es ser complaciente. No tienes que decir que sí a todo, no tienes que evitar el conflicto a toda costa ni asumir tareas que no te corresponden solo para caer bien. Y, desde luego, no tienes que adular a nadie para que te escuchen o te valoren.

La calidez carismática es empática, sí, pero también es firme. Tiene límites. Escucha, valida y conecta... pero no se arrastra. Ser cálido con los demás no es ser sumiso. Es ser humano, tener presencia.

COMPETENCIA: el peso de tu voz

La competencia se percibe cuando transmites claridad, seguridad y preparación. No se trata de alardear, sino de comunicar con orden, propósito y evidencia. Es lo que hace que los demás te vean como alguien capaz, interesante y con algo que decir.

Proyectas competencia cuando...

- Vas al grano, sin rodeos.
- Estructuras tus ideas con lógica.
- Apoyas lo que dices con hechos, ejemplos o experiencia.
- Hablas con seguridad (aunque no tengas todas las respuestas).
- Tomas decisiones sin disculparte por ello.

1. En un contexto laboral:

«Lo estuve revisando ayer con el equipo y, por cómo está estructurado el proyecto, lo más eficiente sería empezar por esa fase. Si queréis, os explico por qué lo vemos así».

Por qué funciona:

Transmite preparación, seguridad y visión estratégica. Ofreces contexto sin imponer y abres la puerta a la colaboración. Competencia con apertura.

2. En una comida familiar:

«Qué fuerte que digas eso, justo la semana pasada en el trabajo tuvimos una reunión sobre ese tema. Tienes toda la razón, hay mucho detrás que no se ve».

Por qué funciona:

Tono casual, sin forzar. Hablas desde tu experiencia, aportas información y abres otra perspectiva, sin querer *ganar* la conversación. Competencia con naturalidad.

3. En un entorno social (amistades, fiesta, cena entre conocidos):

«Eso me pasó en un taller que hice hace un tiempo. Fue curioso, porque lo que parecía sentido común resultó ser justo lo contrario».

Por qué funciona:

Compartes una anécdota real, traes contenido interesante y te posicionas como alguien con criterio y aprendizaje. Competencia con cercanía.

Tu nivel de competencia también viene marcado por tu reputación.

Este es un detalle fundamental, tu reputación; es decir, lo que los demás saben que sabes es tan importante como lo que sabes en realidad.

Aunque en cuanto a conocimientos seas especialista en algún tema concreto, por mucha preparación y experiencia que tengas en ello, si no lo comunicas, si no lo muestras, si no eres capaz de expresarlo en voz alta y sin miedo, ¡toda esa capacidad no existe!

Lo que no se comunica, no existe. Es más, lo que se comunica mal, se subestima.

Ser competente también implica darte permiso para que tu conocimiento se vea. No es una cuestión de ego ni de vanidad. Es visibilidad. Y sin visibilidad no hay impacto.

Carisma en acción: ejemplos reales que todos entendemos. Este equilibrio de calidez y competencia lo vemos en líderes, artistas, amigos, familiares, profesores, compañeros… ¡y hasta en tus tías del grupo de WhatsApp!

Ejemplos de personas que proyectan principalmente calidez:

- Oprah Winfrey: Su capacidad para escuchar, empatizar y conectar emocionalmente con su audiencia es legendaria. Hace que cualquiera se sienta comprendido, sin dejar de ser una mujer influyente y poderosa.
- Keanu Reeves: Amable, respetuoso, discreto y siempre con gestos generosos hacia quienes le rodean. Aunque también proyecta competencia, lo que más destaca en él es su cercanía natural.
- Michelle Obama: Combina inteligencia y formación, pero su tono cálido, su risa abierta y su empatía son los que la convierten en un referente de calidez auténtica.
- En tu día a día: también proyecta calidez esa amiga que siempre sabe cómo consolarte sin decir nada técnico.

Ejemplos de personas que proyectan más competencia:

- Angela Merkel: Su liderazgo se construyó sobre su claridad, rigor y visión estratégica. Seria, sobria, eficaz. Nunca necesitó hacer alardes emocionales para demostrar autoridad.
- Cristiano Ronaldo: Independientemente de si te gusta o no, su imagen pública transmite trabajo duro, exigencia, perfeccionismo y control. Habla con confianza, va directo al resultado.
- Greta Thunberg: Aunque es joven, su tono firme, su precisión al hablar y su presencia en contextos políticos la

posicionan como una figura de alta competencia. A veces se la critica justamente por proyectar poca calidez.

- En tu día a día: ese primo que siempre arregla el wifi en casa y te explica todo como si fueras un adulto inteligente.

Y luego tenemos a quienes combinan ambas con maestría (carisma total):

- Barack Obama: Tiene un dominio extraordinario de ambos elementos. Sabe emocionar, contar historias, pero también convencer, argumentar y liderar.
- Emma Watson: Inteligente, activista, preparada, pero también accesible, elocuente y empática.
- Rosalía: Aunque su estilo artístico es potente y vanguardista (lo que demuestra una gran competencia creativa), en las entrevistas siempre demuestra humor, humildad y humanidad (calidez), creando una marca personal que conecta y destaca.
- En tu día a día: esa compañera que brilla en las presentaciones… y sabe cuándo darte un abrazo.

La buena noticia es que tu carisma es regulable, ajústalo a tus necesidades.

No es lo mismo hablar en público que mediar en un conflicto familiar, como no es igual una cita que una entrevista. El carisma no es estático. Es una herramienta flexible y estratégica.

¿Situación social o emocional?

→ Sube la calidez

¿Situación con tensión, toma de decisiones o mucha información?

→ Refuerza la competencia

El verdadero carisma está en saber qué subir y qué bajar según la situación.

Como si fueses un buen DJ, tú eliges el ritmo y la intensidad de tu presencia en cada situación.

Sin embargo, aunque podamos regular nuestro carisma hasta cierto punto, todos tenemos una tendencia natural hacia uno u otro aspecto. Peor entonces, ¿cómo detectar cuál es tu tendencia natural? Aquí es donde Vanessa Van Edwards nos echa un cable. En su libro *Cues* habla de los indicadores sociales que revelan si estás proyectando más calidez o más competencia, incluso sin darte cuenta.

MINI TEST DE PERCEPCIÓN: ¿QUÉ ESTÁS PROYECTANDO SIN DARTE CUENTA?

Antes de empezar, es muy importante que tengas en cuenta que este test no está diseñado para etiquetarte, sino para ayudarte a observarte con más claridad. Hay personas que tienen un estilo muy cálido y que, sin embargo, son altamente competentes (aunque no lo demuestren verbalmente) y viceversa.

El objetivo es descubrir qué perciben los demás de ti en los primeros minutos de interacción, que es donde entra en juego el carisma.

PARA DETECTAR TU NIVEL DE CALIDEZ:

- ¿Tiendes a sonreír al hablar con otros, incluso en contextos formales?
- ¿Te preocupas por cómo se sienten los demás en una reunión o conversación?
- ¿Sueles suavizar tu mensaje para no incomodar o evitar confrontaciones?
- ¿Recibes comentarios como: *Qué majo/a eres* o *Es muy fácil hablar contigo*?

→ Si has contestado SÍ a la mayoría, predomina tu calidez.

Transmites cercanía, empatía y confianza. Las personas probablemente se sienten cómodas contigo y te buscan para compartir, pero puede que a veces tu mensaje no tenga el impacto que merece. En ese caso conviene reforzar tu presencia, estructura en el discurso y seguridad al hablar.

PARA DETECTAR TU NIVEL DE COMPETENCIA:

- ¿Eres directo/a al comunicarte y vas al grano sin rodeos?
- ¿Te aseguras de tener datos, estructura o argumentos antes de hablar?
- ¿Tiendes a mantener la expresión facial seria o neutra, sobre todo en lo profesional?
- ¿Recibes comentarios como: «Eres muy profesional» o «Siempre lo tienes todo bajo control»?

→ Si has contestado SÍ mayoritariamente, predomina tu competencia.

Proyectas solidez, control y profesionalismo. Inspiras respeto y fiabilidad. Pero, cuidado, si tu presencia es demasiado contenida o seria, puedes parecer distante. Añade más calidez, escucha activa, gestos de reconocimiento y contacto visual para equilibrar.

Te puedes preguntar, ¿está balanceado este test?

La respuesta es sí. Lo está en el sentido de que no hay un resultado *mejor* que otro. Su objetivo, y lo que te debe importar es detectar si estás mostrando solo una parte de tu potencial comunicativo. El verdadero carisma está en el equilibrio, y para llegar a él primero hay que saber desde dónde partes. Piensa en este test como un espejo emocional rápido. No te define, pero sí te refleja. Y con ese reflejo puedes tomar decisiones más conscientes sobre cómo quieres comunicarte y cómo quieres que te perciban.

Pero, ojo, esta tendencia natural también se refleja generalmente en la comunicación no verbal. La propia Vanessa nos dice que el 90% de las señales que transmitimos son inconscientes.

Aquí algunas pistas rápidas de actitudes que adoptamos en nuestras interacciones y su efecto en la comunicación:

Señal	Transmite calidez	Transmite competencia	Interpretación	Cuándo usarla / ajustarla
Sonrisa suave	Sí	No necesariamente	Genera cercanía, confianza y apertura emocional.	Úsala para romper el hielo, suavizar tensiones o reforzar empatía. Evítala al dar mensajes firmes.
Postura relajada	Sí	Depende	Cuerpo abierto = receptividad. Demasiado relajado = puede parecer desinterés.	Úsala en contextos sociales o colaborativos. Ajusta si necesitas autoridad o precisión.
Voz estable y segura	No necesariamente	Sí	Transmite seguridad, liderazgo y preparación.	Ideal para presentaciones, decisiones y exposición de ideas clave.
Contacto visual natural	Sí	Sí	Demuestra presencia, interés y autoridad sin parecer intimidante.	Úsalo siempre que quieras conectar y generar impacto. Evita forzar o sostener demasiado tiempo.
Tono monótono	No	Puede parecer competencia, pero sin conexión	Puede sonar serio, pero también aburrido o distante.	Solo en entornos muy técnicos o neutros. Añade variaciones vocales para captar atención.

Recuerda que el carisma va contigo a todas partes. Aunque puedas ajustarlo, no es una herramienta que solo usas en el trabajo o en ciertas situaciones. El carisma es una forma de estar frente a los demás, de comunicarte, de crear impacto donde sea que estés: en una reunión, en una cena, en el metro o en el chat familiar.

El carisma auténtico no es perfección, es presencia, intención. Es impacto.

Y si te toman en serio… que sea porque tú lo has decidido, porque te has comunicado con intención y has asumido la responsabilidad de tu impacto.

SITUACIÓN: Cuando hablas en una reunión y sientes que no te toman en serio

Una de las habilidades más potentes que las personas podemos desarrollar —y que rara vez se nos enseña— es la de cuestionar la información que nos damos a nosotras mismas. Sí, esa voz interna que parece tan confiable y que, sin darnos cuenta, muchas veces nos está boicoteando.

Llevo más de dieciocho años analizando cómo se comunican las personas y, si hay algo que me sigue fascinando, es la capacidad que tenemos de creernos nuestros miedos como si fueran verdades absolutas. No los discutimos, no los contrastamos. Simplemente los damos por válidos y los convertimos en parte de nuestra identidad.

En mis formaciones, sesiones individuales o conferencias, cuando le pregunto a alguien: «¿Qué te gustaría mejorar en tu comunicación?» o «¿Cómo crees que te perciben los demás?», las respuestas se repiten una y otra vez:

- Me gustaría que me tomaran más en serio.
- Quiero transmitir más seguridad.
- Creo que necesito parecer más creíble.

En ese momento paro la conversación y profundizo. Porque muchas veces, cuando profundizamos en la historia personal, en las experiencias profesionales y en las percepciones reales del entorno de esas personas, descubro que en realidad ya son tomadas en serio, transmiten seguridad, pero no son conscientes de ello. ¿Por qué? Porque lo que sienten no siempre coincide con lo que proyectan.

La raíz de esta diferencia de percepción suele ser múltiple. Unas veces, la causa puede ser inseguridad; otras, falta de autoconocimiento. En algunos casos son personas inmersas en sectores o culturas laborales que exigen un tipo de comunicación muy concreto, más formal, más rígido, y ellas sienten que deben adaptarse continuamente. Sin embargo, por mi experiencia, la razón más habitual es tremendamente injusta. Muchas personas no se sienten seguras solo porque, en algún momento de su vida, alguien en concreto les hizo un comentario negativo —una crítica, una observación fuera de lugar, una frase lanzada sin pensar— y ese mensaje quedó anclado como verdad absoluta en su subconsciente. Desde entonces se repiten una y otra vez que no son suficientemente creíbles, serias o profesionales.

Por eso, antes de lanzarte de cabeza a *mejorar tu comunicación*, te propongo que pares un momento y te plantees una pregunta esencial: Esto que creo que necesito, ¿lo necesito de verdad? ¿O ya está presente en mí y no lo he validado?

Dos preguntas rápidas te pueden ayudar a aclararlo: ¿Te han dicho repetidamente, a lo largo de tu vida laboral, que no pareces una persona seria? ¿Cinco o más personas distintas te han comentado que deberías trabajar ese aspecto de tu comunicación? Si la respuesta es no, entonces probablemente te estás embarcando en una mejora sobre una carencia que no existe.

O como diría mi amiga Laura: *«Búscate un trauma más reciente»*.

Y es que, a medida que vamos creciendo y evolucionando,

necesitamos ir marcando casillas. Si no registramos los avances que hemos hecho, nos quedamos en bucle trabajando una y otra vez lo que ya está resuelto. Es como estudiar para un examen que ya aprobaste. No avanzarás si sigues tratando de mejorar lo que ya dominas sin reconocerlo.

¿Nunca te ha pasado estar en una reunión, muerta de nervios por dentro, y que luego alguien te diga: pues no se te notaba nada? Eso es una señal clarísima de que tu cuerpo, tu tono y tu presencia ya transmiten seguridad, aunque tú no lo sientas internamente.

Llegados a este punto, no necesitas trabajar en *transmitir seguridad*, sino en fortalecer tu seguridad interna.

Y esas son dos cosas muy distintas.

EJERCICIO: Radiografía real de tu comunicación

Para saber qué necesitas realmente trabajar, te propongo un ejercicio de diagnóstico 360.

En primer lugar debes hacer una autoobservación honesta: grábate hablando en diferentes situaciones —una reunión, una conversación informal, una presentación— y después visualiza los vídeos analizándote con ojos objetivos. ¿Qué haces bien? ¿Qué podrías mejorar? ¿Cómo te ves realmente cuando hablas?

A continuación traza dos columnas en un papel:

- En la primera escribe lo que tú crees que son tus fortalezas comunicativas.
- En la segunda apunta las áreas que consideras que necesitan desarrollo.

Una vez que tengas tu autoevaluación, busca la mirada externa. Pide *feedback* a cinco personas como mínimo, idealmente de entornos distintos (si trabajas en una empresa, que sean de departamentos o niveles diferentes). Pregúntales:

- ¿Cuáles son mis puntos fuertes cuando comunico?
- ¿Qué aspectos debería trabajar para mejorar?

Cuando tengas todas las respuestas, compáralas con tu propia percepción. Verás que muchas cosas coinciden, pero también descubrirás elementos que no habías identificado. Ahí es donde aparece una imagen más real y completa de tu comunicación.

Una vez obtenida esa radiografía, te tocará el ejercicio más importante, que no es identificar lo que debes mejorar, sino ante todo aceptar lo que ya haces bien y dejar de trabajar sobre fantasmas. Porque mejorar no es solo añadir más y más herramientas a tu mochila de habilidades, sino también reconocer y consolidar lo que ya has aprendido.

Sin ese anclaje, seguirás repitiendo el *quiero parecer más segura,* aunque ya lo seas.

Y no hay nada más frustrante que mejorar sin llegar a darte cuenta de ello.

Bien, si después de este análisis objetivo llegas a la conclusión de que sí, de que efectivamente te cuesta transmitir seriedad en ciertas situaciones, entonces es hora de actuar, pero debes hacerlo con una estrategia. Y lo primero que necesitas revisar no es tu mensaje, sino el momento en el que eliges comunicarlo.

Elegir mal cuándo exponer una idea puede arruinar incluso la mejor de las ideas. No importa lo brillante que sea: si la sueltas en el lugar equivocado o en el momento menos oportuno, puede pasar totalmente desapercibida.

Esto no solo ocurre en una empresa. También pasa en casa, en pareja, con amistades o incluso con tus hijos. Si planteas un tema delicado justo cuando la otra persona está con prisa, distraída o mentalmente en otro sitio, es muy difícil que lo que digas se tome en serio. No porque no sea valioso en sí, sino porque la atención del otro no está disponible para ese asunto.

En una reunión, busca los momentos clave: el inicio, los cambios de tema, los minutos previos al cierre. En lo personal, es lo mismo. Observa cuándo hay espacio real de escucha, cuándo el otro está presente, disponible y conectado contigo.

Y cuando hables, intenta anclar tu mensaje a lo que se ha dicho antes. Eso le da contexto y coherencia, y hace que tu intervención se perciba como parte del flujo, no como un comentario suelto o un reproche colado en el último minuto.

El impacto no depende solo de lo que dices. También de cuándo decides decirlo (sí, otra vez el cuándo).

Por ejemplo, imagina que en una reunión de equipo se está hablando sobre cómo mejorar los tiempos de entrega de un proyecto. Justo cuando el responsable cierra ese punto, puedes intervenir diciendo:

—En relación con lo que comentaba Marta sobre los plazos, me gustaría proponer una forma de redistribuir tareas que podría ayudarnos a optimizar tiempos.

Con esta frase conectas directamente con lo anterior, te integras al hilo del tema sin forzarlo y posicionas tu intervención como una aportación relevante, no como una interrupción.

Y en lo personal es lo mismo. Pongamos que estás molesta porque tu pareja ha vuelto a llegar tarde sin avisar. Puedes soltarlo nada más entrar por la puerta, en pleno caos de mochilas, cenas y llamadas pendientes… o puedes esperar al final del día, cuando hay un momento de calma, y decir:

—Oye, ahora que estamos tranquilos… quería hablar contigo sobre lo de hoy. Me incomoda cuando llegas tarde y no avisas, porque me hace sentir que no cuentas conmigo.

La diferencia está en el momento. Elegir bien cuándo decir las cosas no significa callarse, significa aumentar tus posibilidades de que te escuchen.

Y no olvides el poder del contacto visual. Antes de hablar, asegúrate de que las personas clave del grupo te están mirando y prestando atención. Solo entonces empieza. No lances tu mensaje al aire esperando que alguien lo recoja.

Hay tres desequilibrios fundamentales que pueden arruinar tu presencia:

1. Demasiada calidez
Este desequilibrio se manifiesta en personas que se expresan con extrema amabilidad, casi pidiendo disculpas. Usan un tono de voz siempre bajo, suave, que a veces cuesta escuchar. Expresiones como *creo que*, *quizá podríamos...*, no *estoy segura pero...* aparecen constantemente. La intención es buena: mostrar respeto, dar espacio, no imponer. Pero el resultado es que esas personas no suenan seguras. Y si tú no das peso a lo que dices, los demás tampoco lo harán.

En el lenguaje no verbal, la postura suele ser de encogimiento, con los hombros ligeramente hacia adelante. Hay una tendencia a inclinar la cabeza, lo que transmite sumisión o búsqueda de aprobación. El contacto visual es breve, casi esquivo, y la sonrisa está presente casi todo el tiempo, incluso en temas serios. Las manos apenas se mueven o lo hacen de forma contenida, como si ocupar espacio estuviera prohibido.

Ejemplo práctico: imagina que estás en una reunión en la que se están discutiendo nuevas ideas para mejorar la comunicación interna del equipo. Tú tienes una propuesta clara, pero la expones de la siguiente manera: «Bueno, no sé si esto tiene sentido, quizá es una tontería, pero, podríamos usar un canal más visual para informar de los cambios».

El mensaje es bueno, pero queda enterrado bajo un manto de dudas y minimización.

¿Cómo romper con esto?

Reformula con firmeza: «Tengo una propuesta para mejorar

la comunicación interna: utilizar un canal visual que facilite los avisos de cambios». Endereza la espalda, planta bien los pies en el suelo, mira a quien tienes enfrente y proyecta tu voz. No necesitas gritar. Solo creértelo.

Y en el entorno de amistad también se nota. Pongamos que estás en un grupo organizando una escapada, y tienes una idea diferente. Pero dices:

—Bueno, no sé si tiene sentido, igual es una tontería, pero... ¿y si alquilamos una casa en vez de ir de hotel?

El mensaje es bueno, pero queda enterrado bajo un manto de dudas y minimización. ¿Cómo romper con eso?

Reformula con firmeza:

—Yo propongo alquilar una casa. Creo que nos dará más libertad, será más económico y estaremos más a gusto todos juntos.

2. Exceso de jovialidad

Aquí tenemos el perfil simpático, rápido, divertido, pero disperso. La persona que llena sus intervenciones de bromas, que ríe por sistema y que cuenta las cosas como si fueran anécdotas ligeras. El tono es fresco, pero el mensaje no se retiene. Se genera cercanía, sí, pero no se construye autoridad. Verbalmente, el ritmo es acelerado. Apenas hay pausas. El discurso es ágil, pero poco estructurado. El humor está presente todo el tiempo, incluso en momentos donde no encaja.

En lo no verbal, las manos no paran. Los gestos son amplios, a veces exagerados. El rostro es hiperexpresivo: cejas arriba y abajo, ojos muy abiertos, sonrisa constante. La postura es relajada, incluso demasiado: se apoyan en la silla, se balancean, cambian de posición sin parar.

Ejemplo práctico: estás presentando un informe sobre un error importante en el sistema informático, pero empiezas así: «Bueno, esto es un poco de película, ¡ya veréis! Resulta que el sistema hizo de las suyas y, ¡boom!, se perdió todo el historial. Casi nos da un infarto, pero lo arreglamos, tranquilos...».

El tono resta impacto. Lo que debería ser una alerta, suena a anécdota graciosa.

Reformulación:

—Ayer detectamos un error crítico en el sistema que provocó la pérdida del historial completo. Fue un momento tenso, pero el equipo de soporte logró recuperarlo a tiempo. Aun así, es importante revisar cómo prevenir que esto vuelva a pasar.

El contenido es el mismo, pero la forma cambia completamente la percepción. Ahora hay claridad, responsabilidad y foco. Sigues siendo tú, pero con intención. Porque la simpatía suma... siempre que no reste credibilidad.

Ejemplo personal: imagina que quieres hablar con tu mejor amiga sobre algo que te dolió. Ella no te escribió el día de tu cumpleaños y lo viviste como una falta de atención importante. Pero cuando por fin te animas a decirlo, lo haces así:

—¡Eh! ¡Desaparecida total! Nada grave, ¿eh? Solo que me dejaste plantada en mi cumple, pero todo bien, todo bien... ya sabes que soy *drama queen*.

El tono le resta peso a lo que sientes. No es que estés fingiendo alegría, es que el exceso de humor desactiva el mensaje.

Reformulación:

—Oye, te quería decir algo. Me dolió que no me escribieras el día de mi cumple. Sé que a veces estás a mil, pero para mí ese gesto es importante.

Ahí está tu mensaje, sin ironía, sin filtros innecesarios. Y sigue siendo cercano, pero con autenticidad y claridad.

Porque la simpatía suma... siempre que no reste credibilidad ni conexión real.

3. Demasiada rigidez

En el otro extremo está la persona que comunica de forma impecable, pero fría. Tiene todos los datos, razona con lógica, estructura bien su exposición, pero le falta alma. Proyecta competencia, sí, pero sin conexión.

El lenguaje es técnico, definitivo, cerrado a cualquier alternativa. La postura corporal es rígida, apenas hay movimiento. El rostro es serio, la voz plana. El contacto visual, sostenido y un poco desafiante.

Ejemplo práctico: alguien propone una idea nueva y tú respondes: «Eso no funcionará. Ya se intentó en 2018 y fue un fracaso».

Veraz, sí. Pero seco. Cierra la puerta al diálogo.

Reformúlalo así: «En 2018 intentamos algo parecido y no funcionó. Pero podríamos analizar qué cambió desde entonces y ver si ahora sería viable». Firmeza con apertura. Autoridad con humanidad.

Ejemplo personal: imagina que tu pareja te propone hacer un viaje improvisado un fin de semana, y tú, con la agenda en la cabeza y el Excel mental ya abierto, respondes:

—Imposible. Tenemos mil cosas pendientes, no es el momento.

Es clara, sí. Pero suena a portazo.

Reformulación:

—Me encanta la idea, pero este finde lo veo complicado. ¿Y si miramos una fecha en la que podamos disfrutarlo sin agobios?

No estás diciendo que sí, pero tampoco estás anulando la propuesta. Estás mostrando apertura sin perder tu estructura. Eso suaviza el mensaje sin debilitarlo.

Y una nota final muy importante: ten mucho cuidado con el síndrome del *experto en todo*. Esta tentación puede surgir especialmente en personas con un perfil muy competente, que sienten que deben intervenir constantemente para aportar valor. Pero opinar sobre todo no te hace más creíble, al contrario: puede generar rechazo.

Saber elegir tus intervenciones es también una forma de liderazgo.

Porque cuando hablas poco, pero con intención, cada palabra pesa más. Y eso, amiga, también es poder.

SITUACIÓN: Cómo decir lo que quieres sin pegar chapas

Si hay una cosa en la que me he fijado —no sé tú— es que desde la pandemia (sí, esa de la que supuestamente debíamos salir mejores… a ver si en la próxima es así), todo el mundo tiene muy poca paciencia. Y, claro, eso ha tenido consecuencias. Entre ellas, que ya no nos aguantamos ni a nosotras mismas cuando alguien se alarga un poco contándonos algo.

Los chapistas naturales lo están pasando fatal. Sí, esas personas que disfrutan del desarrollo, del detalle, de las vueltas largas antes de ir al grano están sufriendo. Porque si nadie tiene paciencia, ¿cómo se hace para conectar? ¿Cómo se mantiene una conversación sin que parezca una competición por ver quién habla menos y más rápido? Este es el momento de hacerse la gran pregunta:

¿Por qué soltamos chapas?

Hay varios motivos, y todos bastante humanos.

A veces lo hacemos por necesidad de justificarnos. Como si cada frase tuviera que venir con su explicación, su porqué, su nota al pie. Nos explayamos hablando para que se entienda *todo el contexto* y nadie malinterprete nada de lo que decimos. Como cuando alguien te pregunta «¿has enviado ya el informe?», y tú, en vez de responder un simple «aún no», sueltas: «Es que esta mañana he tenido dos reuniones seguidas, y luego me ha escrito

Marta con una urgencia, y además justo el Excel no iba bien…». No hace falta, pero nos justificamos por miedo a que los demás piensen mal, cuando en realidad lo único que haría falta es un «lo tienes en breve».

Otras veces soltamos la chapa por la obsesión de contextualizar. «Si no te cuento cómo empezó todo en 2018 cuando conocí a alguien que me dijo una frase que ahora cobra sentido, no vas a entender lo que me pasa». Es el caso de cuando contamos anécdotas o queremos compartir una reflexión, pero sentimos que tenemos que remontarnos a *todos* los antecedentes para que se entienda. Y, claro, el otro ya se pierde por el camino. El contexto es útil, sí, pero solo si ayuda a quien te escucha. Si solo te ayuda a ti a ordenar lo que sientes, guárdalo para tu diario, no para una reunión.

También el ego nos lleva a soltar chapas. Esa necesidad de demostrar todo lo que sabes, lo bien que lo has hecho o lo mucho que has vivido. A veces no hablamos para compartir, sino para destacar. Por ejemplo, alguien menciona que está empezando a hacer yoga y tú le dices: «Ah, yo hice yoga en Bali durante un retiro de veintiún días, con una maestra tailandesa increíble que me cambió la vida…». ¿Era necesario? ¿O solo querías dejar claro que tú ya pasaste esa pantalla y con nota?

Retén esta idea: cuando el centro del discurso se vuelve uno mismo, se rompe la conexión.

El miedo al silencio, otro origen de chapas. Sí, hay veces que hablamos simplemente porque no soportamos el hueco, ese momento en que nadie dice nada y sentimos que la conversación *se muere*. Así que soltamos lo primero que se nos pasa por la cabeza.

En una reunión, alguien hace una pausa para pensar, y tú, en vez de dejarle ese tiempo, empiezas con un «bueno, no sé, quizá otra opción sería, aunque igual no tiene sentido, pero por si acaso…». Cuando lo único que hacía falta era dejar respirar el momento.

El silencio no es un enemigo. Es una pausa, un respiro, un espacio para que el otro piense, procese o simplemente esté.

Por último, están las ganas de controlar la conversación. Este es más sutil, pero ocurre a menudo. Cuando hablas sin parar, sin dejar espacio al otro, no solo estás compartiendo: estás dirigiendo. Estás marcando el ritmo, el contenido, el enfoque. Como cuando haces una pregunta y tú misma la contestas: «¿Qué opinas tú? Yo creo que en realidad lo mejor sería seguir adelante, porque al final lo importante es avanzar, ¿no?». Boom. El otro ya no tiene margen. Y muchas veces eso responde al miedo de no saber qué pasará si el otro toma la palabra. Pero hay que tener en mente que una conversación no es una coreografía individual, es una danza compartida.

Este estilo de comunicación lo lleva a su máxima expresión alguien como Donald Trump. En debates, entrevistas o ruedas de prensa, hace exactamente esto: habla sin parar, interrumpe, cambia el rumbo del tema, responde lo que él quiere, aunque no se le haya preguntado. Todo para mantener el control del escenario.

Alguien que actúa así, no está dialogando, está marcando territorio. Y aunque parezca poderoso, lo que genera es una desconexión total con el otro. Porque cuando no das espacio, no hay conversación, hay imposición.

Y, ojo, que si bien hemos puesto la lupa en quienes se alargan demasiado, no podemos olvidar el otro lado de la balanza. Porque tan importante como identificar cuándo hablamos de más, es reconocer cuándo no hablamos lo suficiente.

Sí, también existe el riesgo de quedarse corta. Porque comunicar no es solo saber cuándo parar. Es saber cuándo hablar, cómo y con qué intención.

Ahora, con eso claro, vamos a la otra cara de la moneda, la otra gran pregunta:

Porque sí, el problema no siempre es hablar demasiado. A veces, el verdadero problema es callarse de más. Guardarse ideas, quedarse cortas, no decir lo que toca en el momento justo. No por falta de cosas que decir, sino por miedo, costumbre, prudencia o puro agotamiento.

Muchas veces no hablamos por inseguridad. Esa vocecita interna que nos dice «¿y si no es tan interesante lo que vas a decir?», «seguro que alguien ya lo ha pensado antes», «mejor no interrumpas». Así que dejamos pasar el momento. En una reunión, por ejemplo, tienes una idea clara, concreta, útil…, pero alguien con más experiencia ya ha tomado la palabra, y decides que no vale la pena sumarte. Que, total, no era tan brillante.

Spoiler: sí lo era. El miedo a no estar a la altura, a quedar mal, a exponerte, es lo que te empequeñeció. Y ese silencio que parecía prudencia, en realidad fue una oportunidad perdida de aportar algo valioso.

Otras veces no hablamos por exceso de prudencia. Nos guardamos lo que pensamos para no incomodar. Porque no queremos parecer agresivas, ni difíciles, ni demasiado directas. Y entonces no decimos nada. Sabes que alguien en tu equipo está bloqueando el avance de un proyecto, lo ves clarísimo, pero piensas: «No quiero que se sienta atacado, mejor me callo». Mientras tanto, el problema sigue creciendo. Porque no decir lo necesario también tiene consecuencias.

Y qué decir del agotamiento. Hay días en los que simplemente no puedes más. No te quedan ganas de explicar nada, ni de desarrollar argumentos ni de entrar en matices. Así que tiras de monosílabos, de frases automáticas, de silencios que no resuelven nada. Te preguntan qué opinas sobre algo que no tiene ni pies ni cabeza y tú contestas que me parece bien solo para no abrir otro frente. Pero por dentro sabes que lo correcto hubiera sido decir otra cosa. Solo que en ese momento no te daba la vida.

Luego están quieres se callan por costumbre. Hay personas que han aprendido a no hablar. Nunca se les dio el espacio suficiente, nunca se les escuchó y acabaron por dejar de intentarlo. Aunque ahora estén en un entorno objetivamente más abierto, más seguro, siguen actuando igual. Comparten lo justo, aunque tengan muchísimo que decir. Ya ni lo piensan ni lo echan de menos. Es automático.

Lo más curioso de este caso es que, aunque suene contradictorio, eso también es una forma de controlar. Porque si no hablo, no me expongo. Si no me expongo, no me arriesgo. No hay error, pero tampoco hay conexión.

Porque comunicar no es solo saber cuándo callar. También es saber cuándo hablar.

Y atreverse a hacerlo.

Después de analizar cómo algunas veces nos extendemos innecesariamente y otras veces nos quedamos en silencio cuando deberíamos hablar, nos queda una lección muy importante: el reto real no es hablar más o menos, sino hablar mejor. Con intención, con conciencia, y siempre haciéndonos dos preguntas esenciales que transforman nuestro mensaje de un simple monólogo a una verdadera conexión.

La primera pregunta es: ¿para quién estoy hablando?

Y no consiste solo en saber si se trata de tu compañera, tu jefe o tu madre, sino de entender a un nivel mucho más profundo quién es esa persona. ¿Cómo se comunica? ¿En qué estado emocional y mental se encuentra en este momento?

Es fundamental reconocer que, aunque su rol sea importante respecto a ti, lo realmente decisivo es cómo escucha, cuál es su lenguaje emocional y su estilo mental. ¿Necesita datos fríos o una historia contada con sentimiento? ¿Requiere tiempo para procesar la información o prefiere una explicación directa y sin rodeos?

Hablarle a alguien como si fueras tú, sin tener en cuenta cómo es él o ella, es uno de los errores que más a menudo lleva a la desconexión.

Además, su estado en el momento presente marca la diferencia. Aunque conozcas bien a la persona, si en ese instante está distraída, agobiada o simplemente no tiene espacio mental, no importa lo bien que expreses tus ideas: tu mensaje se perderá.

Por eso, antes de hablar, es vital adaptarse sin traicionarte, eligiendo la forma y el momento adecuados para que lo que tienes que decir se entienda, se valore y, sobre todo, se reciba.

Comunicar no es un acto de autoexpresión, sino de conexión mutua; requiere saber con quién estás, cómo es, cómo escucha y si está en condiciones de hacerlo.

La segunda pregunta es: ¿para qué necesita esa persona lo que le quiero contar?

Aquí es donde nos ayudará conocer los motivos analizados en este capítulo, esos motivos que nos llevan a soltar chapas (por necesidad de justificarnos, de contextualizar todo o para llenar el miedo al silencio) o a quedarnos en silencio (por inseguridad, prudencia, agotamiento o por costumbre). El verdadero filtro consiste en preguntarse si lo que vas a compartir es útil objetivamente para el otro o si solo sirve para desahogarte o para que tú te sientas mejor.

Por ejemplo, si alguien te pregunta cómo va un proyecto y tú comienzas a contar todo tu drama interno, tus dudas y miedos, ¿realmente le sirve esa información a la otra persona? ¿O solo te alivia a ti? Si tu interlocutor es un cliente que solo necesita saber si se cumple la fecha de entrega, lo útil será una respuesta clara y concisa: «Estamos ajustados de tiempo, pero cumpliendo los plazos. Te aviso si surge algún imprevisto».

Otro ejemplo: imagina que una compañera está agobiada porque no sabe por dónde empezar una tarea. Tienes la opción de contarle toda tu experiencia en productividad o simplemente ofrecerte para dividir el trabajo en pasos claros, diciendo: «¿Te ayudo a dividirlo en partes? Así empezamos por uno».

Otro ejemplo personal: imagina que quedas con una amiga y llegas diez minutos tarde. En lugar de decir:

—Perdona, se me ha hecho tarde, gracias por esperarme.

Te lanzas con:

—Perdona, he salido puntual, pero justo me he cruzado con la vecina del segundo que no me dejaba irme, luego el ascensor estaba estropeado, he bajado corriendo, me he olvidado las llaves, he vuelto a subir, y al final el metro venía lleno y claro...

¿De verdad necesita todo ese relato? ¿Le aporta algo a ella o solo te sirve a ti para justificarte y que no piense mal?

No se trata de ocultar ni de ser seca, sino de entender qué parte de tu discurso es útil para el otro... y cuál estás incluyendo solo por inercia, culpa o necesidad de quedar bien.

La pregunta clave sigue siendo la misma: ¿esto lo necesita ella o lo necesito yo?

Porque hablar con claridad también es respetar el tiempo y la atención del otro. Y eso, en lo cotidiano, vale más que mil excusas bien detalladas.

La diferencia es notable. Hablar desde ti, sin tener en cuenta lo que necesita el otro, genera ruido en la comunicación. Sin embargo, cuando estructuras tu mensaje pensando en quién lo va a recibir y para qué le sirve, dejas de soltar chapas innecesarias o de quedarte corta.

Si lo que tienes que compartir es únicamente información sin relevancia directa o sin el contexto emocional que haga que tu interlocutor lo valore, quizá sea mejor escribirlo. Mándale un correo, una nota de voz o una presentación; pero evita usar una conversación en vivo como si fuera una *newsletter*.

Porque, en definitiva, comunicar no es solo hablar. Es tener claro para quién hablas, cómo está esa persona en el momento y para qué le sirve lo que le estás contando. Cuando tienes claros estos aspectos, no necesitas extenderte, te bastará con conectar. Y créeme: cuando consigues esa conexión, no hacen falta chapas, hace falta presencia.

EXTRA: El poder del silencio o cómo usar el silencio a tu favor en el trabajo

Hay algo que no siempre se valora lo suficiente en el mundo de la comunicación, y es el silencio.

No me refiero a ese silencio incómodo, ese *no sé qué decir* que genera tensión o distancia. Hablo del silencio con intención, el que se usa como herramienta, como recurso estratégico. Ese silencio que no aleja, sino que acentúa el discurso; que no interrumpe, sino que enmarca.

Porque a veces lo más poderoso que puedes hacer en una conversación no es hablar, sino saber parar en el momento justo.

Una pausa bien colocada antes de decir algo importante puede captar más atención que repetirlo tres veces. Es ese breve instante que crea expectación, que hace que el otro levante la mirada y piense: «Aquí viene algo clave». Cuando hables después de esa pausa, todo lo que digas ganará peso, tendrá presencia.

También está el silencio que usas justo después de escuchar. Cuando no respondes al instante, cuando no llenas el hueco solo por inercia. Esa pequeña pausa antes de contestar tiene un mensaje implícito: «Te he escuchado. Estoy pensando. Tu opinión me importa».

Y, por supuesto, está el silencio que se elige cuando no hay nada más útil que decir.

Porque sí, a veces la mejor manera de no soltar una chapa es simplemente no hablar.

Guardar silencio no es desconectarse. Al contrario, puede ser una forma profunda de presencia.

Un *estoy aquí* sin necesidad de palabras.

En un entorno de trabajo lleno de interrupciones, urgencias y ruido constante, las personas que dominan el arte del silencio consciente destacan sin tener que alzar la voz.

No porque hablen menos, sino porque hablan cuando toca y callan cuando vale más estar en silencio.

Por tanto, si quieres que tu comunicación tenga impacto, no pienses solo en qué decir o cómo decirlo, piensa también en cuándo no decir nada. Y en cómo una pausa, en el momento adecuado, puede hablar por ti mejor que cualquier discurso.

Porque en un mundo que no para de hablar, el silencio bien usado se convierte en tu superpoder.

5

Mundo digital: Que no te dejen en visto (en redes y mensajes)

¿Estás ahí, o solo apareces online? Por si no te habías dado cuenta, también en el ciberespacio pueden no hacerte ni puto caso.

En el mundo online la comunicación también es importante. Un mensaje mal enviado o una videollamada mal gestionada puede cargarse en dos segundos todo el curro de una buena conversación. ¡Adiós magia! ¡Hola caos! Porque sí, esa frase lapidaria lanzada sin contexto, ese *ok* seco como una tostada sin mantequilla, o ese audio que parece grabado sin ganas, tienen más poder del que crees.

¿Y sabes qué pasa cuando la comunicación digital se siente vacía? Que la otra persona pasa de ti. Literalmente, en las redes. Y eso significa que también lo hace a nivel emocional.

Hoy, tu presencia digital es tan importante como tu presencia física. WhatsApp, mails, videollamadas, redes sociales… todo cuenta. *TODO*. Porque comunicar no es solo lo que dices, también es cómo lo dices, cuándo lo dices y con qué energía lo lanzas. Si no sabes jugar bien en este terreno, te dejan en visto. Y no solo te lo hacen con el *doble check azul*, no. Te lo hacen con el alma. Te ignoran con ganas.

Ni puto caso. Así de simple. Porque lo que no transmite, no conecta. Y lo que no conecta, no impacta. Y si no impactas, pues eso: *next*.

La mayoría de los malentendidos que vivimos en nuestras conversaciones digitales —en especial las escritas— vienen precisamente de eso: de la falta de presencia física. De no tener esa capacidad de *ver* al otro en 3D, con todos sus matices emocionales. Porque cuando no ves las expresiones de emoción de los demás, lo que haces es inventártelas. Y te las inventas desde cómo estás tú emocionalmente, no desde la realidad.

¿Estás estresado? Leerás todo como si te atacaran. ¿Estás sensible? Interpretarás que te ignoran. ¿Estás de malas? Pues todo te parecerá una falta de respeto. Pero a veces solo es un mal uso de los signos de puntuación. O una falta de contexto emocional.

¿Nunca te ha pasado? Leer un mensaje o un email aparentemente neutro y, como tú estabas de mal humor, ¡zas!, le pusiste *tonito*.

Haz la prueba. Imagina que soy tu jefe y te envío el siguiente mensaje. Léelo en voz alta, por favor:

«Buenos días, solo querría saber cómo iba el proyecto. Muchas gracias».

Ahora léelo con tono de rabia.

Ahora con tono alegre.

Ahora con tono seductor.

Y ahora con tristeza.

¿Cuál era mi intención real? Exacto: solo lo sabrás si me preguntas.

Y en digital casi nadie pregunta. Solo interpretamos y asumimos. Rellenamos los silencios con nuestros miedos y las pausas con nuestras paranoias. Y ahí es donde empiezan los dramas. Tu energía también se traduce en digital. No solo en cómo hablas, sino en cómo escribes. En si respondes con un *ya* o con un *vale, gracias por avisarme*. En si mandas un emoji con intención o como comodín para no decir nada. En si enciendes la cámara en una videollamada o la usas como muro de protección.

Porque la verdadera presencia no se mide por estar conectado.

Se nota cuando te implicas.

Cuando prestas atención.

Cuando tu mensaje lleva tu sello, tu intención y tu actitud, aunque sea en una pantalla.

Así que, repítelo conmigo:

Estar presente no es estar solo disponible. Es estar de verdad.

Y eso se nota, incluso online.

Y esto no pasa solo con los mensajes. Pasa también con lo que publicas en redes. Aunque pongas todo tu cariño, cuides el tono y seas lo más clara posible, siempre hay alguien que lo malinterpreta. Es así. Internet tiene sus propias reglas.

Yo, por ejemplo, cuando grabo vídeos, lo hago con plena consciencia de lo que quiero transmitir. Pero aun así sé que habrá comentarios que interpretarán justo al revés. No podemos hacernos responsables de todas las interpretaciones posibles de nuestro mensaje, está claro. Pero sí intentar que, al menos, en nuestros entornos más cercanos, el mensaje llegue lo más claro posible. Porque en redes no sabes quién está detrás de la pantalla, pero en lo profesional (o en lo personal), se supone que sí. Bueno, eso espero.

Y aquí es donde entran en escena los datos, los estudios y los expertos que llevan años advirtiéndonos: la comunicación digital está llena de trampas invisibles.

La más evidente —como ya he mencionado— es la falta de claves no verbales.

Ya en 1971, Albert Mehrabian nos lo dijo bien claro: en la comunicación emocional, las palabras solo transmiten el 7% del mensaje. El resto lo aporta el tono de voz (38%) y el lenguaje corporal (55%). ¿Y qué pasa en un mensaje de texto? Que nos quedamos con ese 7% y el resto lo rellenamos con suposiciones.

A esto le sumamos lo que se conoce como la falacia de la transparencia, que consiste en tener la convicción de que lo que decimos (o escribimos) se entiende tal cual lo pensamos. Esa es la falacia. No, no se entiende igual.

Un estudio de Kruger, Epley y su equipo (*Journal of Perso-*

nality and Social Psychology, 2005) lo dejó clarísimo: creemos que nuestros mensajes escritos se entienden bien en el 90% de los casos, pero en realidad solo se interpretan correctamente en el 50% de ellos. La otra mitad se malinterpreta. Y, lo que es peor, no nos damos ni cuenta.

Ya lo resumía perfectamente esa cita, atribuida por muchos a Bernard Werber:

«Entre lo que pienso, lo que quiero decir, lo que creo decir, lo que digo, lo que quieres oír, lo que crees oír, lo que oyes, lo que quieres entender, lo que crees entender y lo que entiendes, hay al menos diez posibilidades de no entendernos».

Cuando no tenemos señales visuales ni auditivas, idealizamos, dramatizamos o deformamos lo que recibimos.

Un *ok* puede sonar a hostil.

Un silencio, a castigo emocional.

Un *me avisas* puede parecer una amenaza pasivo-agresiva.

Y la cosa no mejora con los nuevos códigos digitales: emojis, gifs, abreviaturas, memes, stickers, etcétera. Todo se vuelve más y más subjetivo.

Un *jajaja* puede sonar simpático, irónico o sarcástico o hábito. ¿Te has fijado en que cuando no sabemos qué contestar solo ponemos *jajaja*?

Una tilde olvidada puede parecer desgana.

Una frase sin punto final, ansiedad total.

Un *me gusta* en una publicación, que para ti no significa nada, puede vivirse como una traición silenciosa por otra persona.

Y qué decir de las mayúsculas, que parece que te estén gritando a pulmón abierto.

Por cierto, no solo son códigos visuales: también usamos anglicismos que no todo el mundo entiende. Me acuerdo de la primera vez que recibí un email con un *FYI* o un *ASAP*. Tuve que ir directa a Google a buscar el significado, y no hace tanto tiempo. Porque sí, eso también es una barrera.

Y seguimos sumando complicaciones como la ortografía.

Sí, también cuenta. Aunque mis hijos se empeñaban en decirme que, aunque escribieran mal en los mensajes, sabían hacerlo bien en *la vida real*. Yo lo siento, pero sigo pensando que la falta de práctica hace que te olvides. Llámame antigua. Sigo sintiendo que quien escribe sin comas, sin tildes, sin puntuación, puede estar comunicando descuido, prisas o, directamente, pasotismo. Un análisis reciente de Amelica (2023) advierte de que la sobrecarga digital ha reducido nuestra atención al detalle, pero ha aumentado la posibilidad de malentendidos. Y es que lo informal no tiene por qué ser descuidado. Porque sí, también estás comunicando cuando escribes *ay* en vez de *ahí*. O cuando mandas un *ola* sin hache. No es solo una falta de ortografía, es una pequeña grieta en tu mensaje. Y en digital, donde no hay tono, ni mirada ni contexto, esas pequeñas grietas se notan más.

Escribir bien no es solo una cuestión de corrección:

Es una forma de respeto.

De saber estar.

De mostrar atención.

De decirle al otro: «Me he tomado el tiempo de escribirte con cuidado».

Y eso también es presencia. También es comunicación. También es conexión.

Y sí, vuelve a llamarme antigua si quieres, pero yo ahora no podría ligar o enamorarme de alguien que escribe con faltas de ortografía. Porque si en tus mensajes me escribes sin tilde, ¿cómo sabré que me vas a poner atención a mí? Lo bien escrito también enamora.

Si nos vamos al terreno laboral, el problema escala.

Porque una cosa es que alguien te deje en visto en WhatsApp, y otra muy distinta es que eso pase cuando estás trabajando en equipo, enviando un presupuesto, presentando una propuesta o cerrando un proyecto importante. Según un informe de Pumble

(2024), el 86% de los problemas en equipos de trabajo vienen de fallos de comunicación, especialmente por correos mal redactados o malinterpretados. ¿Consecuencia? Retrasos, mal clima y pérdida de productividad. Pero atención: los equipos que se comunican bien aumentan su rendimiento hasta en un 25%.

Así que sí: saber escribir bien un email importa. Mucho.

Y no olvidemos los silencios.

Ese clásico *no me responde* que activa el modo drama en tu cabeza: *¿Estará molesto? ¿Le habrá sentado mal? ¿Me está ignorando?*

Después de dieciocho años dedicándome a la formación y de enviar innumerables proyectos y propuestas a diferentes personas, aún me fascina la cantidad de gente que simplemente no responde. Y me sigue provocando la misma sensación: desasosiego. Tanto cuesta un *recibido*, un *te decimos algo en breve*. Peor aún es cuando te descartan para un proyecto (que, seamos realistas, es lo más habitual) y ni siquiera te dicen nada.

Al cabo de un mes tienes que volver a escribir: *Hola, ¿recibiste mi email? ¿Se sabe algo del proyecto?* Y te responden: *¡Ay, perdona! Al final lo descartamos…*

¿De verdad cuesta tanto avisar? Entiendo que la gente va a tope de correos, de tareas, de vida, pero desde aquí lo digo claro: basta de *ghosting profesional*.

Kalman y Rafaeli (2005) lo definieron como el efecto de la asincronía: el tiempo que alguien tarda en contestar cambia por completo nuestra percepción del mensaje. Y Byron (2008) añadió que la comunicación emocional por email es especialmente difícil de interpretar cuando no hay un vínculo emocional entre quien lo envía y quien lo recibe.

Vamos, que, sin confianza, la paranoia entra por la puerta grande.

Y si todo esto te parecía poco, súmale ahora el choque generacional. Porque cada generación habla su propio idioma digital. La Generación Z (nacidos entre 1997 y 2012) tiene una relación muy particular con la comunicación. Para ellos, hablar por teléfono no es práctico, es directamente invasivo. Si los llamas sin previo aviso, lo viven como una agresión. Lo suyo son los *chats* veloces, *emojis* expresivos, *memes* que lo dicen todo y *stickers* que resumen estados emocionales enteros. Ah, y si tardas mucho en responder, lo leen como desinterés o falta de conexión. La inmediatez es su lenguaje emocional.

En cambio, yo, como parte de la Generación X (nacidos entre 1965 y 1980), crecí con el teléfono fijo como extensión del cuerpo. Llamar era lo normal, lo educado. Por eso, cuando recibo un audio de tres minutos con una explicación que podría haberse resumido en una frase, lo confieso: me cuesta no vivirlo como un pequeño drama. Nos sentimos más cómodos con frases estructuradas, puntuación visible, mails que se responden. Esto último, a mí me vuelve loca, lo considero directamente una falta de respeto. No cuesta nada enviar un recibido. Es que, si no llega respuesta, lo interpretamos como una falta de atención o, peor aún, como una señal de desapego. Porque el silencio, para nosotros, dice mucho.

En medio están los *millennials* (nacidos entre 1981 y 1996), que hacen malabares entre ambos mundos. Mandan notas de voz, pero con culpa. Escriben mails con gifs, les meten emojis a las frases más formales para suavizar, pero también buscan eficiencia. En teoría, dominan ambos códigos, pero eso no significa que no metan la pata de vez en cuando. Porque la interpretación emocional va más allá de la técnica.

Y no nos olvidemos de los *boomers* (nacidos entre 1946 y 1964), quienes muchas veces quedan atrapados en este nuevo mundo digital donde las normas han cambiado sin previo aviso. Para ellos, el lenguaje escrito sigue siendo formal, completo, correcto. Tienden a escribir mensajes largos, con saludos, cuerpo y despedida. Y si reciben un *ok* sin contexto o un emoji aislado, pueden sentirlo como una falta de cortesía o incluso como una respuesta fría. La ausencia de respuesta, para un *boomer*, no es solo una omisión: es una afrenta. Y los silencios, en vez de dar espacio, generan preocupación o desconcierto. Por eso, en su universo, contestar no es opcional, es señal de respeto.

Cada generación no solo usa códigos diferentes, también siente distinto al comunicarse. Y ahí, en ese desajuste emocional, es donde la cosa se lía. Pero no se trata de vivir con miedo a escribir o postear. No va por ahí. No se trata de autocensurarte, sino de ser consciente. De saber que cada vez que abres el teclado, estás comunicando. Y que, si puedes evitar un conflicto con una frase más clara, una coma bien puesta o un emoji que suavice, pues es mejor hacerlo. Porque, aunque no puedas controlar cómo te interpretan siempre, sí puedes reducir el margen de error. Especialmente con tu equipo, tu pareja, tu familia, tu entorno cercano.

Dicho esto...

Vamos al grano con las situaciones más comunes y cómo sobrevivir a ellas con estilo (y sin dramas).

SITUACIÓN: Elegir el canal correcto para comunicarte (WhatsApp, email, teléfono, videollamada)

Como ya hemos repetido varias veces, para que te hagan caso, a veces no importa tanto lo que dices, sino *dónde y cómo* lo dices. En la comunicación digital, el canal elegido puede cambiar completamente la percepción del mensaje. ¿Te ha pasado que algo que querías decir con toda la buena intención termina malinterpretado solo por cómo lo escribiste o el medio que usaste? No se trata solo de ser claro en el mensaje, sino de saber elegir el vehículo que mejor lo transporte.

Esta sección es una guía práctica para decidir cuál canal usar en función de la situación, el tipo de mensaje, el nivel de urgencia y el vínculo que tienes con la otra persona. Además, te diré qué errores evitar en cada uno de ellos, porque sí, todos hemos metido la pata alguna vez (y luego nos hemos arrepentido durante días).

WHATSAPP – El rey del ahora (pero también del malentendido)

WhatsApp se ha convertido en nuestro canal de comunicación predilecto. Es rápido, cómodo, inmediato y está siempre ahí. Lo usamos para casi todo: desde confirmar una cita hasta mandar un meme, pasar información urgente o preguntarle a tu amiga a la que conoces desde siempre cuál es su piso porque nunca te acuerdas.

Sin embargo, esa inmediatez, que lo hace tan útil, también puede jugar en nuestra contra: escribimos sin pensar, mandamos audios de tres minutos como si fueran *mini pódcast*, usamos *emojis* para suavizar lo que no nos atrevemos a decir directamente, o soltamos un *ok* que, según el estado emocional del receptor, puede sonar a amenaza pasivo-agresiva, o directamente hacemos *ghosting*. Porque sí, aunque sea un medio de comunicación informal, también deja huella. Y no menor.

WhatsApp no es neutro. Y no es igual para todos. Un silencio en un chat puede sentirse como desinterés. Una respuesta breve puede parecer enfado. Una tilde de más (o de menos) puede interpretarse como ironía. Es el canal del *ya*, pero no siempre del *bien*.

DO'S – Úsalo cuando:

- Necesites confirmar algo rápido: «¿Quedamos a las siete?» o «¿Recibiste el archivo?»
- Vayas a enviar un recordatorio, datos breves o información puntual.

- Gestiones tareas cotidianas como recoger algo, coordinar horarios o pedir una cita.
- Quieras resolver un tema logístico sin rodeos: «¿Te va bien si lo entregamos el jueves?».
- Trabajes en equipo y necesites respuestas rápidas y ágiles.
- Mantengas una conversación informal, espontánea y sin formalidades.
- Te comuniques con alguien cercano, del entorno personal o con quien ya tienes confianza.
- Quieras generar cercanía o mantener el vínculo con alguien con quien no hablas a menudo. Un mensaje corto, un *pensé en ti* puede tener un gran efecto.
- Busques una comunicación asincrónica, más humana que un email pero sin la presión de una llamada. WhatsApp permite que el otro conteste cuando pueda, manteniendo el tono más cercano.
- Te hayan dado permiso para usar ese canal. Siempre mejor preguntar que asumir.

DON'TS – Cosas que no deberías hacer por WhatsApp:

- Usarlo para comunicar algo emocional o delicado. Si necesitas que el otro entienda cómo te sientes, mejor una llamada o videollamada. El tono, las pausas y la voz hacen la diferencia.
- Tratar temas complejos, con varios puntos o que requieren seguimiento. WhatsApp no es para eso. Mejor un email bien estructurado que permita revisar, responder y dejar constancia.
- Enviar mensajes profesionales que requieren formalidad o documentación. Cuando la situación lo pide, el correo es tu herramienta más segura (y tu respaldo legal).
- Escribirle a alguien que no conoces bien sin preguntar

antes si ese canal le resulta cómodo. WhatsApp da cercanía, pero si no hay confianza, puede parecer invasivo o informal.

- Discutir. En WhatsApp faltan matices y sobran interpretaciones. Si hay tensión, es mejor hablar, aunque sea por voz.
- Alargar una conversación sin resolver nada. Si llevas veinticinco mensajes y el tema sigue abierto, llama. La claridad también es eficiencia.
- Coordinar a varias personas y tomar decisiones importantes por WhatsApp. Es más eficaz una reunión rápida que un hilo infinito de mensajes contradictorios.
- Mandar audios largos y desordenados. Si necesitas más de un minuto para explicarte, seguramente necesitas una llamada. Si mandas un audio largo, avisa: «Te dejo un audio de 2 min con todo, cuando puedas».
- Responder con monosílabos secos. Un «vale», «ok» o «ya» sin más puede sonar tajante, distante o borde. El tono también se construye con palabras.
- Contestar en caliente. Si algo te molesta, respira antes de escribir. En digital no hay tono, pero sí consecuencias.
- Usar los emojis como comodines emocionales. No todo se arregla con una carita sonriente. A veces, lo que hace falta es una conversación, no un sticker.
- Cambiar de tema sin avisar. En conversaciones profesionales, saltar de «¿cómo va el informe?» a «mira este vídeo» puede descolocar y restar seriedad.
- Tardar mucho en responder sin dar contexto. El tiempo de respuesta también comunica. Si no puedes contestar aún, un simple «lo leo y te contesto luego» evita confusiones y malentendidos. Eso también es responsabilidad emocional.

Y, por cierto, ¿cuál es un tiempo de respuesta emocionalmente razonable en WhatsApp?

Depende del tipo de relación, del tema y del momento. Pero aquí va una guía orientativa para evitar malentendidos:

Situación / Relación	Tiempo adecuado de respuesta
Conversación activa (estáis chateando en el momento)	Inmediato o en menos de 5-10 minutos
Coordinación logística (quedadas, entregas, horarios)	En menos de 1 hora
Tema profesional sin urgencia	Dentro de la jornada laboral (ideal: 2-4 horas)
Mensaje emocional o importante	En cuanto puedas, pero mejor antes de 6 horas
Contacto ocasional o alguien con poca interacción	Hasta 24 horas, idealmente con contexto si tardas más
No puedes contestar de inmediato	Di algo como *lo leo y te contesto luego*, y cumple

Lo que realmente molesta no es que tardes en responder, sino que no digas nada.

La jungla del grupo – Manual de supervivencia en WhatsApp (sin perder la paciencia ni los amigos)

Y si WhatsApp ya tiene lo suyo, los grupos son otra liga.

Familiares, del cole, del trabajo, del gimnasio, de exalumnos, de madres y padres, del grupo de teatro, del cumpleaños del perro... los grupos crecen sin freno y sin filtro. Y aunque nos permiten mantenernos conectados, organizados o informados, también son caldo de cultivo para malentendidos, saturación y alguna que otra crisis emocional (sí, lo sabes). No es lo mismo un grupo de amigas de toda la vida que el del equipo de trabajo, o el de la clase de tu hijo. Y, sin embargo, a todos los tratamos igual, sin normas claras, con muchos emojis, demasiadas notificaciones y pocas pausas. Por eso, aunque los grupos de WhatsApp no tengan reglas oficiales, deberían.

Reglas no escritas de los grupos de WhatsApp (que todos deberíamos tatuarnos)

NO LO HAGAS	MEJOR ESTO
Enviar 10 mensajes seguidos para decir lo mismo	Resume en uno. Si es muy largo, cambia de canal
Forzar respuestas a todo lo que mandas	Acepta el emoji como forma de vida
Enviar mensajes a horas inapropiadas	Programa el envío o espera a un horario razonable
Hacer chistes que solo entiendes tú	Contextualiza o, mejor, guárdalo para otro momento
Poner a alguien en evidencia frente al grupo	Si es personal, mándaselo por privado
Dejar temas colgados sin cerrar	Un *tema resuelto* o *gracias a todos/as* ayuda a cerrar ciclos
Usar el grupo como desahogo emocional	Habla con tu terapeuta, tu amiga o tu diario, pero no con 23 personas a la vez

Lo que escribes en un grupo no se borra de las cabezas tan fácil como del chat.

La convivencia digital también se cuida. Porque un grupo bien llevado ahorra tiempo, mejora el ambiente y mantiene relaciones en equilibrio. Pero uno descontrolado puede hacer que silencies a personas que, en la vida real, incluso quieres o necesitas.

Y si ya no puedes más debes aprender cómo salir de un grupo con elegancia y dignidad. Porque, a veces, simplemente, ya no te aporta. El grupo está saturado, el tema ya no va contigo, o directamente se ha convertido en un canal de ruido constante que te quita más energía de la que da. Y no pasa nada. Salir de un grupo también es autocuidado digital.

Ahora bien, hay formas y formas de hacerlo.

Opciones con clase (y sin drama):

- La discreta: espera a que la conversación esté tranquila, sal sin decir nada y, si crees que alguien puede sentirse raro, mándale un mensaje privado explicando con naturalidad: *Me he salido del grupo porque ando saturada de chats, ¡pero seguimos en contacto por aquí!*
- La diplomática: antes de salir, escribe un mensaje amable: *Chicas/os, dejo el grupo para aligerar notificaciones, ¡gracias por todo y seguimos hablando por otros canales!* Cortés, claro y sin explicaciones innecesarias.
- La delegadora: si el grupo es organizativo y tú ya has cumplido tu función, deja un mensaje tipo: *Como ya está todo encaminado, me retiro para dejar espacio, ¡gracias por la coordinación!* Profesional y efectivo.

Evita:

- Salirte en medio de una discusión. Queda como cierre dramático de telenovela.
- Dejar indirectas. Si te vas, que sea con claridad y respeto, no con pasivo-agresividad.
- Reincorporarte y volver a salir varias veces. No conviertas tu ida y vuelta en un espectáculo.

Salir de un grupo no significa cortar vínculos, sino marcar límites. Y eso también es comunicar.

Mensajería multiplataforma: mismo drama, distinto logo

No. Todo esto no va solo de WhatsApp.

Los malentendidos por tonos inadecuados, silencios incómodos, audios eternos, respuestas secas, grupos caóticos o salidas dramáticas, también ocurren en *Telegram, Signal, Facebook Messenger, iMessage, Slack, Discord* o cualquier otro canal de mensajería instantánea que uses a diario. Cambia la interfaz, pero no el reto: seguimos siendo personas comunicando con urgencia, emoción y, muchas veces, sin contexto.

Hay matices, claro:

- En *Telegram*, los grupos son más grandes, los mensajes se pueden editar y fijar, pero el riesgo de infoxicación es incluso mayor.
- En *Slack o Teams*, aunque el entorno es profesional, los emojis y gifs ya forman parte del lenguaje y también del ruido. No hay nada más molesto mientras explicas algo en una videollamada que darte cuenta de que el chat de *teams* esté *on fire*.
- En los *DMs* de *Instagram* o *LinkedIn*, la cercanía puede parecer invasión si no hay un vínculo previo. El *timing* importa. Mucho.
- En *iMessage* o *Signal*, la privacidad no quita que un *ok* sin emoción pueda abrir un abismo emocional.

Por eso, da igual la app. Lo importante es tenerlo claro: Cambias de plataforma, pero no de responsabilidad emocional.

Comunicas con lo que escribes, con lo que no escribes, con cómo lo escribes y con cuándo lo escribes.

Así que, uses el logo que uses, piensa antes de mandar ese mensaje. Porque incluso en lo digital, la conexión no va de cobertura, va de consciencia.

EMAIL – El traje de sastre de la comunicación

El correo electrónico sigue siendo el canal estrella en contextos profesionales. Es el más formal, el más documentado, el más aceptado, pero también uno de los peor utilizados. A veces se convierte en un canal frío, impersonal o confuso. Y lo peor: se ha transformado en una especie de campo minado.

Si te pasas de breve, pareces seco.

Si te alargas demasiado, nadie lo lee.

Si suenas demasiado neutro, parece que estás molesto.

Y si usas un emoji, alguien lo ve poco profesional.

El equilibrio está en tres pilares: claridad, respeto al tiempo del otro y buena redacción. No es tanto escribir como si llevaras corbata, sino escribir con intención, estructura y un mínimo de empatía.

DO'S – Usa el email cuando:

- Tienes que dejar constancia de algo importante o formal. Una reunión acordada, una entrega, una solicitud concreta… todo lo que conviene que quede por escrito.
- Necesitas compartir documentos, propuestas o información detallada. Un correo bien estructurado permite leer, guardar y consultar cuando se necesite.
- Te comunicas con personas con las que no tienes un vínculo cercano o con quienes debes mantener cierta distancia profesional. Aquí, el email es como ese traje de sastre que no falla: transmite respeto sin ser frío, si sabes llevarlo bien.
- Estás haciendo seguimiento o recordatorio. Tras una reunión, un evento o una entrega pendiente, el correo es cortés, ordenado y no agobia.
- Quieres expresar agradecimientos o confirmaciones. Es ideal para dejar una constancia amable, pero profesional, de que algo fue recibido, resuelto o apreciado.
- Es un asunto con varias personas involucradas. El email permite mantener a todos informados y en la misma página, sin ruido ni confusión.

- Te diriges a alguien de mayor rango o responsabilidad. Clientes, directivos, proveedores o instituciones. El correo mantiene el tono profesional y estructurado que ese tipo de vínculo requiere.

DON'TS – Cuándo y cómo no usar el email:

- El asunto es urgente y no admite esperas. El correo puede quedarse enterrado durante horas o días. Si necesitas respuesta inmediata, mejor una llamada o un mensaje directo.
- Lo que vas a comunicar puede sonar cortante sin el tono de voz. Lo que tú crees que es neutro, puede leerse como seco o borde. Una llamada breve antes del email puede evitar malentendidos innecesarios.
- La conversación es emocional o personal. El correo no es el lugar para abrir el corazón. Si el tema toca emociones, mejor una videollamada o una conversación en persona.
- Vas a enviar archivos pesados o muchos documentos importantes. No satures con adjuntos. Súbelos a una carpeta compartida y envía un enlace con instrucciones claras.
- Sabes que el destinatario tiene la bandeja de entrada saturada. Si no es urgente pero sí importante, avisa por otro canal para que revise el correo cuando pueda. No des por hecho que lo verá a tiempo.
- El tema ya viene con tensión o puede escalar. Si notas que el tono empieza a torcerse, no sigas escribiendo. Llama. La voz aclara lo que el texto complica.
- Respondes con un simple «ok» en menos de veinticuatro horas. Si no tienes más que decir, al menos añade contexto o cortesía: «Perfecto, lo reviso y te comento si tengo dudas. Gracias».

- Envías correos eternos sin estructura. Un bloque de texto sin aire espanta. Usa párrafos, bullets, negritas o subtítulos si hace falta. El formato también comunica.
- Olvidas el tono humano. Aunque sea formal, saluda, despídete y muestra empatía. Un «Gracias por tu tiempo», «Quedo pendiente» o «Un saludo cordial» marcan la diferencia.
- Usas el correo como escudo emocional. No descargues tensión con frases pasivo-agresivas como:

  «Tal y como se indicó en correos anteriores».

  «Según lo acordado».

  «Quedo a la espera, como ya indiqué anteriormente».

  Si el tono no está claro, el conflicto puede estallar por escrito.
- Te olvidas del asunto o usas uno que no tiene nada que ver. El asunto es el titular del correo. Si no lo pones, no se abre. Si es vago o confuso, se pierde. Y si cambias de tema, cambia también el asunto.
- Reutilizas el mismo asunto para otro tema distinto. Si el correo se titula «Propuesta presupuestaria», no lo uses para hablar de fechas de entrega. Cambia el asunto cuando cambie el foco. Ayuda al otro (y a ti) a encontrarlo después.
- Sigues escribiendo, aunque el tono ya se haya enrarecido. Si detectas tensión o respuestas defensivas, para. Una simple pregunta tipo «¿puedo llamarte un momento para explicarlo mejor?» puede ahorrar días de malentendidos.

¿Y cuánto tarda *demasiado*? – El reloj emocional del email

Porque sí: también en el email, el tiempo de respuesta comunica. Y mucho. Un correo no es urgente como un wasap, pero tampoco es eterno. Si contestas demasiado rápido, puedes parecer impulsiva o poco reflexiva. Si tardas demasiado, puedes parecer desinteresada, pasota o desbordada.

Aquí va una guía práctica para no quedarte ni corta ni larga:

Tipo de mensaje	Tiempo de respuesta razonable
Confirmación simple, coordinación o respuesta breve	Dentro del mismo día laboral (ideal: < 4 horas)
Solicitudes con archivos o tareas asignadas	Antes de 24 horas, aunque solo sea para decir «lo reviso y te contesto mañana»
Temas complejos o con varios puntos	En 1-2 días hábiles, siempre avisando si tardarás más
Emails de seguimiento o propuestas	Máximo 3 días. Si no puedes responder aún, agradece y comunica un plazo estimado
Emails personales o de cortesía (no urgentes)	Entre 2 y 5 días está bien, pero mejor si no dejas al otro en el limbo

Lo que realmente marca la diferencia no es lo rápido que contestas, sino lo claro que eres al decir cuándo contestarás.

Un simple:

Lo recibo, lo leo con calma y te respondo en detalle en breve puede evitar ansiedad, suposiciones y una cadena de emails innecesarios.

La maldición del *chain mail* – Cuando el email se convierte en laberinto

Todos hemos estado ahí.

Ese hilo de correos que empezó con una simple pregunta tipo *¿te va bien el martes?* y acaba con treinta y siete respuestas, doce personas en copia, ocho archivos adjuntos (de los cuales solo uno sigue siendo relevante) y un asunto que ya dice «RE: FW: RE: Planificación». Los *chain mails* son el equivalente digital por escrito de una conversación en la que todo el mundo habla por encima del otro. El problema no es solo el caos visual, también el desgaste mental que supone. En esos casos cuesta encontrar la información clave, se pierde el hilo de lo importante y la tensión crece porque cada respuesta parece llegar con más frustración que claridad.

¿Qué puedes hacer para romper el hechizo?

• Resume.

Cuando veas que el hilo se ha alargado más de la cuenta, respira hondo y haz un *resumen limpio* con los puntos clave. Ayudarás a todos, especialmente a quienes se acaben de incorporar y no sepan ni de qué se habla.

• Reinicia el hilo.

Si el tema ha cambiado o ha evolucionado, abre un nuevo correo con un asunto claro y actualizado. Cambiar el foco sin cambiar el asunto solo añade confusión.

• Reduce las copias innecesarias.

Si hay gente que ya no necesita estar en copia, quítala. Poner a todo el mundo en todo solo para *que estén al tanto* no es inclusión, es ruido e inseguridad.

• Propón una reunión.

Si después de ocho emails no se ha resuelto nada, es una señal clara de que hace falta una conversación real. Una videollamada de quince minutos puede ahorrar quince correos más.

• Sal del bucle.

Mismo sistema que con los grupos de WhatsApp: si ves que no pintas nada en la conversación, ¡salte! Y, mejor aún, avisa para que no te vuelvan a meter.

Un simple:

«Gracias por incluirme en esta cadena, pero ya no aporto valor. Preferiría que me dejéis fuera. Si necesitáis algo concreto, escribidme aparte».

Corto, claro y sin dramas. Mejor eso que seguir acumulando emails que no vas ni a abrir.

Un email largo no siempre es un problema.

Pero un email largo, con respuestas infinitas y sin estructura lo es casi siempre. Romper la cadena no es cortar la comunicación. Es rescatarla del caos.

LLAMADA – La vieja confiable (y cálida)

Sí, sigue viva.

Aunque muchos le tengan alergia, la llamada telefónica sigue siendo poderosa.

Sí, esa cosa que hace ring ring y te obliga a hablar con alguien sin filtros ni emojis. En lo laboral (y también en lo personal) tiene una ventaja brutal: contacto directo y real. Escuchar la voz del otro reduce malentendidos, transmite emociones y permite conectar sin rodeos.

En cinco minutos puedes aclarar lo que en un email habría ocupado cuatro párrafos, tres días y algún que otro «¿te llegó mi correo?».

Eso sí, no todo es maravilloso. Una llamada mal puesta puede cortar el ritmo del otro, interrumpir su jornada o, directamente, caer como una bomba si la otra persona no está en modo voz.

Como siempre, el secreto está en saber cuándo sí... y cuándo mejor no. Porque llamar sin avisar a veces une... y otras espanta.

DO'S – Usa la llamada telefónica cuando:

- Hay un malentendido que puede aclararse mejor hablando directamente. Un simple «¿nos llamamos un momento y lo vemos?» puede evitar que una conversación escrita escale a drama innecesario.
- Quieres transmitir algo importante con calidez, cercanía o humanidad. Una felicitación, una mala noticia, un agra-

decimiento especial… la voz tiene una carga emocional que ningún emoji puede igualar.

- La situación es urgente y necesitas resolverlo sin demoras. Para coordinar un cambio de último minuto, confirmar algo clave o tomar una decisión conjunta, no hay canal más eficaz.
- Se está generando tensión en otro canal y necesitas calmar las aguas. Si ves que el tono por email o chat empieza a endurecerse, una llamada oportuna puede frenar el malentendido antes de que se complique.
- Estás cerrando una negociación o un acuerdo importante. Hablar directamente permite alinear los últimos detalles, generar confianza y reducir margen de error.
- Quieres reconectar con alguien con quien has perdido el contacto (o con tus padres y abuelos). Una llamada rompe la barrera del tiempo y de lo digital mejor que cualquier «¿cómo estás?» por WhatsApp. A nosotros nos gusta oír vuestras voces.

DON'TS – Cuándo y cómo no usar una llamada telefónica:

- Cuando puedes resolverlo con un mensaje simple y directo. No hace falta llamar para decir «sí, ya lo recibí» o «te aviso cuando esté listo». Si se puede decir en una línea, no requiere tono de voz.
- Cuando no has acordado la llamada previamente. Aunque sea breve, es mejor preguntar antes: «¿Tienes cinco minutos para una llamada?». La cortesía también aplica al móvil.
- Cuando hay diferencias horarias o rutinas muy distintas. Si la otra persona vive en otro país o tiene un ritmo diferente, envía primero un correo o mensaje para proponer horario.

- Cuando sabes que la otra persona no es fan de hablar por teléfono. A algunos jóvenes, una llamada les parece una invasión. No es personal, es generacional. Mientras boomers y Gen X crecimos con teléfono fijo, muchos *millennials* y Gen Z sienten ansiedad si suena el móvil. Mejor adapta el canal, no el mensaje.
- Cuando vas a necesitar consultar muchos datos o documentos durante la conversación. Si debes revisar información compleja, el correo o una videollamada con pantalla compartida es mucho más funcional.
- Cuando llamas sin aviso para soltar un tema largo. No conviertas un «¿tienes un minuto?» en una reunión improvisada de media hora. Agenda o avisa.
- Cuando acaparas la conversación sin dejar espacio al otro. Una llamada no es un monólogo. Escuchar también es parte del canal. Todos tenemos una amiga pódcast que solo pregunta «tú todo bien, ¿no?» al final, y cuelga.
- Cuando usas la llamada para confrontar o culpar. Si hay algo que no va bien, estructura tus ideas antes de marcar. Nada de soltarlo todo en caliente.
- Cuando no estás disponible emocionalmente. Si estás enfadado, disperso o a punto de coger un avión, espera. Respira. Llama cuando estés realmente presente.
- Cuando hablas en un sitio ruidoso. Si no se entiende lo que dices o hay ruido de fondo constante, la llamada pierde su poder de claridad. Espera a un mejor momento o lugar.

Las llamadas no han muerto.

Solo necesitan ser usadas con inteligencia, empatía y un poco de agenda.

Porque a veces, lo más moderno es volver a lo básico: hablar, escuchar, y conectar en tiempo real.

¿Te acuerdas?

Fue allá por 2020, cuando todo el planeta se metió en casa y de repente tuvimos que aprender a compartir la vida entera a través de una pantalla. Una semana trabajabas en oficina, y a la siguiente estabas debatiendo presupuestos desde el salón, con el gato paseando por el teclado y Zoom congelándote la cara en el peor momento.

Así, sin pedir permiso, la videollamada se instaló en nuestras vidas.

A mí, personalmente, me salvó el negocio. Imagínate, todas mis clases y conferencias las impartía en presencial y en un segundo todo se anuló. Tuve que reinventarme, como miles de personas, y adaptar formaciones, sesiones y conferencias a este nuevo formato. Y, sí, también fue una nueva manera de hacer negocio. Pero al principio ¡vaya caos! La gente se conectaba sin ton ni son, solo se veía media cara, o estaban completamente a oscuras, iluminados por la pantalla como si fueran personajes de una película de terror. Recuerdo ver a personas con altos cargos y pensar: toda su credibilidad se les va por la webcam. Y ahí fue cuando me inventé la formación de cómo comunicar a través de la cámara.

Lo cierto es que la videollamada tiene lo peor de los dos mundos: la presión de la primera impresión y la complicación de lo digital. Pero, como todo, es cuestión de aprender. Y no, no lo doy por hecho: hoy en día aún me encuentro personas conectándose desde el sofá, en pijama o sin cámara, como si estuviéramos en 2020. Así que sí, este canal también necesita atención, consciencia y un poco de dignidad digital.

DO'S – Lo que SÍ deberías hacer en una videollamada (si quieres brillar en cuadradito pequeño)

- Prepara tu set. Cámara a la altura de los ojos, luz delante (no detrás), auriculares listos y fondo decente. No hace falta parecer una *influencer*, pero sí estar visible, audible y mínimamente en paz con lo que se ve.
- Conéctate un par de minutos antes. Llegar con tiempo transmite interés, compromiso y evita el caos del minuto cero.
- Saluda y haz un mini *check-in* emocional. Un «¿cómo estás?» rompe el hielo. Sonríe al entrar y da la bienvenida. Sí, incluso online seguimos siendo humanos.
- Mantén una postura activa y visible. No hace falta estar rígido, pero evita parecer desparramado. Tu cuerpo también comunica.
- Reacciona con gestos. Asiente, sonríe, levanta un pulgar. Aunque no hables, hazte notar. Tu cara y tus manos son tus nuevas herramientas de conexión.
- Habla con ritmo claro y pausas. En digital todo suena más rápido. Articula, respira y deja espacio para que el otro conteste. Si nadie responde, revisa si tu pregunta invita o interroga.
- Sé claro y directo. Si puedes decirlo en menos tiempo, mejor. La pantalla reduce la paciencia. Organiza tus ideas y pide o propone sin rodeos.
- Comparte documentos o enlaces con contexto. No sueltes un archivo sin explicación. Di qué es y para qué sirve.
- Cierra con dirección. Resume acuerdos, agradece y termina bien. Si eres el anfitrión, quédate hasta que todos se hayan ido.

DON'TS – Lo que NO deberías hacer en una videollamada (si no quieres espantar al personal)

- Convocar una videollamada innecesaria. Si se resuelve con un mensaje o llamada, no tortures con otra reunión que podría haber sido un email. Y no invites a todos solo para que te «vean».

- No encender la cámara sin previo aviso. Si no puedes mostrarte, avisa y propón otro canal. Desaparecer no es una opción si se espera verte. Es como presentarte a una reunión presencial y sentarte de espaldas al resto. Raro, ¿no?
- No respetar las preferencias del otro. No todo el mundo ama la cámara. Pregunta antes. Respeta ritmos y límites, sobre todo si hay diferencias generacionales.
- Forzar la imagen en temas emocionales o tensos. A veces es mejor escribir, ordenar ideas o usar la voz antes de exponerse visualmente en caliente.
- Entrar tarde y en modo caos. Llegar buscando auriculares, con cámara apagada y saludando a medias genera estrés. Y da muy mala impresión.
- No revisar cámara, luz y sonido. Un encuadre desde la papada, una cueva de sombras o un audio robótico no ayudan. Que se te vea y oiga bien, por favor.
- No mirar al objetivo. Si estás todo el rato mirando otra pantalla, parece que pasas del tema. Conecta con el ojo de la cámara, aunque cueste.
- Hacer multitarea en modo descarado. Se nota cuando estás a mil cosas. Si necesitas consultar algo, dilo. Si no, transmite presencia, no evasión.
- No controlar el micro. Hablar con el micro apagado o dejarlo abierto cuando no hablas = caos asegurado. Todos hemos oído cosas que no queríamos.
- No cerrar con acuerdos. «Bueno, pues ya está» no es un cierre. Deja claro quién hace qué y qué pasa después.
- Poner cara de póquer todo el rato. Sin gestos, pareces congelado o directamente ausente. Exprésate. Que se note que estás vivo.

- Soltar frases pasivo-agresivas. «Te lo envío de nuevo, por si no lo viste...» = sarcasmo encubierto. Si hay tensión, sé claro o cambia de canal.
- Comer en cámara sin filtro. Un café vale. Un bocata de chorizo, no. Tu micro es sensible. Y tú audiencia también.
- Abusar del PowerPoint. Si vas a pasarte treinta minutos leyendo slides, mejor mándales un vídeo. Las reuniones son para interactuar, no para leer juntos.

  La videollamada puede ser un canal cercano, profesional y eficiente.

Pero solo si la cuidas como si estuvieras ahí de verdad. Porque en digital, tu cara también habla, incluso cuando no lo sabes.

Y, ojo, no todo tiene que ser una videollamada. Algo que he observado —y sufrido— es que el ansia de reunión física se ha trasladado al mundo digital y ahora nos pasamos tres pueblos. Hay videollamadas que podrían haber sido un email, un mensaje o nada en absoluto. Porque con tanta reunión, ¿cuándo trabajas realmente?

Después de todo esto, ya te habrás dado cuenta de que una videollamada no es solo *conectarse y hablar*. Tiene su protocolo, su lenguaje propio y también sus trampas. Y lo mismo pasa con todos los canales digitales: cada uno comunica algo diferente, aunque digas lo mismo. Porque sí, el cómo eliges comunicarte también es un mensaje. No es lo mismo mandar un wasap que un email. No es lo mismo dejar una nota de voz que pedir una reunión. El canal no es neutro: refuerza o debilita tu mensaje según el contexto, la relación y el momento. Así que, si alguna vez te has preguntado «¿por dónde lo digo?», «¿lo escribo o lo llamo?», «¿esto merece reunión o con un email basta?», aquí va una guía práctica para elegir el medio adecuado sin dramas (y con criterio).

Tabla comparativa – ¿Qué canal uso?

Aquí te dejo una guía visual rápida para decidir qué canal usar según la situación, del tipo *elige tu propia aventura comunicativa*:

Situación	WhatsApp	Email	Llamada	Videollamada
Confirmar una cita o una hora	Sí	No	A veces	No
Dar una noticia sensible (buena o mala)	No	No	Sí	Sí
Pedir disculpas sinceras	No	No	Sí	Sí
Coordinar tareas con varias personas	Sí	A veces	A veces	Sí
Decirle a tu amiga que no vas a su plan	Sí	No	Sí	No
Hacer seguimiento profesional con documentación	No	Sí	No	A veces
Resolver una confusión que se está liando por escrito	No	No	Sí	Sí
Felicitar a alguien que estimas mucho	A veces	A veces	Sí	Sí
Explicar algo con datos, gráficos o ejemplos visuales	No	Sí	No	Sí
Romper con alguien (¡sí, lo he visto!)	NOOO	NOOOOOO	Para quedar o solo si hay mucha distancia física	Mejor cara a cara
Comunicar algo urgente	Sí	No	Sí	No
Hablar con alguien que no ves hace tiempo	A veces	No	Sí	Sí
Contar una buena noticia personal	Sí	No	Sí	Sí

Situación	WhatsApp	Email	Llamada	Videollamada
Mandar documentación oficial o propuestas formales	No	Sí	No	No
Comunicar algo que sabes que puede generar reacción emocional	No	No	Sí	Sí
Saludar a tu madre/padre cuando no puedes ir a verla/verlo	Sí	No	Sí	Sí
Compartir un logro personal con tu equipo	A veces	Sí	A veces	Sí
Cancelar un encuentro en el último minuto	Sí	No	Sí	No
Resolver un malentendido con tu pareja	No	No	Sí	Sí

Mira, después de todo lo que hemos visto —canales, usos, errores, dramas y descubrimientos— te diré una cosa: no existe una fórmula mágica.

Sí, te he dado guías, consejos, ejemplos y situaciones para orientarte. Pero cada persona, cada vínculo y cada momento es único.

Y por eso, más allá de saber comunicar bien, hay algo todavía más importante: conocer al otro.

Porque no se trata solo de elegir *el mejor canal*, sino de elegir el que mejor conecta con quien tienes delante.

¿Prefiere voz o texto?

¿Le incomoda la cámara?

¿Se siente invadido por llamadas?

¿Lee los emails o no los abre nunca?

Y aquí entra en juego un dato clave: la generación también influye.

Los que crecimos con teléfono fijo y cara a cara tenemos otros reflejos.

Pero para muchas personas más jóvenes, lo natural es escribir, reaccionar con emojis o resolverlo todo por mensaje. Ni una forma es mejor que la otra. Solo son lenguajes distintos. Y, como en cualquier idioma, si quieres que te entiendan, tienes que aprender a traducirte. La clave no está en imponer tu estilo, sino en adaptar tu forma de comunicar al estilo del otro.

Eso sí que es impacto real.

EXTRA: La huella digital – Cuida tu imagen sin dejar de ser tú

No soy experta en redes, pero sí soy muy consciente de lo que comunican. Aunque parezca que solo sirven para compartir memes, vídeos de limpieza de alfombras o postureos varios, las redes también dicen mucho —a veces demasiado— de quién eres y cómo te relacionas con el mundo. Sí, incluso cuando solo subes una foto del desayuno.

Y aquí viene la gran pregunta: ¿de verdad necesitas estar en redes?

Porque, seamos sinceras, muchas veces publicamos más por miedo a desaparecer que por ganas reales de compartir. Para que nos hagan caso, para que nos vean, para que no parezca que estamos fuera del juego. Así que, antes de entrar en el cómo, el qué o el cuándo, plantéate esto:

¿Para qué quieres estar en redes?

¿Para compartir tu trabajo? ¿Para inspirar? ¿Para conectar? ¿O para que alguien —quien sea— te ponga un corazón y te diga *guapísima*?

Porque si lo haces solo por eso, cuidado. Porque ser auténtico no siempre vende, y si confundes visibilidad con valor, puedes acabar mostrando una versión de ti que ni tú reconoces, solo por sumar un *like* más. Y mira, qué pereza. La vida también pasa fuera de la pantalla. Si decides estar dentro, que sea por elección, no por obligación. Y ya que estás, al menos hazlo bien. Con una estrategia, con estilo y con consciencia.

Publica y comenta con estrategia

No se trata de reprimirse ni de ponerse trascendental con cada *story*. Se trata de tener dos dedos de frente antes de darle al botón de *publicar* o *comentar*.

Antes de subir algo, pregúntate:

¿Esto aporta algo o solo llena espacio?

¿Esto me representa de verdad o es por compromiso?

¿Esto lo sostendría dentro de un año sin esconderme bajo la manta?

¿Es verdad? ¿Daña a alguien? ¿Aporta?

Y no olvides que comentar también es comunicar. Una frase escrita en caliente puede dejar más huella que diez publicaciones. Así que, si no tienes nada útil, amable o interesante que decir, quizá lo mejor sea no decir nada. El silencio también comunica y, a veces, mucho mejor que un mal mensaje. ¿No te gusta lo que ves? Deja de seguir a esa persona. ¿Tienes algo importante que decir? Dilo, pero con respeto. No formes parte del vertedero digital, que bastante tenemos ya. Recuerda: internet es como un boomerang, lo que lanzas, vuelve. Y muchas veces con fuerza.

Cuando opinar en redes te sale caro

Las redes lo amplifican todo: lo bonito, lo cutre, lo exagerado y lo sacado de contexto. Una opinión vertida sin filtro puede acabar girándote la tortilla en menos de lo que canta un *retuit*. Y no hace falta tener miles de seguidores. Basta con el comentario equivocado, en el momento equivocado, delante de las personas equivocadas y, ¡pum!, se te lía. Porque sí, las redes son libres, pero eso no significa que no tengan consecuencias. Si te equivocas, lo mejor es reconocerlo, pedir disculpas si toca, aprender y seguir. Porque nadie espera que seas perfecta, pero sí que seas humana. Y eso, aunque parezca contradictorio, también da buena imagen.

Y cuando aparecen los *trolls*... no queda otra que bloquear, cariño

Ah, los *trolls*. Qué haríamos sin ellos. Bueno, en realidad viviríamos mucho más tranquilas. Porque sí, yo también tengo haters. Y mira que publico con consciencia, con cuidado, con intención. Pero, oye, no se puede gustar a todo el mundo. La primera vez que salí en Operación Triunfo, lo más difícil no fue el directo, ni la tele, ni las luces. Fue el *hate*. Me encontré con gente soltando barbaridades sobre mí, sin filtro y sin pensar que quienes recibimos esos comentarios tenemos sentimientos. No dejaba de preguntarme qué les pasaba a esas personas, qué provocaba ese nivel de bilis. Pero lo peor de todo era que me afectaba. Tanto me afectaba, que, al año siguiente, mi marido me preguntó: «¿Te compensa este sufrimiento?». La verdad, por el *hate*, no. Pero el programa me encanta, estar con los chicos me llena y saber que mis clases pueden ayudar me da sentido. Y tomé una decisión: mis redes son como mi casa. No entra cualquiera.

¿Comentario feo? Puerta cerrada. Lo borro sin pestañear.

¿Que se quejan de que no acepto críticas? Pues mira, si no sé quién eres, no estás en mi círculo y no aportas nada útil, mala suerte.

¿Insistes? Bloqueo directo.

No tengo por qué aguantarlo. Son mis redes. Es mi espacio. Y lo cuido.

Así que ya sabes: cuando te salten los *trolls*, bloqueo y a otra cosa. Sin darle más vueltas. No estás aquí para convencer a todo el mundo. Estás para compartir lo que tú eliges compartir. Y punto.

Las redes son tu escaparate, sí.

Aunque también son tu espejo.

Cuídalas. Pero, sobre todo, cuídate tú.

6
Cuando te toca hablar en público (y sientes que te vas a desmayar)

Porque sí, aunque hayas sobrevivido a reuniones infinitas, cenas familiares con política de postre y hasta a dar tu opinión en un grupo de WhatsApp sin que te cancelen, nada, NADA, pero absolutamente nada se compara con el vértigo de estar de pie frente a un público. Todos mirándote. Esperando algo de ti. Y tú, intentando no desmayarte mientras dices cosas con sentido. Vamos, un deporte de riesgo en toda regla. Y como en todo deporte de riesgo, conviene no dejar nada a la improvisación.

Da igual si tienes delante un auditorio de doscientas personas o solo a tu jefa y tres compañeros más en una sala con café recalentado o a tus compañeros de clase medio dormidos. Cuando sabes que te estás exponiendo, tu cuerpo se pone en modo *Houston, tenemos un problema*: sudoración nivel sauna finlandesa, boca más seca que el desierto de Tabernas y memoria que decide hacer huelga justo en el peor momento.

Bienvenida al maravilloso mundo de hablar en público. Spoiler: no, no tienes que convertirte en Obama. Pero sí puedes hacerlo bien. Bien de verdad. Y lo mejor: sin dejar de ser tú.

Antes de preparar ni una sola palabra —ni el PowerPoint, ni el chiste de apertura, ni el «hola, ¿qué tal?» con voz de locutora—, lo primero que hago yo es sentarme. Literalmente, me siento en una silla, respiro hondo y me hago cinco preguntas.

Siempre las mismas cinco:

¿Quién es mi interlocutor y cómo está en este momento?

¿De qué quiero hablar y cuánto tiempo tengo?
¿Para qué necesita mi interlocutor escuchar esto?
¿Cuál es mi objetivo real con esta presentación?
¿QUÉ emoción decido ponerle?

Son cinco preguntas que me obligan a dejar de pensar en mí y empezar a pensar en el otro. Porque comunicar no es soltar, es provocar, es crear un momento, una emoción, un clic. Y aunque te parezca raro, cuando hablas en público, la estrella no eres tú, la estrella es tu público.

Y hasta que no tengo respuesta para estas cinco preguntas que vamos a ver a continuación, no empiezo. Porque si no sabes para quién hablas, por qué hablas, qué quieres provocar y cómo quieres que se sienta el otro, da igual que sueltes tu discurso con voz perfecta y frases de LinkedIn. No estarás diciendo nada.

¿QUIÉN es mi interlocutor y cómo está en este momento?

Parece una pregunta básica, ¿verdad? Pues resulta que es la que más se nos escapa. Porque sí, todos decimos que *hay que conocer al público*, pero una cosa es saber que tienes delante a veinte becarios ilusionados, un grupo de estudiantes saliendo de un examen o un equipo que lleva tres años sobreviviendo a cambios y otra muy distinta es entender cómo se sienten en ese momento.

No es lo mismo hablarle a alguien que ha madrugado sin café, que a quien está deseando irse a comer. No es igual un lunes a las ocho de la mañana que un jueves por la tarde, con sueño, hambre y mil preocupaciones en la cabeza. Tampoco es lo mismo que te escuche alguien que te admira que alguien que está allí por obligación, por puntos de asistencia o, directamente, con la ceja levantada y los brazos cruzados.

Por eso esta es la primera pregunta: la más evidente y a la vez la más ignorada.

Porque no basta con saber si son médicos, alumnos, ejecutivos, profesoras, madres primerizas o *influencers* con *jet-lag*. Lo que de verdad importa es ¿cómo estarán emocionalmente esas personas justo cuando me vean aparecer?

¿Tienen ganas de escucharte? ¿Están agotadas? ¿Han venido por compromiso? ¿Están enfadadas? ¿Nerviosas? ¿Te conocen, o no tienen ni idea de quién eres? ¿Están de tu parte o están esperando verte patinar?

La emoción del otro marca el terreno. Y tú no puedes plantar nada si no sabes si hay tierra fértil o asfalto. Porque, por muy bueno que sea tu discurso, si te topas con asfalto emocional, no crecerá nada.

Me acuerdo de una vez que me tocó abrir una jornada de formación un lunes a las nueve de la mañana en una empresa que acababa de anunciar una reestructuración. Llevaba todo preparado: presentación impecable, ejemplos potentes, chistes afinados. Entré, sonreí, saludé y me encontré con un silencio denso. Un silencio lleno de ojeras. Un silencio que decía: «¿Y tú qué nos vas a contar?».

Y lo vi clarísimo. No era el momento de entrar fuerte. Era el momento de aflojar. Así que me senté con ellos y dije: «Vale, sé que no estamos todos en nuestro mejor día, pero, si os parece, vamos a intentar que esta hora sea una isla. Una pausa útil. Un rato amable». Solo con eso el ambiente cambió por completo.

Volvemos a retomar nuestras 5C. Aquí entra la primera: CONTEXTO. Porque no comunicas en el vacío. Comunicas en un momento emocional concreto. Si no lo pillas, si no ajustas tu tono, tu ritmo, tu energía a esa realidad, te la pegas. Aunque el contenido sea buenísimo.

Y, sí, esto también tiene que ver con el CUÁNDO. Cuándo entras, cómo empiezas y con qué energía son parámetros que controlar. No puedes entrar como un huracán si la audiencia está en modo niebla. Pero tampoco puedes hablar con la suavidad de una nube si lo que necesitan es un trueno que los despierte.

¿De QUÉ quiero hablar y cuánto tiempo tengo?

En este momento es cuando el ego asomará la cabecita y te susurrará: «Cuenta TODO lo que sabes». Error. Error de manual. Y si te suena familiar, es porque ya lo hemos visto en este libro: cuando soltamos chapas, muchas veces no es por pasión, sino por miedo. Miedo a no dar la talla, miedo a que no se entienda el contexto, miedo a que el otro no valore lo que hemos preparado. Así que el ego se pone nervioso y empieza a justificar, a rellenar, a *demostrar* que sabemos mucho.

Como ya vimos, cuando no estás seguro de tu valor, tiendes a alargar, a cubrirte con palabras, a hablar más por ti que por el otro. Y tú no estás aquí, delante de tu público, para eso. No estás aquí para vomitar el disco duro ni para hacer un monólogo de Wikipedia. Estás aquí para seleccionar lo que dices, para contar con una intención.

Y contar, que es la segunda C, no es soltar datos como si fueras Siri en modo velocidad *x2*. Es estructurar, es diseñar tu mensaje como quien prepara una cena especial, con mimo, con equilibrio, sin pasarse de platos ni de sal.

Esto es clave: el tiempo no se rellena, se diseña. Cinco minutos bien pensados pueden dejar más huella que cuarenta minutos de frases sin foco. No se trata de meterlo todo, sino de meter lo que importa.

Claro, cuando algo te importa de verdad, cuesta resumir. Quieres explicarlo bien, con todos los matices, todos los ejemplos, todas las ideas brillantes que se te ocurrieron mientras te duchabas. Y como no sabes por dónde empezar, tampoco sabes cuándo parar. Resultado: una chapa que parecía brillante en tu cabeza, pero que al salir suena como ese cajón de sastre donde está todo mezclado: cosas útiles, cosas bonitas, sí, pero sin orden. Caótico.

Y no se trata de cortar por cortar, sino de elegir con intención, de decidir qué parte cuenta mejor lo que quieres provocar, de pensar qué historia, qué frase, qué imagen hace de ancla para el mensaje que quieres dejar.

En cuanto a la duración, hay algo que nadie te dice pero que debes tener siempre en cuenta: debes ser flexible con el tiempo. Si te indican que dispondrás de treinta minutos, prepárate también una versión más corta, de quince minutos, por ejemplo. Porque al final no se trata de cumplir el reloj al segundo, sino de conectar con quien te escucha. A mí me pasa constantemente cuando doy charlas en convenciones: me contratan para una hora, pero entre retrasos, ajustes de programa y «vamos con prisa», tengo que recortar en el momento. ¿Y qué hago? Pues lo recorto. Porque no vale la actitud de «he venido a hablar de mi libro durante una hora y es lo que hay». No. Hay que saber adaptarse, ajustarse, priorizar.

Porque si tú no sabes dónde termina tu historia, tu audiencia tampoco. Y si no hay estructura, no hay recuerdo. Es como una película sin cierre, que se queda en el aire. Y eso, amiga, no impacta. Solo cansa.

Así que ahora, cuando sé que tengo poco tiempo, sonrío. Porque cuanto menos tiempo, más claridad. Más foco. Más intención.

Porque contar bien no es hablar mucho. Es saber qué decir, pero también saber cuándo parar.

¿PARA QUÉ necesita mi interlocutor escuchar esto?

Esta es, sin duda, la pregunta más incómoda. Y también la más importante. Es una pregunta que me obliga a salir de mí, a dejar de pensar en lo que yo quiero contar y empezar a pensar en lo que el otro quiere o necesita escuchar. Para ser sincera, eso no siempre me sale de forma natural. A veces quiero compartir un tema simplemente porque a mí me encanta, me apasiona o me parece interesantísimo. Pero ¿le sirve de algo a quien me va a escuchar? ¿Le aporta? ¿Le resuena?

No hablo de cambiarle la vida. No hace falta tanto. Pero sí que gane algo con lo que le voy a decir, que entienda mejor una situación, que se sienta más capaz para alguna acción, que vea una solución donde antes solo veía una maraña. Porque si no le estoy aportando nada, si no hay un «esto es para ti y te va a servir», lo que estoy haciendo es lo que yo llamo turismo verbal: sacar a pasear ideas bonitas por la sala sin destino ni propósito. Y eso no conecta con el público, no deja huella. Solo ocupa espacio y tiempo.

El público no quiere más información. Ya está saturado. Lo que busca —aunque no lo diga— es relevancia. Sentir que eso que estás contando tiene algo que ver con su vida. Y si no se lo haces ver, si no le muestras ese *esto te afecta*, desconecta. No por mala fe, sino porque su atención tiene un límite. Por eso me obligo a buscar el gancho. A encontrar esa conexión real que no se basa en decir «esto te puede servir», sino en aterrizarlo, en convertirlo en beneficios concretos para quien te escucha. «Esto puede ayudarte a no volver a perder dos semanas en lo mismo». «Esto puede evitarte una discusión innecesaria». «Esto puede darte una herramienta para sobrevivir a tu jefe, a tu profesor, a tu cliente o incluso a ti mismo».

Porque si tú no sabes qué gana el otro con lo que le vas a contar, lo que digas se quedará en mero entretenimiento, en el mejor de los casos. Y tú no estás ahí para entretener. Estás para transformar, para provocar una reacción, aunque sea pequeña. Para generar un clic. Y eso solo pasa cuando hablas desde la utilidad para el otro. Desde la intención.

Y, sí, esta es justo la pregunta que casi siempre se nos olvida. Porque solemos preparar nuestras presentaciones desde el «esto quiero decir» en lugar de desde el «esto te puede servir». Desde nuestro punto de vista, y no desde el del otro. Y cuando lo planteamos desde el yo, el público te escucha, sí, pero solo con media oreja. Se queda en la sala por educación, pero mentalmente ya está haciendo la lista de la compra o pensando qué pedir en Glovo.

Aquí entra la tercera C: CONECTAR. Y conectar no nace del carisma ni de tener una voz perfecta de pódcast, tampoco de montar un espectáculo con gestos grandes. Conectar nace de la relevancia, del «esto tiene que ver contigo, aunque no lo supieras cuando entraste».

Esa es la verdadera conexión, conseguir que el otro sienta, aunque sea sin que digas explícitamente que lo que cuentas va por él. Una historia, una frase, una pregunta que le haga levantar la cabeza y pensar: *Aquí hay algo que me toca*. Y ahí, justo ahí, empieza todo.

¿CUÁL es mi objetivo real con esta presentación?

«Que me salga bien». No me vale esa respuesta.

¿Bien para quién? ¿Con qué intención? ¿Con qué resultado? Porque muchas veces vamos a hablar en público como quien va a clase de yoga a las siete de la mañana: por obligación, por cumplir, para salir del paso, sin más ambición que no hacer el ridículo.

Pero eso no es un objetivo positivo, eso es actuar a la defensiva, y cuando comunicamos desde una actitud defensiva, se lo transmitimos a quien nos escucha, el público lo siente, lo percibe al segundo. Es entonces cuando se extiende una especie de capa invisible que enfría todo lo que dices, aunque esté bien dicho.

Yo, personalmente, cuando hablo en público, me obligo a buscar una razón que me mueva a mí. No a la empresa que me contrata, no al cliente. A mí en persona. Porque si no tengo una motivación real, si no hay algo dentro que me tire, todo lo que diga será correcto pero olvidable. Y para mí eso es mucho peor que equivocarme.

Llevo más de diez años dando charlas sobre las mismas temáticas y más de quince impartiendo formaciones. ¿Te imaginas lo que sería repetir el mismo contenido año tras año sin una motivación propia? Sería un drama. Un aburrimiento tremendo. Pero mi objetivo nunca ha sido *contar mi rollo*. Mi motivación son los demás. Porque el público siempre cambia. La energía, las preguntas, las caras, siempre son distintas. Y eso me mantiene viva. Yo no vengo a enseñar como si supiera más. Vengo a compartir lo que sé y a evolucionar con ellos. No doy clase, comparto mis conocimientos y experiencias. Este convencimiento me hace estar mucho más abierta a lo que pasa en la sala, a lo que surge, a lo que se transforma.

Por ese motivo, antes de cada charla, me pregunto: ¿Qué quiero conseguir de verdad?

¿Conectar? ¿Inspirar? ¿Abrir mentes? ¿Posicionarme? ¿Sembrar una duda? ¿Sacudir algo por dentro?

En tu caso puede ser: ¿Vender mi idea? ¿Convencerlos de que me apoyen? ¿Que compren mi proyecto? ¿Que se apunten a mi iniciativa? ¿Que aprueben mi propuesta? ¿Que me elijan a mí? ¿Que firmen ese acuerdo? ¿Que me den su voto de confianza? ¿Que salgan pensando diferente? ¿Que no se olviden de mí?

Aquí entra la cuarta C: CONCRETAR. Porque tu objetivo no es solo lo que dices. Es lo que quieres provocar. Es lo que sostiene tu mensaje. Es el hilo invisible que lo conecta todo. A veces tu intención será inspirar, otras será provocar un cambio, y otras, simplemente, ofrecer una nueva perspectiva. Sea lo que sea, sé honesta contigo. Porque esa claridad de intenciones te da foco. Y ese foco te da fuerza.

¿Qué EMOCIÓN decido ponerle?

Porque sí: las emociones se deciden. No las que sientes —esas ya sabemos que van por libre y a veces no colaboran ni un poquito—, sino las que eliges transmitir. Y eso lo cambia todo.

Puedes estar hecha polvo y aun así decidir comunicar con calidez. Puedes estar nerviosa y optar por proyectar serenidad. Puedes sentirte desconectada y, aun así, decidir conectar. Porque no se trata de fingir. Se trata de actuar con una intención. De tomar una decisión consciente sobre el tono emocional que vas a ofrecer. Y eso es poder, poder del bueno.

Lo vimos desde el principio: tu cuerpo no es solo el vehículo del mensaje, es el mensaje en sí. Lo que haces con tu postura, tu voz o tu mirada comunica antes incluso de que abras la boca. En el primer capítulo te conté cómo el cuerpo sostiene —o sabotea— tu comunicación. En el segundo, cómo lo usamos para amplificar lo que sentimos o para transformar lo que proyectamos. Pues aquí lo tienes en acción total: tu emoción elegida necesita un cuerpo que la sostenga. Si decides transmitir entusiasmo, tu voz, tu gesto, tu energía tienen que estar alineados. No puedes decir «esto es superimportante» con cara de lunes sin café.

Yo no puedo permitirme entrar en una charla en modo *así estoy hoy, ya me entendéis*. Porque no hablo para mí, hablo para alguien más. Y esa persona que me escucha, ese público —sea una clase de estudiantes, un auditorio entero o mis compañeros de trabajo—, merece que yo me tome la molestia de decidir cómo quiero que se sienta conmigo.

¿Quiero levantarle el ánimo al auditorio? ¿Quiero despertarle algo? ¿Quiero que se cuestione? ¿Que se motive? Pues esa es la emoción que tengo que cultivar dentro de mí. Aunque no me salga de forma automática, aunque por dentro tenga otra película.

Y te prometo una cosa: cuando eliges la emoción que vas a

ofrecer, aunque no la sientas al principio, la acabas encarnando. Porque el cuerpo responde, la energía cambia. Porque esa intención genera un movimiento y tú también sales distinta de esa charla. Terminarás tu discurso más alineada, más presente, más viva.

Esta es, sin duda, la reina madre de todas las preguntas. Porque tu emoción es el barniz del mensaje. Es el tono que se queda cuando tus palabras ya se han ido. Lo que de verdad perdura.

Y, sí, por mucho que tu cabeza tenga el discurso claro, si tu emoción no está alineada, el mensaje no llega igual. Tu cuerpo, tu voz, tu energía, todo debe corresponderse con esa elección emocional. Por tanto, no comuniques como te has levantado esta mañana, comunica como has decidido estar.

Ahí está la diferencia entre hablar y dejar huella.

Así que ya lo sabes. Antes de abrir el PowerPoint, antes de pensar en la anécdota graciosa o en si usarás micro de diadema o de mano, párate un momento y hazte esas cinco preguntas. Porque son el filtro, el GPS de tu intervención, la diferencia entre una charla más y una presentación que conecta, emociona y se queda.

Y lo mejor de todo: estas preguntas te llevan directo a las 5C. Tus respuestas son el mapa. Las C, el camino. Porque comunicar bien no va de encontrar la frase perfecta, va de saber desde dónde hablas, para quién y para qué.

SITUACIÓN: Cuando la idea la tienes clarísima, pero no sabes cómo empezar ni acabar

Para mí, el inicio y el final de una charla son absolutamente claves. Son esos dos momentos mágicos que te ayudan a entonar el *mood* y, sobre todo, a conectar de verdad con el interés del público. Siempre lo comparo con un concierto de música. Tú llegas al concierto con tus ganas de pasarlo bien, con tus expectativas bien altas y, en cuanto empieza la primera canción, sabes a lo que vas. Si el grupo de turno arranca con un *temazo*, un *hitazo* que reconoces y te pone a cantar a grito pelado, ya has entrado en modo esto va a ser la bomba y será difícil que te saquen.

Luego, aunque el concierto resulte un poco *meh*, tú te lo comes igual, porque ya entraste con ganas. Lo pasas bien igual, porque con ese inicio es obvio que va a haber más momentazos (la expectativa está colocada). Pero… ¡ay, amiga! El final. Esa canción sí que es importante. Tiene que ser la guinda, el subidón definitivo, esa canción que te deja con la piel de gallina, con ganas de aplaudir hasta que te duelan las manos. Porque si la última canción es de bajona, si acaba con algo raruno o que no conoces, se te cae la experiencia entera. Te vas para casa pensando en lo que te costaron las entradas.

Pues una charla, una presentación o una intervención pública funcionan exactamente igual: el principio y el final NO se improvisan jamás.

Nada de confiar en el momento, en la inspiración o en que *ya veremos cómo empiezo* o *ya terminaré como se me ocurra*. Son tus dos grandes oportunidades para enganchar, marcar el ritmo y cerrar con intención, con lo que no puedes dejarlas al azar.

Cómo arrancar y lograr que nadie te haga ni puto caso

Pues bien, muchas más veces de lo que parece empezamos nuestras presentaciones con frases que son un auténtico disparo en el pie. De verdad, hay clásicos que se repiten tanto que parece que vienen en el manual del *Cómo NO empezar una charla*. Y lo peor es que la mayoría de estas frases tienen una intención buena —ser humildes, crear cercanía, suavizar el momento, o, peor aún, no tienen intención alguna— pero, en realidad, lo que consiguen es bajarte el volumen, cortarte las alas y, lo más triste, desconectar a la audiencia.

Cuando alguien empieza con: «Bueno, no sé si esto os va a interesar…». Lo que el público escucha no es humildad, sino inseguridad. Es como si el orador ya se estuviera disculpando por estar ahí. Y, claro, si tú, el que decide lo que se va a decir, no sabes si va a interesar, ¿por qué deberían ellos quedarse a escucharte?

Otro clásico que no falla es «Yo no soy muy buena hablando en público, pero…». ¡Peligro! Acabas de confesar tu miedo escénico en público. Lo entiendo, porque queremos mostrar vulnerabilidad, pero en este caso no ayuda. Lo que haces es ponerte por debajo, y es muy difícil generar confianza si tú misma estás dejando claro que no confías en ti.

Y luego está la joya de la corona: «Perdonad si me alargo, es que no lo he preparado mucho…». Esta ya directamente nos deja tiesos. Porque si tú no lo has preparado, ¿por qué debería yo prestarte atención durante los próximos quince minutos? Nadie quiere escuchar algo que ni tú misma te has tomado en serio.

Hay más comienzos lamentables. El siguiente me provoca hasta alergia: «Bueno, pues nada…». Esas palabras flotantes, esas *frases zombis* que no dicen nada, pero que en cuanto las pronuncias ya te han matado el ritmo. Si no sabes cómo empezar, no lo rellenes con «pues nada», porque eso suena a «me han obligado a estar aquí». Y si es para nada, ¿para qué necesito yo estar aquí?

El siguiente es, para mí, el peor arranque de todos: «Hoy os vengo a hablar de…». ¿Y qué tiene de malo esto?, pensarás. Pues que, a nosotros, tus oyentes, nos conecta con tu necesidad, no con la nuestra. Es como si entraras en una sala diciendo «he venido a soltaros mi rollo, os interese o no». En este caso el público se pone a la defensiva: esto no va conmigo.

También se ha puesto muy de moda la siguiente frase de inicio: «Para poneros en contexto…». ¡Cuidado! Porque muchas veces esto se convierte en una introducción interminable en la que divagas durante diez minutos para contar algo que podrías haber integrado de forma natural en dos frases. El contexto no es el objetivo, es solo el marco. No lo conviertas en la película entera. No es porque tú necesitas ese contexto para tu propia estructura mental que tu oyente también lo necesita. Deja que el interlocutor te haga las preguntas de contexto si las necesita, no le entregues toda la información solo para sentirte tú más segura.

Este vicio de anunciar todo lo que vamos a contar no nos traiciona solo al inicio. Veo muchas charlas en las que se repiten frases como: «Aquí vais a poder ver...», «Ahora os voy a contar algo muy interesante...», «Esto lo veremos más adelante...». Y yo, como oyente, pienso: «Pues cuéntamelo ya, ¿no?». Porque lo que la gente quiere es que vayas al grano, que le hables directamente, sin rodeos ni justificaciones. Si anunciamos lo que vamos a ver, decir o hacer, las presentaciones se vuelven densas y pesadas. Por eso odio los índices. Son como el tráiler que te cuenta toda la peli: cero emoción, cero sorpresa. Perfectos para saber cuándo desconectar y mirar el móvil. Una charla no es un menú del día. No hace falta contar todo lo que vas a decir, ¡mejor hazlo! Que el público se quede porque quiere saber qué viene, no porque ya se lo has contado todo. Menos índice, más intriga. Y que empiece el show.

¡Ah! Y una última alerta: cuidado con las grandes citas grandilocuentes. «Como decía Gandhi...», «Platón ya lo dijo...», «Según Steve Jobs...». Si te sale de forma natural y conoces la cita al dedillo, genial. Pero si la has puesto porque suena importante, y encima no tiene mucho que ver con tu charla, entonces lo único que transmite es postureo. Y eso se nota.

Cómo empezar una charla para que te hagan puto caso

A partir de ahora toca pensar en cómo conectar con las personas que tienes delante de forma natural, directa y con sentido. Para mí es la parte más divertida. Hay varias estrategias que funcionan de maravilla, siempre y cuando estén bien utilizadas. Lo que sí es un triunfo total —el pase directo al «sí, cuéntame más»— es que, sea cual sea la estrategia que te apetezca usar para empezar, esté directamente conectada con el *para qué* que ya mencionamos antes. Este es el momento clave en el que tu interlocutor, desde el minuto uno, *entiende que algo va a ganar*. Que esto le sirve. Que no viene solo a escucharte, viene a llevarse algo. Y cuando eso se nota desde el arranque… *puto caso* asegurado.

DATOS POTENTES:

Una de las estrategias más eficaces es empezar con un dato potente que sea sorprendente y ligado a la temática (¡nada de datos *random*!) o directamente un resultado que, en otro contexto, sería la conclusión.

«El tiempo de respuesta ha bajado un 12% respecto al mes pasado. Hay algo que ha cambiado en cómo estamos trabajando… y no es casualidad». Vas al grano, despiertas curiosidad sin vender la moto y colocas al equipo en posición de escucha activa. La frase respira liderazgo sin postureo.

«Diecinueve días. Ese es el tiempo que ha tardado en resolverse una de las incidencias más simples del mes. No es un caso aislado». Empieza con una frase casi de guion de serie. Te da el dato, pero también marca una atmósfera, quienes te escuchan sienten que algo importante se va a mover.

«El martes, a las 9.13 de la mañana, alguien me escribió un mensaje con solo tres palabras: "Esto no cuadra". Revisé los números y… efectivamente, había un punto ciego que se nos estaba escapando». Tiene una imagen casi cinematográfica, una hora concreta, muestra cotidianidad. Y además coloca a todo el mundo en modo investigación sin necesidad de adornos.

«Este mes hemos entregado más rápido, pero hemos tenido más devoluciones. Hay un patrón detrás de esta contradicción».

No das lecciones, no haces spoiler, pero pones dos piezas sobre la mesa. Y lo haces con respeto al ritmo de los demás.

«Por primera vez en tres meses, los reportes han llegado antes que el grupo de memes. Algo está cambiando en nuestra productividad». Sonrisa ligera, y, sí, das un dato. Uno simbólico. Abres la conversación sin perder conexión.

«Hemos superado todos los objetivos... excepto uno: la coordinación. Y no lo digo yo, lo dicen los cruces de emails y los retrasos que se repiten». No culpas a nadie, diagnosticas una situación. El equipo se siente implicado y la frase se queda retumbando.

PREGUNTAS DE INICIO:
Otra fórmula muy eficaz para empezar es lanzar una pregunta directa, pero —por favor— que tenga todo que ver con el tema principal y que sea abierta. Nada de preguntar por preguntar. Porque si no vas a mirar las respuestas, si no vas a reaccionar o invitar a participar..., entonces es postureo comunicativo.

Si haces una pregunta, ¡hazla de verdad! Mira a la gente, espera la respuesta, o pide que levanten la mano, que respondan en voz alta, que escriban en el chat. Lo importante es que sientan que esa pregunta no es de adorno: es una puerta de entrada a lo que viene.

Una buena pregunta conecta, despierta, prepara el terreno. Una falsa... desconecta al instante. Y ya sabes lo que pasa cuando empiezan a mirar el móvil.

«¿Quién de aquí ha estado en una reunión donde pensaba: "esto podría haber sido un email"?». Con esta entrada sacas una sonrisa de resignación y pone el foco en la eficiencia sin necesidad de soltar cifras ni PowerPoints.

«¿Alguna vez habéis salido de trabajar sintiendo que, aunque habéis hecho mil cosas, no habéis hecho nada importante?». Ideal para temas de propósito, gestión del tiempo o abordar el *burnout*.

«¿Qué parte de vuestra semana habéis dedicado a pensar, no a reaccionar?». Invita a parar y cuestionar el ritmo automático.

«Imaginad que hoy os graban en vídeo durante una reunión sin que lo sepáis. ¿Qué versión de vosotros se vería?». Imagen potente, divertida y con fondo. Crea visualización e impacto.

BROMAS E ICE BREAKERS:
También puedes abrir con una broma ligera, siempre conectada con el contenido, pero tengo que confesarte algo: yo no soy muy fan del humor gratuito en presentaciones, a menos que te salga natural, como quien suelta un comentario en la sobremesa sin pensar demasiado, o que sea muy de tu estilo. Si tú no sueles hacer bromas ni en el grupo de WhatsApp de la familia, no te pongas ahora en modo monologuista. El siguiente capítulo está dedicado por completo al humor en la comunicación —porque lo merece—, pero, por ahora, la broma en el inicio debe tener un objetivo: generar conexión, no espectáculo.

Dicho esto, en ocasiones, una broma, colocada en el momento justo, con el tono adecuado y con una audiencia que te conozca (o que, al menos, sienta que te conoce), puede funcionar como un respiro cómplice. Una sonrisa afloja la tensión, humaniza el ambiente y te coloca en la misma mesa que el público.

«Tranquilos, esta presentación dura menos que la cola del microondas a las 14.00». «Si alguien esperaba que hoy hubiera donuts, siento decepcionaros, pero sí traigo datos jugosos». «Esta charla tiene Excel, pero prometo que no hay fórmulas que empiecen con "si llueve y es martes"». «Hoy hablaremos de comunicación, o sea, ese arte de malinterpretarse con elegancia».

Pero repito: no te obligues a ser graciosa si no te sale. La broma, si existe, te tiene que representar. La naturalidad, cuando se nota, vale oro.

Y luego están los famosos *ice breakers*, los rompehielos, esos ejercicios que se usan al principio de muchas charlas o formaciones para «romper el hielo» y calentar motores. En teoría sirven para soltar tensiones, despertar la energía del grupo y preparar la mente para lo que viene.

Pero —y aquí viene un PERO en mayúsculas— solo funcionan si tienen sentido y continuidad con lo que vas a contar después. Si haces un rompehielos divertido solo para conseguir un par de risas y luego sueltas: «Bueno, ahora sí, vamos a lo serio», acabas de pinchar el globo. Bajona total. Y, sí, también una pérdida de tiempo.

Un buen rompehielos no es un sketch de intro. Es una puerta. Una manera sutil y efectiva de introducir el tema, generar complicidad y poner al público en modo «estoy dentro». Si no conecta, no rompe el hielo. Solamente hace que el grupo sonría por compromiso y se vuelva a encerrar justo después.

Porque si tú vas a hablar de planificación financiera y empiezas pidiendo que cada uno diga su color favorito o su animal espiritual, lo más probable es que tu audiencia se quede con cara de: ¿qué está pasando aquí? Resultaría raro, forzado e innecesario.

Ahora bien, cuando el *ice breaker* está bien pensado y bien colocado, puede ser un inicio memorable. Por ejemplo, si estás a punto de hablar de comunicación en público, puedes proponer algo tan sencillo como: «Dibujad en un pósit cómo os sentís cuando tenéis que hablar delante de un grupo».

Y lo que ocurre después es oro puro: aparecen caritas tristes, rayajos nerviosos, fuegos, vómitos, nubes de tormenta, o incluso un micro dibujado con lágrimas. No se trata de analizarlo. Todos se ríen, se reconocen y se relajan. Porque eso sí conecta. Conecta con la emoción, con la experiencia compartida y con el tema que vas a trabajar. Es directo y simbólico al mismo tiempo.

La clave es que el rompehielos nunca esté separado del contenido. Tiene que ser una especie de mini metáfora activa del tema de la charla, para que la gente empiece a entrar en materia sin darse cuenta. Si no hay relación entre la dinámica y el tema, luego tendrás que hacer un salto forzado, como «Bueno, y ahora sí, vamos a hablar de...». Y ya sabes lo que opino de ese comienzo. Desconexión asegurada.

Por tanto, sí, rompe el hielo si hace falta, pero hazlo con un porqué y con sentido. Que no se note el truco, que se sienta natural.

ÉRASE UNA VEZ:

Mi manera favorita de empezar una charla es con una anécdota bien contada. Nunca falla. Una de las mejores formas de enganchar desde el primer minuto es empezar con una historia, el motivo es que desde pequeñitos estamos acostumbrados a escuchar historias. Una buena historia al comienzo de una charla nos conecta directamente con ese *Érase una vez* de nuestra infancia. En cuanto alguien empieza a contar una historia, el cuerpo se relaja, el oído se afina y —sin que nos demos cuenta— entramos en modo escucha total. La historia es como una llave que abre el canal emocional, con lo que ya tienes medio camino hecho.

Esto no lo digo solo yo. En su libro *Talk Like TED*, Carmine Gallo explica que las historias activan más áreas del cerebro que los datos o ideas abstractas. Literalmente, cuando escuchamos una anécdota, nuestro cerebro responde como si estuviéramos viviendo la experiencia. Eso es lo que genera conexión real, empatía, recuerdo.

Ahora bien —y esto es importantísimo—: la anécdota tiene que estar relacionada con lo que vas a contar. No vale soltar una historia solo porque es graciosa, emotiva o porque te pasó algo muy loco en el metro. Si no tiene conexión con el tema principal, lo que consigues es justo lo contrario: haces que la gente se enganche a la anécdota y luego se desconecte por completo cuando intentes volver a lo que *ibas a decir*. Pierdes fuerza, ritmo y, sobre todo, credibilidad. Así que sí: empieza con una historia si lo sientes, pero que sea una puerta hacia tu mensaje, no un desvío. Cuando está bien elegida, una anécdota es el hilo invisible que une tu experiencia personal con la necesidad de quien te escucha. Y ahí es donde ocurre la magia.

Porque no todas las charlas son TEDx. A veces tienes que presentar un informe de resultados, una actualización de procesos o la planificación de un equipo. Y ahí tampoco hace falta hacer un espectáculo, pero sí cuidar el inicio.

Por ejemplo, puedes empezar diciendo: «Desde la última vez que revisamos estos datos, solo hay un parámetro que está cambiando. Y es importante que lo entendamos, porque va a marcar el próximo trimestre». Así de fácil. Así de claro. Y con intención. No hace falta ser brillante, pero sí ser directo. Que se note que sabes adónde vas y que respetas el tiempo de los demás y que eres capaz de conectar con el «para qué» necesita mi interlocutor saber del tema.

Recuerda, el inicio no tiene que ser espectacular, ni teatral, ni *wow*. Tiene que ser intencionado, pensado y conectado con la necesidad de tu audiencia. Es tu primera nota, tu primer golpe de batería, tu primer «Hola, estoy aquí para hablarte a ti».

Y si el inicio es importante, el final es vital

Porque es lo que se queda, el regusto final de tu charla. Es lo que la gente se lleva cuando ya ha cerrado la libreta, ha dejado de tomar notas o está recogiendo el abrigo. El final es la última impresión. Y como en las pelis, si el último plano es potente, te olvidas de que a mitad te aburriste un poco. Pero si el cierre es flojo, aunque lo anterior haya estado bien, te vas con cara de *meh*.

Y no, un «bueno, ya está, eso es todo» no es un final. Tampoco un «¿alguna pregunta?» ni un «pues ya estaría». Y mucho menos ese típico cierre de «os lo resumo en tres puntos», como si la audiencia fuera tonta. Si lo que has dicho tiene sentido y está bien conectado, los asistentes se van a acordar de tus palabras, no necesitan que se las repitas con voz de profesora de primaria. Se nos ha ido de las manos el afán por que nuestros oyentes retengan el mensaje, y hemos acabado infantilizando a la gente. No es que esté mal reforzar lo importante —porque sí, hay que dejar claro lo esencial—, pero hagámoslo como adultos. Busquemos una forma natural de subrayar lo reseñable: una frase que lo encapsule, una imagen mental, una idea lanzada al futuro. Sin dar lecciones y sin repetir por repetir. Solo cerrar con intención y respeto por quien te ha escuchado.

Y aquí, igual que con el inicio, las estrategias son muy parecidas. Es primordial que elijas la que más conecte contigo, con el contenido y con el momento. Porque no se trata de cerrar *porque toca*, sino de cerrar *como toca*. Que ese final tenga intención, coherencia... y deje huella.

Una primera posibilidad es cerrar con una frase potente. No hace falta que sea una cita. No sirve decir «como decía Gandhi» si ni te sabes la frase completa ni tampoco Gandhi tiene nada que ver con lo que estás contando. Como para abrir la charla, si lo que dices no encaja contigo, se nota. Además —esto es solo mi opinión—, las citas en general resultan pomposas, poco naturales. Si vas a usar una cita, que sea una que te represente, que te remueva a ti también. Que no solo sea recitar la frase en sí, sino contar lo que te provoca a ti. Ahí tenemos un toque personal, no solo repetir por repetir. Si además la frase es tuya, mejor que mejor, más verdad contendrá.

Otra opción es cerrar con una pregunta. En este caso, no vale una cualquiera, tiene que ser una que deje el pensamiento abierto, que invite a reflexionar o a actuar. Algo como «¿Qué harás distinto mañana después de escuchar esto?» o «¿Y si lo que te incomoda es justo lo que te está pidiendo paso?». No necesitas que te respondan, solo que se la lleven puesta.

También puedes terminar con una llamada a la acción sencilla pero potente. No hace falta que sea épica, basta con que sea clara: «Probemos esto durante una semana y veamos», «Haced una cosa distinta la próxima vez que...», «Mirad ese número con otros ojos». Es como pasarles la pelota suavemente, pero con intención de que la recojan.

Contar una anécdota, que como vimos funcionaba para abrir, también funcionará para cerrar. Puede ser una pequeña historia que redondea lo que has explicado, pero mejor si es una que contaste al principio y que ahora recuperas con otro sentido. Ese círculo narrativo, cuando está bien hecho, tiene un efecto emocional brutal. Como cuando alguien dice: «Y, sí, al final, ese niño del que os hablaba era yo». ¡Zasca! Piel de gallina. No hace falta dramatizar, solo cerrar el ciclo.

Otra estrategia, sencilla pero muy potente, es cerrar con una imagen mental (que también serviría para abrir, aunque me parece más arriesgado si no conoces al público). Una escena concreta, algo que quienes te escuchan puedan visualizar sin esfuerzo. Porque cuando el mensaje se ancla a una imagen real y reconocible, no hace falta repetirlo: se queda solo.

Por ejemplo:

«Así que la próxima vez que estéis en la sala de reuniones, con el proyector encendido, la gente esperando, el clic del mando en la mano y ese silencio tenso justo antes de empezar, pensad en este momento. Y elegid cómo queréis sonar».

O esta otra:

«Cuando estés frente al portátil, con veinte pestañas abiertas, el café frío al lado y ese correo a medio escribir que no sabes cómo acabar, acuérdate de esto. Y decide desde dónde quieres comunicar: desde el piloto automático o desde la intención».

Ambas escenas funcionan porque no están en el aire, están en la vida real. No hay que imaginarlas demasiado, porque ya las has vivido. Y justo por eso funcionan como cierre: porque convierten lo que has dicho en algo que el otro puede ver, sentir y recordar.

Y, por supuesto, puedes cerrar con humor, pero siempre con cautela, no recurras al chiste fácil. Un toque de humor relaja el ambiente y transmite: «Todo esto era importante, pero no se te olvide sonreír». Algo como: «Y si no os acordáis de nada de lo que he dicho... espero al menos que se os haya hecho corto». Úsalos solo si ese tipo de comentarios va contigo. Si no te sale, no lo fuerces.

Para terminar, sé que, seguramente, al leer los ejemplos —tanto de inicio como de final— te pueden parecer un poco impostados. Esa impostura no está más que en tu cabeza, porque los has leído escritos. Cuando decidas lo que vas a contar y los ensayes en voz alta, cogerán tu tono, se volverán tuyos y resultarán naturales. Piensa que en las conversaciones normales usamos todas las herramientas que te he mencionado (menos la cita, quizá), de manera natural, sin pensarlo. Solo es cuestión de decidir con qué inicias y con qué acabas. Que sea redondo, vinculado con tu tema y dicho de la forma más natural posible.

Para que esa naturalidad salga, estas dos partes, el inicio y el final, son las que debes saberte de memoria. Porque son los dos momentos de más nervios en una presentación. Ensáyalas en voz alta. No es lo mismo pensar el discurso que escucharte a ti misma decirlo. Y si te grabas y luego lo analizas, eso ya es para nota.

SITUACIÓN: Cuando el público está... pero no está (ojos en el móvil, mente en otro planeta o preparando preguntas difíciles)

Hablemos de ese momento tan temido en el que estás hablando y las personas que se supone que te tenían que estar escuchando están en otro lugar. No asienten, no sonríen, no se mueven; vamos, ni puto caso. Tú ahí, dándolo todo, y ellos revisando la lista de la compra, contestando emails o discutiendo mentalmente con su ex. Entonces tú empiezas a dudar: ¿estaré aburriendo al personal?, ¿lo estaré haciendo fatal?, ¿me oyen?, ¿están vivos?

Primero: no te lo tomes como algo personal. No siempre lo que tú percibes es lo que está sucediendo. Puede que estén procesando la información, que estén cansados o que estén bloqueados por dentro, pero atentos por fuera. O al revés. Lo importante es no rendirse. Nada de entrar en modo automático, apagarse o terminar antes de tiempo.

Porque sí: tienes herramientas para recuperar la atención del público. No se trata de montar un show ni de dar saltos por el escenario, sino de crear microconexiones que despierten la atención de tus oyentes sin pedirles permiso. Aquí van algunas técnicas que funcionan muy bien:

—Interrumpe tu discurso con una pregunta directa: «¿Quién de aquí ha sentido esto alguna vez?».

—Cambia el ritmo: baja la voz y luego súbela. Usa la pausa como un anzuelo.

—Haz que se muevan, aunque sea un poco: «Si esto que acabo de decir te suena familiar, levanta la mano».

—Nombra a alguien del público (siempre con tono amable): «Esto lo hablábamos justo con Marta hace unas semanas, ¿te acuerdas?».

Muchas veces es suficiente. Un gesto, una mirada o una pausa con intención. El objetivo no es ganarte al público, sino volver a estar con ellos.

Y cuando llegas al final, llega otro momento tenso: las preguntas. «¿Alguien tiene alguna pregunta?».

Entre tú y yo, esta es la peor pregunta que puedes hacer, porque en general nadie contesta. Nadie tiene preguntas. Cuando la gente tiene preguntas, normalmente las hace sin necesidad de que las pidas.

Ese instante puede ser tan incómodo como el silencio anterior. Si quieres que te hagan preguntas, no esperes al final. Prepara tu discurso pensando en qué preguntas te gustaría que te hicieran, e inclúyelas a lo largo de la charla. Provócalas. A veces también funciona decir:

—«En este momento lo que me suelen preguntar es...».

—«Cuando hablé de esto con el equipo de marketing, pensaron que...».

—«¿Cómo lo veis vosotros?».

Las preguntas deben tener contexto y un para qué. Porque a veces la gente no tiene preguntas. Y no necesariamente porque no estén interesados, sino porque tu exposición ha sido tan clara que no tienen dudas. También puede pasar que nadie pregunte porque no les das tiempo. El silencio nos incomoda tanto que decimos: «¿Alguna pregunta? ¿No? Pues gracias», todo en la misma frase. Esto pasa mucho en formato online.

Recuerda: cuando haces una pregunta, no puedes esperar que la reacción sea inmediata. Desde que la lanzas hasta que alguien piensa la respuesta, entre que mira si alguien más quiere intervenir, decide si habla o no, y se *desmutea*, pueden pasar fácilmente diez segundos de silencio. Diez segundos de mirar a cámara sin saber qué hacer.

El silencio, bien manejado, es una herramienta muy potente. No es sinónimo de no saber. Es todo lo contrario: es sostener la presencia, es dar espacio.

Y si, después de todo, nadie pregunta nada, no te quedes esperando un milagro. Cierra tú. Aprovecha para recoger la energía del momento y cerrar con claridad:

—«Si hay dudas que prefiráis comentar luego, estaré encantada de seguir la conversación».

—«Y si esto os ha removido algo... genial. Porque ese era el objetivo».

La otra alternativa es que al final alguien pregunte. Además, la pregunta puede ser difícil, o venir de alguien importante. Entonces llegan los nervios. Hay quien me ha dicho que prefiere que no le pregunten nada, que cruzan los dedos al terminar la charla para que nadie diga ni mu. Yo, en cambio, soy muy fan de las preguntas y de integrarlas en la charla, porque siempre dan la sensación de un discurso más personalizado y se crea una especie de diálogo en lugar del típico monólogo. Además, si hay preguntas es que has provocado algo en tu audiencia, y eso siempre es buena señal.

Cuando te hagan una pregunta complicada, es importante que no te precipites al contestar. Especialmente si es acusatoria, difícil o está formulada en un tono poco amable. El miedo a dar la respuesta equivocada, a quedar mal o a parecer desinformados, hace que tendamos a responder demasiado rápido. Y cuando nos precipitamos, es muy fácil caer en la justificación, y cuanto más te justificas, menos verdadera parece tu respuesta.

Para evitarlo, lo mejor antes de contestar es formular una pregunta de contexto para entender justo lo que quiere saber la otra persona. Para mí, las mejores opciones son:

—«¿A qué te refieres exactamente con eso?».

—«¿En qué contexto lo estás pensando?».

Estas preguntas de contexto no solo ayudan a aclarar la pregunta para todos, sino que te dan tiempo para respirar y pensar dos cosas. La primera, si realmente tienes la respuesta, y la segunda, si es necesario contestar en ese preciso momento. A veces, si el tiempo apremia y la pregunta solo incumbe a una persona y no al grupo, lo mejor es decir:

—«Entiendo tu duda. Si me dejas, terminaré con el tema por una cuestión de tiempos, y luego te la contesto fuera».

Y si no sabes la respuesta, no te inventes nada. Responde con calma y seguridad:

—«Buena pregunta. Prefiero darte una respuesta con cabeza, ¿te importa si te escribo luego?».

Esto no transmite ignorancia, sino profesionalidad. Humildad sin debilidad, seguridad sin arrogancia.

Recuerda: el público no tiene la obligación de reaccionar como tú esperas, pero tú sí tienes la responsabilidad de sostener el espacio hasta el final. Incluso cuando hay silencios, incluso cuando hay desconexión, tu misión no es llenar cada hueco, sino mantener el hilo, la presencia y la conexión hasta el último segundo.

EXTRA: Muerte al PPT

Vamos a decirlo claro y sin anestesia: el PowerPoint ha arruinado más presentaciones que los nervios. Y cuando digo PowerPoint, me refiero a cualquier sistema de apoyo visual, porque el problema no es la herramienta, es cómo la usamos.

No hay nada más desmotivador como oyente que alguien comparta su pantalla y veas que la presentación tiene 583 diapositivas.

Lo más curioso —y te va a pasar también a ti mientras lees esto— es que todo lo que voy a decir ya lo sabes. Tú ya sabes cómo hacer un PowerPoint claro, útil, digerible, pero, por lo que sea, muchas veces no lo haces así. Las razones que me encuentro siempre son estas:

- «Así no me olvido de nada».
  Resulta que el PowerPoint no es un guion para ti, es una herramienta para ilustrar tu discurso de cara a los demás. Si tienes miedo de perderte, hazte fichas, no un documento de Word con transiciones.
- «En la empresa me obligan a usar esta plantilla».
  Que haya una plantilla no significa que tengas que usarla entera. Adáptala, recórtala, simplifícala. Una plantilla es un marco, no una jaula.
- «Si no pongo muchas diapositivas parece que no he trabajado».

No es verdad. Poner más gráficos, más tablas y más efectos no te hace parecer más profesional. A veces, incluso transmite inseguridad y falta de foco.

- «Quiero tener toda la información por si me preguntan algo».
  Está bien disponer de ella, pero no tienes que mostrarla toda. Tenla preparada y ocúltala. Solo muéstrala si te la piden.

Y aquí viene mi consejo estrella:

Antes de abrir PowerPoint, estructura todo tu contenido fuera de la herramienta. Hazlo en papel, en notas, donde quieras. Piensa en las cinco preguntas que te he mencionado al inicio de este capítulo. Y solo cuando lo tengas claro, hazte esta pregunta:

¿Qué necesita realmente ser mostrado y qué puedo explicar yo sin ayuda visual?

Porque es mucho más potente que tú expliques algo de viva voz a que los asistentes lo lean en una diapositiva.

Tú eres el show, no el PowerPoint.

DON'TS – Lo que deberías evitar en tus presentaciones:

- No pongas párrafos enteros.
  Si tu PowerPoint dice exactamente lo mismo que tú estás diciendo, ¿para qué estás tú? ¿Para leer? ¿Para ser el apuntador de tus propias ideas? Una diapositiva no es un guion. Si lo vas a leer, mejor mándalo por correo.
- No hagas listas con 24 ítems.
  Visualmente abruma y mentalmente bloquea. La gente no va a leerlo todo, y lo poco que lean lo harán por encima. Si todo parece importante, al final, nada lo es.
- No uses gráficos que no se puedan ver ni con un microscopio.

Si tienes que decir «ya sé que no se ve muy bien», no sirve. Extrae solo el dato que de verdad importa y muéstralo claro y grande. Lo demás, si hace falta, lo puedes contar tú.

- No uses transiciones tipo persiana del 2003.
  Las animaciones antiguas o innecesarias no aportan nada. Distraen, hacen perder ritmo y le quitan profesionalidad a lo que estás diciendo.
- No pongas frases con fondo azul y letra amarilla chillona.
  El contraste puede ser útil si se usa bien, pero si daña los ojos, desconecta al público. El diseño debe acompañar, no agredir.
- No proyectes un Excel entero.
  Nadie va a analizar quince columnas y diez filas en diez segundos. Y si lo intentan, desconectarán de lo que estás diciendo. Coge solo la tabla o cifra que sea relevante para lo que estás explicando. El resto, tenlo a mano por si alguien te lo pide.
- No metas cinco tablas en una diapositiva.
  Un mensaje, una diapositiva. Si intentas explicar cinco cosas a la vez, no se entiende ninguna. No estás en una demo de producto, estás en una conversación con propósito.
- No uses imágenes con marca de agua o pixelados.
  Si la imagen no es tuya, al menos que esté en buena calidad. Si está pixelada o con marca de agua, transmite dejadez. Y cuidado con los memes que solo entiendes tú: pueden romper el ritmo o generar confusión.
- No pongas un índice al inicio si no es necesario.
  El índice o agenda solo tiene sentido en formaciones muy largas, para que la gente pueda ubicarse y saber cuándo llega la pausa. En una charla breve, lo único que consigues es que el público decida desde el principio en qué momento va a dejar de escucharte. Y, además, alarga innece-

sariamente el arranque. Como mucho, mándalo en la convocatoria.

- No pongas una diapositiva de *Gracias* o *¿Preguntas?* De verdad, ¿por qué seguimos haciendo eso? ¿Hace falta escribir *gracias* en pantalla, como si la gente no pudiera entenderlo cuando lo dices en voz alta? Y lo de *¿Preguntas?*, así suelto, en la última diapositiva, como si fuera un trámite... tampoco cuela.

Si ya hemos dicho que las preguntas solo funcionan cuando están integradas en el discurso, cuando tienen sentido y continuidad con lo que estás contando, ¿por qué íbamos a rematar con una pregunta genérica, sin alma y en PowerPoint?

DO'S – Lo que sí deberías hacer con tus presentaciones:

- Prepara todo tu contenido sin abrir PowerPoint.
  Antes de diseñar nada, estructura tu charla o reunión en un papel. Cuando tengas claro qué vas a contar y cómo lo vas a ordenar, entonces piensa si necesitas apoyarte en alguna imagen o esquema. El soporte visual viene después del contenido, no antes.
- Pregúntate: «¿Qué necesita ser mostrado y qué puedo explicar yo sin ayuda?».
  Esa es la clave. Hay cosas que es mejor contarlas con tus palabras, tu ritmo y tu presencia. Y otras que vale la pena visualizar para que el mensaje sea más claro o más memorable. Elige bien cuál es cuál.
- Usa imágenes potentes que refuercen lo que estás contando.
  Una imagen clara y bien elegida puede provocar una emoción, fijar una idea o reforzar tu mensaje mucho más que cualquier texto.

- Incluye palabras clave, en grande y con intención.
  A veces, una sola palabra es suficiente para activar el pensamiento del público. No hace falta llenar la pantalla. Usa el espacio para guiar, no para saturar.
- Utiliza esquemas limpios y bien organizados.
  Si necesitas mostrar un proceso, una estructura o una jerarquía, hazlo de forma clara. Que acompañe tu explicación sin sustituirte. Tú eres quien lo explica, la diapositiva es solo apoyo.

  Una buena presentación no se mide por la cantidad de diapositivas ni por lo espectaculares que sean los efectos. Se mide por la conexión que consigues crear, por cómo haces que el público entienda, sienta y recuerde lo que le has contado.

  Y eso, amiga, no lo proyecta una pantalla.

  Eso lo proyectas tú.

Y si aún dudas, repite conmigo el mantra:

SOLO VOY A PROYECTAR AQUELLO
QUE NO PUEDA EXPLICAR

7

Uso del humor en la comunicación

Hacer reír abre puertas, pero hacerlo mal las cierra de golpe.

En cierta ocasión un muchacho me preguntó al terminar una charla qué me parecía el uso del humor en la comunicación. Quería saberlo porque, según dijo, muy ilusionado, a él le gustaría utilizarlo como herramienta. Yo, con toda la ternura del mundo, pero sin filtros, le pregunté:

—¿Pero tú eres gracioso?

Se me quedó mirando, dudó, y al final confesó:

—No mucho…

Aproveché ese momento para explicarle algo que a mí me costó años entender: no hace falta ser gracioso de nacimiento para usar el humor, pero sí hace falta entender cómo funciona, cuándo usarlo y, sobre todo, para qué. Porque el humor es una herramienta maravillosa, si la sabes manejar, pero se convierte en un arma peligrosa si la lanzas en una dirección cualquiera.

Lo que no puedes hacer es usar el humor solo porque *queda bien*, porque lo viste en un vídeo o porque alguien te dijo que así parecerás más cercano. El humor no es maquillaje, no sirve para esconder inseguridad. Sirve para conectar, para relajar el ambiente, para transformar una situación, pero solo si lo utilizas con una intención y sin forzarte a ser alguien que no eres.

Y no, no es lo mismo ser una persona graciosa que decir algo gracioso. Lo primero es un rasgo de personalidad, lo segundo, una estrategia que puedes aprender, practicar y ajustar. En comunicación, lo que marca la diferencia no es tener el chiste perfecto, sino saber leer el momento. Porque lo difícil no es tanto encontrar algo gracioso que decir como decirlo en el momento justo.

El humor —como la empatía— no siempre viene de serie, pero sí se puede desarrollar. No todo el mundo tiene el radar afinado desde el principio, pero sí se puede entrenar la sensibilidad para captar cuándo reír, cómo reír y con quién. Es como un músculo: algunos lo traen fuerte de fábrica, otros lo tienen dormido. Pero todos podemos trabajarlo.

Una persona naturalmente graciosa suele detectar lo divertido en lo cotidiano, conecta con los demás a través de la risa, hace humor sin forzarlo. Y muchas veces, ni siquiera se propone hacer reír: simplemente lo hace, porque su forma de mirar el mundo ya contiene esa ligereza. Seguro que te vienen a la cabeza muchos ejemplos de personas que con solo nombrarlas te aparece la sonrisa. En mi entorno personal es mi amiga Reichel. Ella es graciosa, natural. Pero si hablamos de personas más conocidas, me pasa con Yolanda Ramos, Sílvia Abril o las grandísima Maya Rudolph, Kristen Wigg y Jennifer Coolidge.

En cambio, cualquiera puede decir algo gracioso un día con suerte, pero eso no significa que el humor forme parte de su comunicación de manera genuina o efectiva. Y eso, en comunicación, se nota. Y mucho.

Para mí, el humor es de uso fundamental en la comunicación. No solo porque me define, sino porque abre mentes. Porque aprender riendo es el aprendizaje más efectivo. Como dice Doni Tamblyn en su libro *Laugh and Learn*, «el cerebro retiene mejor aquello que asocia con emociones positivas, y la risa es una de las emociones más potentes que existen». Cuando te ríes, bajas las defensas, abres el corazón y dejas que el mensaje entre casi sin darte cuenta.

Pero el humor no solo sirve para enseñar. También sirve para sanar. Nos permite tomar distancia emocional de lo que nos duele, mirar nuestras propias contradicciones con más compasión, y hablar de cosas incómodas sin tener que cargar con todo el peso. Tratar algo desde el humor, no significa quitarle importancia, significa quitarle drama. Como explica John Morreall, profesor de filosofía y uno de los referentes en estudios sobre humor, el chiste es una forma de *distanciamiento psicológico*, que nos permite pensar sin reaccionar emocionalmente de inmediato. Y eso no solo es útil, es transformador.

Además, el humor tiene una función social preciosa: genera confianza, rompe jerarquías y humaniza. Una broma en el momento oportuno durante una reunión tensa no solo relaja el ambiente, sino que marca el tono de la conversación. Le dice a los demás: aquí también se puede respirar. Cuando alguien se ríe contigo, es más probable que se abra a escucharte, incluso si le estás hablando de algo serio.

Y, cuidado, no te creas que esta conclusión me cayó del cielo envuelta en purpurina. ¡Me ha costado sangre, sudor y muchas carcajadas llegar hasta aquí! Cuando empecé a trabajar en el mundo corporativo, tuve una jefa que un día me soltó, sin anestesia:

«Eres demasiado graciosa. Si sigues así, nunca te tomarán en serio. Las grandes empresas no te van a contratar».

Vaya ojo, ¿eh?

Menos mal que no le hice demasiado caso. Porque después de dieciocho años trabajando en comunicación con corporaciones de todos los tamaños, sigo aquí, riéndome —y haciendo reír a mi público— sin dejar de ser tomada en serio.

Aquí viene la clave: lo que me permite conectar no es el humor en sí, sino la capacidad de decir cosas serias, hablar de temas profundos o incómodos, sin tomármelas —ni tomarme— demasiado en serio. Esa distancia es la que da aire. La que hace que el otro se relaje, que escuche sin tensarse, que entienda sin resistirse. El sentido del humor no es síntoma de falta de rigor, sino de humanidad. Porque en comunicación no siempre gana el que habla más fuerte o en un tono más formal, sino el que sabe cuándo aflojar, cuándo mirar al otro y decirle de alguna manera: «Tranqui, esto también nos pasa a todos».

El humor bien usado no resta profesionalidad, suma presencia. No quita peso a tu mensaje, lo hace más llevadero. Y no borra la seriedad, simplemente te permite acceder a ella sin rigidez.

Lo dijo muy bien Andrew Tarvin en su charla TED *The Skill of Humor*: «El humor no es la antítesis del trabajo serio, es la mejor herramienta para hacer que el trabajo serio sea más accesible». Tarvin, que empezó como ingeniero y acabó dando formaciones sobre humor en empresas de todo el mundo, lo tiene claro: el humor no es solo un don innato, es también una habilidad que se entrena.

Lo mismo pasa con tu habilidad de comunicar. El humor no le quita valor, al contrario, se lo multiplica. Si sabes usarlo, claro.

Ahora bien, utilizar humor en comunicación no es hacer reír por hacer reír. Integrar el humor en una estrategia comunicativa requiere un enfoque consciente y bien pensado. No se trata solo de ser gracioso: se trata de utilizar el humor como una herramienta que refuerce lo que quieres decir y no que lo tape o lo diluya.

La única estrategia efectiva, el ensayo y error. El humor no siempre funciona. A veces te vas a pasar, otras veces te vas a quedar corto. Por eso, si puedes, prueba antes. Testea tus bromas, tus frases o tus recursos con gente de confianza o en espacios seguros. Mira cómo reaccionan, ajusta, y vuelta a empezar. Después de tantas charlas impartidas, me sigue pasando que un chiste que en general funciona, un día de repente deja de hacer gracia. No es solo porque yo pueda tener un mal día, es que el contexto de esa broma ya no existe y ha llegado el momento de cambiarla por otra. El humor no es algo fijo, es evolutivo, como nosotros.

El humor es una herramienta muy poderosa, pero también es sensible. Exige medida, consciencia, empatía y flexibilidad. Si la usas bien, puede abrir puertas, acercar personas, desarmar resistencias. Pero si no sabes cómo, cuándo y para qué usarla es mejor esperar.

El humor no es obligatorio. Pero si lo usas, que sea con intención. Y con respeto por la inteligencia —y la emoción— de tu audiencia.

SITUACIÓN: Cómo ser gracioso... aunque no lo seas (y no morir del *cringe* en el intento)

Seguro que te suena esta escena: estás en medio de una presentación, una reunión o una charla informal. Quieres romper el hielo, caer bien, relajar el ambiente o parecer más accesible. Y entonces, lo ves claro, es el momento de soltar un chiste. Lo cuentas con toda la esperanza de provocar una risa liberadora, un *¡qué majo!*, una mirada cómplice... y lo que recibes de vuelta es un silencio incómodo, miradas desviadas o, peor aún, alguien que finge reír por educación. Boom. Rechazo inmediato de tu público. Lo que rompiste no fue el hielo, fue la conexión.

Y te preguntas: ¿por qué no ha funcionado?

En la respuesta entran en juego tres ingredientes esenciales del humor: la audiencia, el contexto y el *timing*. Porque el humor, por muy bueno que sea, no es una fórmula mágica que funcione siempre igual. No se trata solo de lo que dices, sino de cuándo lo dices, cómo lo dices y en qué entorno lo sueltas.

La audiencia es el primer filtro. A quién tienes delante, qué tipo de relación tienes con esas personas, qué referencias culturales comparten, qué sensibilidad emocional puede haber en el ambiente. Un chiste que funciona con adolescentes puede no tener ninguna gracia en una sala de ejecutivos y viceversa. Y lo mismo pasa fuera del trabajo. No es igual bromear con tu hermana que con tu cuñado, con tu madre que con una amiga de tu madre. La audiencia está en todas partes, no solo en un escenario o una reunión. Si no sabes qué le duele o qué le importa al otro, un comentario gracioso puede volverse torpe o hasta hiriente. Observar, escuchar, leer el ambiente y adaptarte, esa es la base de un buen uso del humor en tu comunicación.

El segundo filtro que debes aplicar es el contexto. No me refiero solo al tipo de sala, sino a la situación emocional, al momento vital, al entorno concreto. No es lo mismo una charla universitaria que una comida con tus suegros. No es lo mismo hacer una broma ligera mientras cocináis juntos que soltarla justo después de una discusión por las tareas del hogar. Cada espacio tiene sus normas no escritas, sus niveles de confianza y sus límites (a veces invisibles). Por eso, un chiste puede ser el rompehielos perfecto o una bomba innecesaria. Por ejemplo, hacer bromas de padres justo después de una discusión familiar no suele acabar bien. Pero en otro momento, con otro tono y otra energía, puede ser el inicio de una conversación más distendida. Como en otros aspectos de la comunicación: el lugar y el momento lo son todo.

Por último, el filtro del *timing*, o lo que es lo mismo, el arte de decir algo justo cuando toca. Ni antes ni después. Porque un chiste puede ser buenísimo, pero si lo sueltas antes de que haya confianza, sonará forzado, y también se quedará frío si lo sueltas cuando ya pasó el momento. El humor tiene ritmo y ese ritmo no lo marcas tú. Lo marca lo que pasa alrededor. Controlar el *timing* es saber cuándo hablar y cuándo callar, cuándo interrumpir con ligereza una conversación pesada y cuándo guardar el comentario gracioso para otro día. Es ese instante en el que notas que todos están tensos en la mesa y decides romper el hielo o ese en el que, aunque te venga a la mente una frase brillante, sabes que no es el momento.

Y, sí, esta habilidad, como todas, se entrena. No se trata de reprimirte ni de volverte adivino, se trata de afinar tu radar, de estar presente, de tener el coraje de usar el humor cuando suma. Porque cuando hay conexión, el humor fluye. Pero cuando no la hay, se siente raro, no importa el contexto, en casa, en clase, en el grupo de WhatsApp, en una comida familiar o en una reunión importante: el humor mal colocado se siente raro. Y tú también te sientes raro después.

Así que, antes de lanzarte a ser gracioso, hazte estas preguntas básicas:

¿Conozco lo suficiente a las personas que tengo delante?

¿Está el ambiente listo para relajarse un poco o aún está frío?

¿Este chiste se entiende sin demasiada explicación?

¿Estoy buscando conectar o solo impresionar?

Responder honestamente a esto te puede evitar muchos momentos raros. Y si decides ir a por ello, que sea con autenticidad, sin forzar, y con margen para reírte también. Si por lo que sea no funciona, si fallas en el intento... no insistas, no encadenes otro chiste. Sonríe, haz una broma ligera sobre el silencio y sigue adelante. Cuando nadie se ríe de alguna de mis bromas, yo suelo decir un «vale, este solo me hace gracia a mí» con cara de circunstancias, y me funciona. La gente se ríe del ridículo que he hecho conmigo.

Pero la pregunta es ¿por qué cuesta tanto ser gracioso?

A veces no es que no tengas gracia, es que hay obstáculos que se interponen en el camino. Veamos algunos.

Eres demasiado literal

Las personas que se aferran a lo correcto o a lo factual suelen tener más dificultades para improvisar, jugar con el lenguaje o darle la vuelta a una situación. El humor requiere flexibilidad mental, una pizca de absurdo y algo de imaginación. Si todo lo tomas al pie de la letra, será más difícil que el juego humorístico te salga de forma natural. Lo vemos todo el tiempo en personajes como Sheldon Cooper, que no entiende el doble sentido y, por eso mismo, provoca la risa, visto desde fuera, pero no porque él lo busque.

Te cuesta reírte de ti mismo

Una de las bases más potentes del humor es el autohumor. No como castigo ni como escudo para que nadie te ataque, sino como señal de que te aceptas con tus fallos, tus meteduras de pata y tus despistes. Reírte de ti mismo no es ridiculizarte ni minimizarte, sino decirle al mundo: «Sí, tengo esta característica, pero también tengo sentido del humor para reírme de ella». Si no puedes reírte de ti, te costará mucho más hacer reír a los demás.

Pero, repito, reírte de ti mismo no significa machacarte delante de los demás para que no te critiquen. Eso no es humor, es defensa mal gestionada. Si lo que dices suena más a castigo que a broma, no estás jugando, te estás escondiendo. Reírte de ti mismo, sí, pero con cariño.

No transmites energía

El humor también es ritmo, cuerpo, expresión. Puedes tener la mejor frase del mundo, pero si la dices sin intención, sin tono, sin chispa, no llega. El cuerpo comunica la mitad de la gracia. Y la voz, la otra mitad. Si no acompañas el humor con una presencia acorde, la risa se escapa.

A menos, claro, que uses precisamente lo contrario como recurso. Hay personas que dominan el arte de decir cosas graciosas con una energía tan apagada, tan lenta o tan inexpresiva, que ahí está la gracia.

El cómico francés Paul Mirabel ha hecho de su tono plano y su presencia frágil un sello de identidad. Y más cercano a nosotros; Eugenio, con su voz grave, su mirada fija y ese cigarro eterno, construía un suspense cómico inimitable: parecía que no contaba nada gracioso, hasta que lo soltaba. Pero, ojo, esta técnica no funciona por casualidad. Es estilo propio, es intención, es técnica. Si lo haces sin saber por qué, no es una firma y acabará en desconexión con tu audiencia.

No prestas atención a los detalles

El humor se alimenta de lo específico. Cuanto más visual o concreto sea lo que dices, más posibilidades hay de que provoque una sonrisa. No es lo mismo decir «fue raro» que decir «parecía una escena de telenovela mal doblada».

Goyo Jiménez lo domina como un cirujano: no cuenta historias, las disecciona. En sus monólogos, cada personaje, cada gesto y cada exageración está descrito con tanto detalle que te ves dentro de la escena.

Y desde la ficción, Carmen Machi en *Aída* lo bordaba: cada frase venía con coletilla, mirada, ritmo, una forma muy suya de decir lo obvio como si fuera nuevo. Tenía esa capacidad de convertir lo cotidiano en una caricatura llena de verdad.

No te permites exagerar

La exageración con medida es una de las herramientas más simples y efectivas del humor. No tienes que convertir todo en un show, pero será difícil que alguien se ría contigo si cuentas todo en su versión más plana.

Jim Carrey lo lleva al extremo con su comedia física y sus gestos imposibles. Y en otro plano completamente distinto, Chiquito de la Calzada exageraba con palabras inventadas y movimientos teatrales. Dos estilos opuestos, misma estrategia: ir más allá de lo evidente.

No usas contrastes

El humor ama la contradicción. Cuando dices algo inesperado justo después de una afirmación seria o normal, se genera una sorpresa que activa la risa. Es el clásico «sí, pero...», el «me encanta... aunque me revienta», el «está todo bien... salvo cuando no».

Ricky Gervais explota esto sin pudor: empieza con una frase casi educada y, a continuación, dinamita lo que ha dicho con un sarcasmo o una confesión de honestidad brutal. El contraste rompe la lógica y, de paso, nuestras expectativas.

Te cuesta imaginar situaciones
El humor no solo nace de lo que pasa, sino de lo que podría pasar. Si no te das permiso para jugar con lo absurdo, con lo hipotético, con el *¿te imaginas que…?*, es más difícil activar ese tipo de risa espontánea.

Andreu Buenafuente y Berto Romero lo hacen continuamente en sus conversaciones. Parten de algo cotidiano y acaban imaginando funerales de alienígenas, la infancia de un semáforo o la vida secreta de una aceituna. El humor también es imaginación desatada.

No haces comentarios sobre lo que está pasando
A veces lo más gracioso es verbalizar lo que todos están pensando, pero nadie dice. Hacer metahumor, comentar lo obvio con un giro, anticiparte al cliché. Eso crea conexión inmediata.

Hannah Gadsby lo domina: en mitad de su monólogo comenta su propio texto, corrige al público o desarma la estructura de lo que esperábamos. Y eso no solo es divertido, es brillante.

Asocias humor con inmadurez
En algunos entornos se nos ha enseñado que la risa es cosa de niños o de personas que no se toman las cosas en serio. Sin embargo, el humor, en vez de falta de madurez significa inteligencia social, flexibilidad emocional y, muchas veces, una forma de liderazgo.

Emma Watson ha integrado el humor en discursos potentes sobre igualdad y derechos, sin restar ni un gramo de credibilidad. Y Barack Obama ha demostrado que se puede ser riguroso, respetado y profesional, sin perder la sonrisa ni el carisma.

Has tenido malas experiencias con el humor
Si alguna vez fuiste el blanco de burlas o si alguien usó el humor para hacerte daño, es normal que desarrolles cierto rechazo o miedo hacia ciertas situaciones cómicas. Pero una cosa es el humor cruel, y otra, el humor que cura.

Chris Rock ha hablado abiertamente del *bullying* que vivió durante su infancia y sobre cómo eso influyó en su manera de hacer humor desde la crítica, la incomodidad y también la inteligencia. El humor puede ser una herramienta para reconstruirte.

No conectas con ciertos estilos de humor
No a todo el mundo le hace gracia lo mismo. A veces creemos que no somos graciosos porque no nos reímos con los demás, o porque nuestro estilo no es el que se espera.

Bo Burnham, por ejemplo, mezcla música, poesía, ansiedad escénica y crítica social. No tienes que encajar en lo que gusta a todos. Solo tienes que encontrar lo que encaja contigo.

Te apoyas demasiado en reírte de los demás
Y no, no es lo mismo reírse con alguien que reírse de alguien. Sí, hay cómicos que se forran a base de ridiculizar al público o machacar al compañero. Pero eso, más que humor, es un zasca disfrazado de broma. Aunque pueda tener efecto una vez, si se convierte en tu única fórmula, acabas siendo más borde que brillante. Algunos han tenido que revisar su enfoque cuando se dieron cuenta del impacto que generaban, otros no lo han hecho y el efecto se nota.

El humor a costa del otro necesita contexto, confianza y cariño. Si no hay eso, mejor ríete de ti mismo. La autocrítica inteligente tiene más clase que el sarcasmo gratuito.

Y cuidado con el efecto dominó: a veces la gente ríe por compromiso, por presión o por no quedarse fuera del grupo. Y tú crees que hiciste gracia… cuando en realidad creaste incomodidad.

El humor más potente no es el que pisa. Es el que se arriesga a mirar(se) con verdad.

Ahora te toca a ti

¿Y ahora qué? Ya sabes por qué a veces no haces gracia. Ahora toca darle la vuelta.

Quiero que pienses en el humor como una caja de herramientas. No para usarlas todas a la vez como si fueras a construir un escenario de *stand-up comedy*, sino para ir probando, practicando y ajustando según tu estilo, tu ritmo y tu tipo de comunicación.

Muy importante: observa qué te hace gracia a ti.

Porque si ni siquiera tú conectas con el humor que intentas usar, nadie lo hará.

La risa compartida empieza contigo. Así que, antes de copiar lo que funciona en otros, prueba lo que resuena contigo. Lo que te sale con naturalidad. Lo que podrías decir sin ponerte un disfraz.

Aquí va mi propio kit de emergencias para cuando quiero hacer reír… y yo no soy Eva Hache precisamente. No es infalible, pero me ha salvado más de una charla, una formación y hasta una reunión de esas que prometían ser eternas.

1. Lleva siempre una anécdota absurda en el bolsillo.

No necesitas que te ocurran cosas graciosas constantemente, solo saber contar lo cotidiano con ese detalle ridículo o inesperado que le da chispa. A menudo, lo más gracioso no es lo que te pasó, sino cómo lo cuentas. Contar algo que me acabe de ocurrir es de mis estrategias favoritas para romper el hielo, al fin y al cabo, siempre me pasan cosas (graciosas o no) que despiertan la curiosidad hacia mí. Eso sí, nunca te inventes una anécdota, siempre se nota.

2. Practica reírte de ti antes de reírte con los demás.

El autohumor genera empatía inmediata. Te baja del pedestal y te pone al mismo nivel que todos. Pero no te machaques: ríete con ternura, no con crueldad. Tu dignidad también tiene derecho a reír. Como siempre me pasan cosas, me las cuento a mí misma en voz alta para encontrarles el lado cómico, además esta práctica me ayuda a desdramatizar lo que me pasa. Siempre con una sonrisa porque, recuerda, el gesto solo aligera el contenido (recuerda el extra del capítulo 1).

3. Usa el silencio.

Una pausa a tiempo tiene más poder que una frase bien escrita. Una mirada, un gesto, un respiro, pueden hacer más efecto que el mejor chiste del mundo. Dale espacio a la risa para que entre.

4. Si dudas, di algo obvio como si fuera un descubrimiento.

«Después de años de estudio he llegado a una conclusión: los lunes son una estafa».

Cuanto más solemne seas, más gracia puede tener lo evidente.

5. Observa lo cotidiano como si fueras un extraterrestre.

Mira lo que todo el mundo hace, pero con una pregunta tonta. ¿Por qué saludamos en un audio de WhatsApp? ¿Quién decidió que las reuniones se llamen *reuniones*, si nunca nos reunimos de verdad? Ese giro absurdo transforma lo normal en cómico.

6. Haz listas que empiezan bien y terminan mal.

El clásico truco de *empiezo siendo seria y acabo en el caos*. Por ejemplo:

«Me apunté al gimnasio para: 1) estar más sana, 2) mejorar mi postura, 3) justificar los leggins, 4) huir de mis responsabilidades».

7. Usa analogías locas.

Comparar una persona con un lunes sin café o una cita con una entrevista de trabajo con velas tiene mucho más efecto que describirla literalmente. La imagen vale más que mil risas sueltas.

8. Si no te sale el chiste, mete una voz interior.

«Sonríe. Finge que sabes lo que estás haciendo».

Esa pequeña frase interna que todos nos decimos por dentro, pero que si sueltas en voz alta, conecta y desarma.

9. Saca el recurso del giro inesperado.

Empiezas por algo lógico, normal, y rematas con un volantazo:

«Salí a correr cinco kilómetros… hasta que el repartidor me alcanzó con la pizza».

Lo cotidiano, con trampa.

10. Juega con reacciones desproporcionadas.

«Perdí el tren. Lloré como si se hubiera cancelado mi existencia».

Exagerar emociones pequeñas es una forma de reírte de lo dramática que puede ser la vida sin que lo parezca.

11. Responde como si todo fuera literal.

«Me dijeron que me lo tomara con calma… así que cancelé tres reuniones».

Responder como si todo fuera real, textual, lógico, es un chiste andante.

12. Rompe normas sociales con estilo.

¿Niños en una boda? ¿Tarta en un funeral? ¿Presentarte a una reunión diciendo que tienes hambre? Si lo haces desde el ingenio, no desde el cinismo, funciona. Se trata de romper lo esperado, no de incomodar por deporte.

13. Recupera frases de antes y conviértelas en remate.

Los *callbacks* crean conexión. Si dijiste algo hace cinco minutos y lo usas como remate final, la sensación de *esto estaba preparado* (aunque no lo esté) es brillante.

14. Y si no funciona, una sonrisa y sigue adelante.

Nada más elegante que asumir que no ha hecho gracia. No insistas, no expliques. Di algo como «en mi cabeza sonaba mejor» y pasa página. El humor también es saber cuándo parar.

Recuerda: no utilizas el humor para demostrar que eres graciosa, lo utilizas para conectar, para aligerar, para mirar lo serio sin tomártelo tan en serio. Y si un día no sale, tú tranquila, que hasta Eugenio tuvo chistes malos. Solo que nadie se acuerda.

SITUACIÓN: Ironía, sarcasmo, cinismo y drama asegurado

Otra trampa mortal: tú sueltas una ironía o un sarcasmo para parecer ingeniosa y la otra persona se toma lo que has dicho al pie de la letra. O, peor aún, como una falta de respeto.

Y ahí empieza el drama. Silencio incómodo, cara de «¿lo ha dicho en serio?». Energía rara en el ambiente. Todo por una frase que, en tu cabeza, era brillante y graciosa.

¿Por qué ocurre esto? Pues el motivo es que el sarcasmo, sin tono ni expresión clara (otra vez la sonrisa), suena a agresión. Y porque, seamos sinceros, a veces usamos el humor como escudo para decir cosas que no nos atrevemos a decir en serio, y eso se nota.

Hay una línea muy fina entre ser graciosa e ingeniosa y ser percibida como cortante, borde o directamente desagradable. Y esa línea se cruza más fácil de lo que parece cuando se juega con ironía, sarcasmo o cinismo.

Tres formas de humor con doble fondo que, según cómo las uses, pueden servirte para conectar o cargarse la conversación entera.

La ironía es, de las tres, la más elegante. Es como el humor de guante blanco. Dices lo contrario de lo que piensas, no para engañar, sino para provocar una sonrisa cómplice. Tiene un punto de sofisticación, de juego inteligente, y cuando hay conexión, brilla. Puede relajar tensiones, suavizar verdades incómodas y hasta ayudar a criticar sin herir. Pero también puede fallar. Porque si quien escucha no capta el tono o no comparte tu código, lo que tú crees ingenioso puede sonar incoherente o raro.

Ejemplo: estás empapada de lluvia y entras a una reunión diciendo: «Un día ideal para salir a pasear sin paraguas». Si el grupo entiende la ironía, se ríen contigo. Si no, te miran como si hablaras en clave.

Usada con tacto, la ironía puede reforzar relaciones, mal entendida, las enfría. Y si se vuelve constante en tu forma de comunicarte, puede generar confusión emocional: la gente empieza a preguntarse si alguna vez hablas en serio. Eso mina la claridad y puede afectar la confianza.

El sarcasmo va un paso más allá. Tiene filo, remate y muchas veces genera risa inmediata, pero es una risa que puede pinchar. Sirve para soltar verdades incómodas con una capa de humor y, en entornos con mucha confianza, puede incluso aliviar tensiones. De hecho, hay estudios que muestran que el sarcasmo potencia la creatividad, tanto en quien lo usa como en quien lo recibe. Aunque todo depende del clima emocional. En el lugar equivocado o con la persona equivocada, ese sarcasmo suena más a reproche que a broma.

Ejemplo: alguien llega muy tarde y tú sueltas: «Uy, llegas justo a tiempo… para ayudarnos a recoger». Si hay buen rollo, se ríe. Si hay tensión, se lo toma como un dardo.

El sarcasmo, bien manejado, muestra agudeza; mal gestionado, puede parecer pasivo-agresivo o incluso humillante. Y eso tiene consecuencias: emocionalmente, puede dejar cicatrices en la autoestima de quien lo recibe, sobre todo si se convierte en una dinámica habitual. Relacionalmente, desgasta la confianza y la sensación de seguridad para expresarse sin miedo.

El cinismo ya no se anda con bromas. Es una forma de humor que se ríe de todo, pero desde la distancia. Como si la persona que lo usa ya hubiera perdido la fe en casi todo. Tiene su atractivo: revela lucidez, una mirada crítica, una especie de *yo ya no me creo nada y lo digo con gracia*. Pero es una gracia amarga. El cinismo conecta con quienes están en el mismo nivel de escepticismo, pero desconecta de quienes aún creen que las cosas pueden cambiar.

Ejemplo: en una reunión sobre innovación alguien dice: «Sí, claro... aquí todo cambia, menos lo que tiene que cambiar». Puede parecer brillante o demoledor, dependiendo del contexto y del tono.

El cinismo puede parecer ingenioso, pero si se convierte en tu estilo habitual, te distancia de las situaciones, porque transmite que crees que todo es una farsa y desde ahí es difícil construir nada. A nivel emocional genera un tipo de resignación disfrazada de inteligencia. En las relaciones puede romper la empatía: si todo te da igual, ¿por qué alguien debería abrirse contigo? Se convierte en una barrera emocional que, con el tiempo, no solo te protege, sino que también te aísla.

Entonces ¿cuál es el problema?

Que cuando usas este tipo de humor sin leer bien el ambiente o sin ser consciente de tu intención, puedes acabar generando más tensión que conexión. La ironía, el sarcasmo y el cinismo tienen su lugar. Pero no son neutrales. Funcionan cuando hay confianza, contexto y claridad emocional. Fallan cuando se usan como máscara, ataque o defensa.

Por eso, si vas a tirar de estos estilos, pregúntate:

¿Estoy usando esto para abrirme o para encerrarme?

¿Para conectar o para protegerme?

¿Para aligerar el ambiente o para lanzar una crítica disfrazada?

Y, no, la típica frase de «es que ya no se puede decir nada» no cuela. Porque claro que se puede decir lo que se quiera, lo que no se puede es soltar cualquier cosa esperando que todo el mundo se ría como si el humor fuera un salvoconducto universal. Que tu comentario no haga gracia o que termine ofendiendo no significa que la otra persona no sepa encajar una broma, significa que tal vez tú no has sabido calibrar ni el momento ni el tono ni la intención ni la temática.

Si lo que dices no hace gracia, si el ambiente se enfría, no te escudes en el típico *era broma*. Esa frase, cuando se usa como excusa, suena más a huida que a remate. No basta con decir que lo era: lo importante es entender por qué no funcionó. No cuesta nada parar, reconocer que algo no salió como esperabas y reconectar desde otro lugar. Eso también es comunicación. Y también es madurez.

Porque ser graciosa no es tener siempre el mejor chiste.

Es saber cuándo hablar, cuándo callar y cuándo dejar de usar el humor como excusa.

El humor es una maravilla cuando se usa con inteligencia emocional.

Pero cuando se convierte en escudo, trinchera o arma, lo que ocurre es que deja de ser humor y se convierte en distancia. Saber poner el límite no te resta chispa. Te da fuerza, te da humanidad y te permite conectar de verdad. Porque si cada vez que algo no hace gracia tú respondes con «ay, no aguantan nada», lo que estás haciendo es borrarte tú misma del mapa.

La responsabilidad no está en el que se ofende. Está en quien comunica.

Si ofendes, examínate, revisa lo que has dicho. Ese sí que es un gesto valiente.

Y, mira tú, quizá también el comienzo de un humor mucho más potente.

EXTRA: ¿Qué tipo de graciosa eres tú?

Si después de todo esto te estás preguntando: «Vale, pero… ¿qué tipo de humor tengo yo?», te diré que no hay una sola forma de hacer reír.

Hay quienes usan el humor para crear vínculo, quienes lo convierten en escudo, quienes lo lanzan como flecha o quienes lo abrazan como refugio. Y, sí, hay un test que puede ayudarte a hacer un poco de luz: se llama *Humor Styles Questionnaire* (HSQ) desarrollado por los psicólogos Rod Martin y Patricia Doris (sí, un test de los serios) para entender cómo usamos el humor en nuestra vida cotidiana.

No es una fórmula mágica ni un horóscopo cómico, pero sí una brújula curiosa que te da pistas sobre tu manera de relacionarte con la risa. Según este test, existen cuatro estilos principales. Ninguno es mejor que otro, pero algunos son más sostenibles emocionalmente que otros, eso sí.

1. Humor afiliativo
Es el humor que crea puentes. El que se usa para generar cercanía, suavizar tensiones y hacer grupo. Es ese humor que no busca brillar sino incluir. Lo usan las personas que tienen una risa abierta, generosa, que no necesitan ser el centro de atención para estar presentes. Si este es tu estilo, probablemente seas de esas personas que, con toda naturalidad, hacen que los demás se sientan cómodos. Ríes con los demás, no de los demás.

2. Humor autoafirmativo
Este es el humor que te ayuda a sobrevivir a la vida sin perder la alegría. No es tanto para hacer reír a otros como para no hundirte tú. Es el que aparece cuando todo va mal, pero todavía puedes decir: «Bueno, al menos no se ha caído el techo. Aún».

Es un humor resistente, maduro, muy útil para afrontar la incertidumbre sin cinismo. Si tienes este estilo, eres de las que encuentra luz incluso en medio del drama (y lo cuenta sin parecer frívola).

3. Humor agresivo
Aquí entramos en terreno más delicado. Este tipo de humor se basa en la crítica, el sarcasmo, la burla, a menudo a veces a costa de otros.

Es el humor que puede tener gracia, pero también filo. El que hace reír, pero deja marca. Si este es tu estilo principal, quizá te convenga revisar cuándo usas ese sarcasmo: ¿para defenderte?, ¿para marcar territorio?, ¿o simplemente porque lo has normalizado?

No se trata de eliminarlo, sino de ser consciente de su impacto.

4. Humor autodescalificador
Este es el humor que nace de reírte de ti misma, pero no siempre desde un lugar sano. Parece autohumor, pero en realidad es una forma de buscar aprobación a través de la humillación propia. Es ese «yo soy tonta, ya lo sé» que lanza la broma antes de que alguien más lo haga. Si este es tu estilo dominante, es posible que estés usando el humor como barrera, no como canal.

Y aunque parezca gracioso, desgastará tu autoestima sin que te des cuenta.

¿Y entonces?

Entonces lo importante no es encajar en una categoría, sino reconocer tu tendencia. Analizar cómo usas el humor en tu día a día para qué lo usas, qué buscas cuando haces reír. Porque ahí está la clave: el humor no solo revela tu ingenio, también revela tu historia emocional.

Descubrir tu estilo de humor es una forma más de conocerte, de ajustar la forma en la que te comunicas, de practicar un humor que no solo funcione de cara a los demás, sino que además te haga bien.

Porque al final esto no va de parecer graciosa, va de entender cómo te relacionas con la risa, qué te hace gracia a ti, cómo puedes usarlo sin imitar a nadie. Y va de cómo puedes hacer del humor una herramienta real, útil y tuya. Aunque no seas Eugenio. Aunque a veces no te rías ni de ti misma, aunque el silencio después de tu chiste sea más largo que el propio chiste.

Porque el humor, cuando nace desde lo auténtico, siempre encuentra su lugar. Solo hay que atreverse a buscarlo. Y a practicarlo. Aunque sea mal. Aunque sea con nervios. Pero con ganas de reírse, al menos, un poco más.

SEGUNDA CARA:
CUANDO HACES PUTO CASO
DE MÁS

Cómo no hacer ni puto caso (a esa vocecita que no calla nunca)

Antes de que entres en modo rebelde sin causa, déjame aclararte algo: esta segunda parte no va de pasar de todo y de todos, no se trata de desconectar el corazón ni de volverse una borde antisocial (que si ese es tu objetivo me parece perfecto también). No, no va de eso.

Va de algo mucho más poderoso (y más difícil también): decidir cuando toca no hacer ni puto caso. Y de ser valiente y llevarlo a cabo.

Porque la verdad es que este *no hacer ni puto caso* tiene dos caras, una exterior y otra interior. Son dos facetas que muchas veces se confunden y se alimentan entre sí.

La cara exterior es ese agotamiento que puedes llegar a sentir de vivir pendiente de lo que esperan, opinan o dicen de ti. Como si tuvieras siempre presente una lista invisible de metas imposibles: ser responsable, ser buena persona, ser profesional, atractiva, eficiente, brillante y, encima, caer bien. Que no se note que estás cansado o cansada, que no se note que estás al límite.

Demasiada carga para cualquiera. Llega un punto en el que el cuerpo ya no puede más. Lo más curioso, y esa es la segunda cara del asunto, es que no se trata solo de lo que nos exige el mundo —eso ya lo abordaremos más adelante—, sino de tu diálogo interior, de lo que tú mismo o tú misma te repites cada día. Esa vocecita interna que nunca calla, que aparece cuando menos la necesitas y que, en lugar de darte apoyo, se dedica a señalar fallos como si tuviera una libreta de *cosas que hiciste mal hoy*.

Por eso, antes de aprender a gestionar el ruido que viene de fuera, hay que aprender a manejar nuestra propia cháchara interna. Aunque esto no sea un manual de psicología, hay algo que merece ser dicho en voz alta: la forma en que te hablas a ti mismo lo condiciona todo.

Cómo decides, cómo actúas, cómo comunicas y cómo te relacionas. Si tu diálogo interno está lleno de exigencias, dudas y reproches, entonces poner límites, priorizar o simplemente sentirte libre se vuelve una hazaña.

¿Sabías que el 62% de lo que nos decimos a nosotros mismos es negativo?

Como si lleváramos una comentarista de *realities* instalada en la cabeza, narrando cada paso en clave de «no das la talla».

¿Por qué dijiste eso y no esto otro?

Ya la has cagado otra vez.

Todo el mundo lo hace mejor que tú.

Este tipo de frases surgen de lo que en psicología se conoce como sesgo de negatividad, un sistema evolutivo que antes nos protegía del peligro, pero que ahora, en vez de salvarnos la vida, nos sabotea. Lo que antes era útil, hoy es una rumia constante que nos desgasta. Y cuando esa voz toma el control, todo se complica: un pequeño error se convierte en catástrofe, un malentendido en rechazo, una duda en parálisis. Acudes a tu interior en busca de apoyo y lo único que encuentras es crítica.

Eso, y no otra cosa, es el lado oscuro de la autorreflexión.

Lo que empieza como autoconocimiento, termina en tortura emocional.

¿Y cómo sé si mi voz interior me está ayudando o me está hundiendo?

No es tan fácil detectarlo. Ese yo negativo no aparece dando gritos ni con un cartel luminoso.

A veces piensas que estás siendo responsable, que te estás exigiendo lo justo, que estás *reflexionando para mejorar*. Podría ser, pero si lo que te dice tu voz interior no hace más que bloquearte, provocarte ansiedad o te deja con el cuerpo en tensión, entonces no estás reflexionando: te estás castigando.

Te das cuenta cuando te hablas como si fueras tu peor enemigo.

Cuando en vez de aprender del error, te lo restriegas durante horas.

Cuando lo poco que logras lo minimizas: «Tuviste suerte», «Eso no cuenta», «Lo hace cualquiera». Ahí no hay exigencia sana. Ahí hay crueldad.

Y si tu voz interior no te cuida, ¿cómo vas a tener la suficiente confianza en ti misma para tomar decisiones?

No se trata de acallar la voz interior, se trata de cambiar el canal.

No vas a silenciar esa voz de golpe, pero sí puedes ajustar el tono, aprender a ponerle distancia, a observarla sin convertirla en ley.

Una de las maneras más efectivas es verte desde fuera. Imagínate observando tu situación como lo haría alguien imparcial.

¿Realmente lo que hiciste fue tan grave?

Si cambiaras de silla y te sentaras en la del que escucha... ¿te aguantarías? ¿O te darías ganas de decir «vale ya, respira y ve al grano»?

Y si eso no funciona, cambia de enfoque: piensa qué le dirías tú a alguien a quien quieres si estuviera en tu lugar. Seguro que no le soltarías ni la mitad de las barbaridades que te dices a ti. Entonces no te las digas tú tampoco.

El lenguaje importa. Mucho.

Hay algo tan sencillo como potente: hablarte en tercera persona.

«Vilallonga, tranquila. Estás haciendo lo mejor que puedes». (Es que me gusta llamarme por mi apellido)

Puede parecer raro, pero está respaldado por la ciencia.

Lo explica Ethan Kross, autor del libro *Chatter*, que lleva años investigando cómo funciona nuestra voz interna. Cuando usamos nuestro nombre o nos hablamos como si aconsejáramos a otra persona, la ansiedad disminuye, nuestra perspectiva se amplía y somos más capaces de pensar con claridad. Es como activar una parte más sensata de ti mismo, más empática, más realista. Cambiar un «¿por qué soy así?» por un «¿qué necesito ahora?» no es un truco barato. Es un cambio de rumbo.

Yo confieso que lo hago muy a menudo. Y, sí, a veces en voz alta, en sitios públicos. La gente que me escuche debe flipar. Pero a mí me funciona. Y acabo hasta riéndome conmigo misma.

¿Y cómo se entrena eso?

No necesitas incienso, ni música zen, ni frasecitas de Instagram. Que, por cierto, si a ti te sirven, ¡adelante! Se trata de encontrar lo que a cada uno le funciona, lo importante es detectarlo y anclarlo.

Sin embargo, la parte más importante es la práctica. Cada vez que esa voz salte en tu interior con su discurso de siempre, haz una pausa. Escúchala. Y luego pregúntate: «¿Estas palabras que me estoy diciendo me ayudan o me hunden?».

Si puedes, escríbelas. A veces verlo escrito es como encender la luz en una habitación oscura. A continuación, léelas en voz alta: oírse a una misma decir las cosas es una explosión mental. Ya lo hemos visto en la parte anterior. Expresar un pensamiento en voz alta es hacerlo realidad, y muchas veces nos damos cuenta de que ese pensamiento verbalizado no suena igual que pensado. Cuanto te oigas y no te guste, cambia la frase hasta que te guste. Ahí empieza el cambio, en cambiar una sola frase, en reconocer un esfuerzo, en darte tregua. Aunque sea por un momento, aunque no lo vea nadie.

Así que no, esta parte no va de ignorar al resto del mundo. Va de dejar de ignorar esa parte de ti que no te ayuda, de aprender a reconocer cuándo tu voz interior te acompaña y cuándo te está frenando. De convertir el reproche en diálogo, la presión en claridad, la culpa en cuidado. Porque no se trata de dejar de pensar, se trata de pensar de distinta manera.

Cuando consigas que esa voz interna vaya a tu favor y no contra ti, cuando hagáis equipo de verdad, a partir de ese momento vas a poder decidir, con claridad y libertad, a quién le haces (o no) puto caso en tu vida.

Desde ese momento, todo empieza a colocarse.

TEST: ¿Tu voz interior es tu aliada o tu saboteadora con megáfono?

Responde a cada pregunta con sinceridad. Sí o no. Sin filtros, sin excusas, sin maquillaje emocional.

1. Cuando algo me sale mal, me repito frases como: «¿Ves? Sabía que no valías para esto».
2. Me cuesta reconocer mis logros sin añadir un «bueno, tampoco es para tanto».
3. Si cometo un error, lo revivo mentalmente en bucle durante horas (o días).
4. Antes de tomar una decisión, imagino todas las formas posibles en que podría salir mal.
5. Me cuesta aceptar un cumplido sin justificarlo, restarle valor o devolverlo como si quemara.
6. Cuando alguien me dice algo negativo, se me queda grabado a fuego. Lo positivo, ni idea.
7. Si creo que alguna tarea no la voy a hacer a la perfección, ni empiezo.
8. Mi voz interior a veces suena como un jefe exigente que nunca me contrataría.

9. Cuando pienso en lo que quiero, me sale automático un «ya, pero...».
10. Me cuesta hablarme como lo haría con alguien a quien quiero.
11. Me digo cosas que jamás le diría a otra persona sin sentirme mal.
12. Siento que tengo que demostrar constantemente que valgo.
13. Comparo lo que hago con lo que podría haber hecho mejor. Siempre.
14. Me siento culpable cuando descanso o no soy productivo/a.
15. Tengo la sensación de que me falta algo para poder dar el siguiente paso.
16. Me corrijo mentalmente incluso cuando nadie me ha dicho nada.
17. Me cuesta disfrutar de mis logros antes de pensar en lo siguiente que tengo que mejorar.
18. Siento que, si no lo hago todo bien, decepciono a los demás (y a mí).
19. Me cuesta sentirme suficiente, aunque objetivamente sé que hago muchas cosas bien.
20. Cuando algo sale bien, pienso que fue suerte, coincidencia o que «ya se estropeará».

Resultados

15 o más síes:

Tu voz interior se ha convertido en un saboteador profesional. Se disfraza de exigencia, responsabilidad o realismo, pero en realidad te está frenando. Es momento de hacer limpieza mental y empezar a hablarte con más amabilidad, más objetividad y mucha menos culpa.

Entre 8 y 14 síes:

Tu voz interior tiene luces y sombras. A veces te empuja, a veces te aplasta. Estás en el punto justo para empezar a entrenarla: identificar sus patrones y cambiar el tono. No necesitas silenciarla, solo enseñarle a tratarte mejor.

Menos de 8 síes:

Tienes una base sana, y eso es oro. Si alguna frase te ha hecho dudar, obsérvala. A veces no es lo que nos decimos, sino cómo lo sentimos lo que marca la diferencia. Sigue afinando el oído: tu voz interna puede ser tu mejor aliada.

1

Primer filtro: No todo merece tu atención

Vivimos en la era de la infoxicación. Sí, infoxicación. Esa mezcla tóxica de hiperconexión, opiniones gratuitas, notificaciones sin fin y expertos en todo —aunque no les hayas pedido su opinión ni una sola vez—. Un concepto que ya en 1999 definió Alfons Cornellá como el exceso de información que, en lugar de aclararte las ideas, te atonta.

Es como si la libertad de expresión global viniera con efecto secundario: anular tu capacidad de decidir qué te sirve, qué te interesa, qué necesitas... o incluso qué deberías saber. Todo se mezcla en una coctelera que agita nuestro sentido crítico hasta marearlo.

Y, encima, tenemos esa sensación constante de que, si no estamos al día de todo —la última tendencia, el nuevo single, los emails de tu jefa, el grupo de pádel, los *stories* del ex y el cumpleaños de alguien que ni sabes bien quién es—, nos estamos perdiendo algo vital.

Pero lo que en realidad perdemos... es la vitalidad.

Porque no, no puedes estar en todo. Y más importante aún: NO DEBES estar en to-do. Por tu salud mental, emocional y energética.

Y no es solo intuición o sabiduría de tía intensa: hay estudios que lo respaldan. Uno de ellos, el de Przybylski y su equipo (2013), puso nombre a ese agobio silencioso que muchas personas vivimos hoy sin darnos ni cuenta: FOMO *(Fear of Missing Out)*, el miedo a perderse algo. Ese run-run que te hace mirar el móvil, aunque sepas que no hay nada nuevo, quedarte en grupos que no te interesan por si se dice algo importante o sentir que, si no estás presente en todas partes, te quedarás atrás.

¿El resultado? Lejos de estar más conectado, acabas más ansiosa, más dispersa, y con menos ganas de todo. Lo que de verdad se pierde no es información, es paz.

Daniel Levitin lo deja clarísimo: tanto estímulo, tanta multitarea, tanto querer estar en todas... nos funde la cabeza. Nos satura. Nos vuelve menos eficaces

Y no se trata solo de ansiedad o agotamiento, también afecta a tu identidad. Porque cuando estás constantemente reaccionando a lo que viene de fuera, se te olvida preguntarte qué quieres tú. No lo que deberías saber, no lo que deberías opinar, no lo que deberías compartir. Sino qué quieres tú, cuál es tu criterio, y cuáles son tus intereses. Y también cuando necesitas silencio.

Por eso admiro profundamente a esas personas que, cuando les sueltas un «¿te has enterado de lo que ha pasado con...?», te dicen «no» y se quedan tan tranquilas. Esas personas que, si les interesa, te preguntan más, y si no, siguen con su vida. Sin esa ansiedad de «¿cómo puede ser que yo no supiera esto?». No les quita el sueño. Y ¿sabes qué? Viven más en paz. No porque no se enteren de nada, sino porque han desarrollado un filtro. Han aprendido a distinguir entre estar informados y estar invadidos, entre estar disponibles y estar esclavizados, entre saber lo que pasa y dejar que todo lo que pasa les pase por dentro.

No es desconexión, es selección.

No es desinterés, es protección.

No es ignorancia, es inteligencia emocional.

Y, sobre todo, es una forma de resistencia.

Ojo, no hablo de despreocuparse del mundo y pasar de todo como si fueras un cactus zen. No. Hay responsabilidades que requieren atención, claro. Pero la clave está en elegir qué merece tu atención y qué no la merece.

Se trata de aprender a filtrar, de asumir que no puedes preocuparte por todo, porque tu capacidad de energía, de atención es limitada; se trata, en definitiva, de practicar el *Sutil arte de que todo te importe una mierda* (gracias, Mark Manson). No se trata de ser indiferente a nuestro entorno, sino de priorizar lo que realmente importa, lo que de verdad te mueve, te afecta o te hace crecer.

Ahora que ya tenemos claro que no todo merece tu atención, vamos con lo más difícil: ¿cómo se hace eso de filtrar? ¿Cómo saber qué soltar, qué atender, qué ignorar sin caer en la culpa o en la parálisis?

Spoiler: no hay una receta mágica, pero sí hay formas de entrenar el músculo de la perspectiva. Son algunos métodos que te devuelven el poder de decidir en qué pones tu energía y en qué no vas a gastar ni un mísero «me importa».

Uno de los enfoques más potentes —y a la vez más simples (que no fáciles)— es el *essentialism*, desarrollado por Greg McKeown. Su idea central parece obvia, pero cuesta aplicarla: menos, pero mejor. Sí, así de claro. El *essentialism* no va de optimizar tu agenda ni de vaciar tu bandeja de entrada. Tampoco de usar la última app de productividad. Va de algo mucho más radical: elegir con una estrategia definida qué merece un lugar en tu vida, en tu mente y en tu tiempo y, entonces, eliminar lo demás. Porque sí, eliminar también es un acto de amor propio. En esta era de infoxicación, donde parece que, si no opinas de todo, no existes, McKeown nos recuerda una verdad que deberíamos tatuarnos en el móvil:

«Si no lo eliges tú, alguien lo elegirá por ti».

Y ese *alguien* puede ser el algoritmo, tu jefa, el grupo de WhatsApp, tu madre o tus propias inseguridades. El *essentialism* no supone desconectar por completo, supone recuperar el control, instalando una puerta entre tú y el bombardeo constante, no para que te encierres y te aísles, sino para que puedas decidir a quién y a qué dejas pasar.

La clave está en cambiar la pregunta que te haces cuando llega algo nuevo —una solicitud, una noticia, una crítica, una tarea—. En lugar de pensar:

«¿Cómo encajo esto?»,

empieza a preguntarte:

«¿Es esto realmente esencial para mí ahora mismo?».

Y si la respuesta no es un sí rotundo, entonces debe ser un no amable.

Mi amiga Emma Giner es una experta en esto. La admiro profundamente —por muchas cosas—, pero sobre todo por su claridad a la hora de decidir a qué le dedica su tiempo y energía. Tiene los valores bien puestos y no se entretiene con lo banal. No se deja arrastrar por modas, ni por «por si acaso», ni por compromisos que no ha firmado.

- Si alguien empieza a postear repetidamente sobre un tema que no le interesa: *unfollow* sin miramientos. No entra en el bucle de *ay, qué dirán*. Lo borra y punto.
- Si se da cuenta de que Instagram le resta más de lo que le aporta: se quita la app del móvil. Sin despedidas. Sin *me voy un tiempo*. La quita y ya está.
- Si la invitan a una mesa redonda donde no hay paridad: no va, y si insisten, la exige.
- Si una empresa le ofrece un proyecto que no encaja con sus valores, aunque el presupuesto esté bien: lo rechaza amablemente, sin necesidad de justificar nada más allá del *esto no es para mí, seguro que encontraréis un perfil más adecuado*.

Y lo más interesante es que su vida no se desmorona por hacer todo eso. Sigue trabajando, sigue teniendo oportunidades, sigue estando informada. Y, además, está en paz consigo misma.

No le falta nada, pero tampoco le sobra. Ha encontrado su medida.

Emma es la prueba viviente de que aplicar el *essentialism* no te desconecta del mundo, sino que te reconecta contigo y te devuelve el tiempo, la energía y las ganas de no hacer ni puto caso a lo que no suma. Yo confieso que la teoría me la sé, pero en realidad soy más cauta, o más cobarde, como se quiera leer. Lo reconozco, aún tengo elementos en mi vida (cada vez menos) que solo están por compromiso, pero estoy en ello, *work in progress*.

Es que el día en que decidas no contestar a todo o priorizar, te darás cuenta de que el mundo no se derrumba.

Imagina que es lunes. Te levantas, preparas el café y, mientras intentas no quemarte con la tostadora, suena el primer ping del móvil. WhatsApp. Grupo de madres del colegio: cuarenta y tres mensajes sin leer. Ping. Notificación de Slack: te han etiquetado en un hilo que no entiendes. Ping. Tu cuñada ha publicado otra reflexión sobre crianza respetuosa. Ping. Reunión que no sabes para qué es, pero estás invitada. Y todavía ni te has duchado. Ahí es donde debe activarse el filtro *essentialista*.

Antes de reaccionar, antes de responder, antes de entrar al barro, respira y piensa:

«¿Qué de todo esto es realmente esencial para mí, hoy?».

Y hazlo de forma práctica:

- El grupo del cole: NPC hasta las 18.00. Luego ya verás si alguien ha perdido un estuche o la dignidad.
- Slack/Teams (u otra red profesional cualquiera): ¿es un tema que necesitas resolver tú? Si no, observa, no actúes.
- Post de tu cuñada: *scroll* con elegancia.
- Reunión: ¿tiene un propósito claro?, ¿necesitan tu pre-

sencia o solo tu nombre en la lista para figurar? Si no es esencial, declina con honestidad.

Y lo más importante: no sientas culpa por no atenderlo todo.

Ese día te sorprenderás de lo mucho que logras sin haberte metido en nada que no sumara. Tendrás más foco, más calma y probablemente una conversación de verdad con alguien que sí importa.

Tu lista de SÍ rotundos (o cómo dejar de reaccionar a todo lo que se mueve)

Vale, ya has aprendido que no todo merece tu atención, que tu energía es limitada, que filtrar es un acto de supervivencia. Pero ¿cómo filtras si no tienes claro qué es lo que sí quieres dejar entrar? Enfócalo como si estuvieras diseñando un cortafuegos emocional, una herramienta simple y potente para no acabar atrapada entre dramas ajenos, opiniones innecesarias y notificaciones sin sentido.

1. Identifica tus *nutrientes mentales*.

Primero, repasa todo lo que te llega a lo largo de un día: noticias, mensajes, correos, vídeos, charlas, posts, tareas, ideas, compromisos, recordatorios...

Ahora responde a la siguiente pregunta:

- ¿Qué tipo de información te aporta energía o te deja mejor de lo que estabas?

  Ejemplo: leer sobre un tema que te apasiona, una conversación con tu mentor, un audio de una amiga que te hace reír, un vídeo que te inspira.
- ¿Qué te desgasta, te drena, te irrita o te deja con la sensación de haber perdido el tiempo?

Ejemplo: debates inútiles en redes, audios larguísimos de quejas, noticias repetitivas, correos que no van contigo.

Sé honesta. Aquí no hay respuestas correctas, solo las que se ajustan a ti.

2. Define tu círculo esencial.

Ahora piensa en las personas de tu entorno.

No solo en las que te rodean físicamente o con las que hablas más a menudo, sino las que de verdad te aportan valor emocional, mental o incluso profesional.

Pregúntate:

- ¿Con quién puedo ser yo sin tener que justificarme?
- ¿Quién me hace pensar, crecer o reír?
- ¿Quién me desgasta, me agobia o me hace sentir que tengo que estar explicando todo el rato lo que hago o lo que soy?

Y escribe la lista en un papel. Sí, pon los nombres uno detrás de otro. Esta lista no la va a ver nadie. Es para ti.

3. Detecta tus SÍ rotundos.

Ahora, con toda esa información, construye tu lista esencial. No se trata de poner en ella *cosas importantes*.

Pon solo lo que sea un SÍ sin dudas. Lo que es no negociable en tu bienestar, tu crecimiento o tu identidad.

Por ejemplo:

- Leer veinte minutos al día sobre algo que me entusiasma.
- Tomar decisiones sin consultarlo con todo el grupo de WhatsApp.
- No entrar a redes sociales antes de las diez de la mañana.

- Reservar una tarde a la semana para no hacer nada útil.
- Ver series que me gustan, aunque no sean *de prestigio*.
- Contestar mensajes solo cuando tenga cabeza, no por reflejo.

Esta lista es tu ancla. Tu brújula.

Y también tu excusa sagrada para decir que no a lo demás sin tener que justificarte.

4. Activa el filtro.

Una vez definidos los síes rotundos, cada vez que te llegue algo —una petición, un plan, una info, una crítica, un tenemos que hablar—, pásalo por este filtro:

¿Esto se alinea con alguno de mis SÍ rotundos?

¿Lo quiero porque lo quiero o porque me da miedo decir que no?

Si la respuesta no es un SÍ claro, ya sabes lo que tienes que hacer:

NPC con cariño y a seguir tu camino.

5. Revisa tus filtros cada mes (y hazlo sin dramas).

No se trata de ser rígida. Tus SÍ rotundos pueden evolucionar, cambiar, ajustarse.

Lo importante es que cada cierto tiempo (una vez al mes, por ejemplo), te tomes un momento para preguntarte:

- ¿Estoy actuando desde los elementos esenciales que he identificado o desde la saturación por el día a día?
- ¿He dicho demasiados sí a cosas que no me representan?
- ¿Qué puedo dejar de atender este mes sin sentirme culpable?

Y reajustas. Como si afinaras tu radar emocional.

SITUACIÓN: Cuando te llenan de información innecesaria (o te descargan su vida)

Cadenas de emails donde estás en copia, pero en los que no pintas nada.

Convocatorias a reuniones donde no sabes qué haces ahí ni por qué te han incluido.

Audios de siete minutos que empiezan con «te cuento rápido» y terminan siendo un monólogo sobre lo mal que duerme el gato.

Mensajes reenviados con titulares alarmistas, bulos o vídeos de gente llorando «por si acaso te sirve».

Grupos de WhatsApp que explotan con cien mensajes para coordinar quién lleva qué al cumpleaños del niño... dentro de tres semanas.

Comentarios espontáneos del tipo «¿has visto lo que ha dicho fulanita?» que solo buscan alimentar una conversación que no te interesa.

Gente que te para en el pasillo o te llama con un «¡tenemos que hablar!» cargado de urgencia, pero que tú ya sabes que lo que te van a soltar es una vomitona emocional en toda regla.

Y esa persona (siempre hay una) que usa el «¿te puedo contar algo?» como permiso para soltarte una novela entera sin preguntarte si tienes tiempo, espacio mental o ganas.

No lo has pedido.

No lo necesitas.

Pero ahí está.

Ocupando espacio mental, emocional y, si no vas con cuidado, vital.

Y, claro, tú ahí, con tu cara de estoy disponible y esa mezcla de culpa y agotamiento que se te pega al cuerpo por no saber cómo salir de la situación sin parecer una borde. Porque te han contado algo, y ahora parece que tienes que quedártelo, acompañarlo, sostenerlo, aunque por dentro estés deseando irte a casa, o simplemente quedarte en silencio.

Fuck it (que le den)

Aquí es donde entra uno de mis enfoques favoritos: el método *Fuck it* (que le den), que para los *vilallonguers* de corazón se traduce directamente en NPC: Ni Puto Caso.

El método, creado por John Parkin, no es un *me da igual* mal gestionado. Es una herramienta de liberación emocional para ayudarte a soltar lo que no puedes controlar, lo que no te corresponde y lo que simplemente no es tuyo. No es indiferencia, es determinación.

Decir *fuck it* (que le den)-NPC, no es rendirse. Es liberarse de la necesidad de responder a todo, de la obligación de estar disponible para cualquier *input*, notificación o desahogo, liberarse de correr detrás de cosas que no te suman y empezar a filtrar desde un lugar muy sano: tu propio criterio.

Tiene algo de espiritual, sí, pero muy de andar por casa. Nada de frases bordadas ni rituales con piedras energéticas (que también sirven). Es budismo práctico: dejar ir sin necesidad de explicarlo todo. Solo porque te da paz y con eso basta.

Y lo mejor de todo: funciona.

Funciona porque te recuerda que puedes no reaccionar.

Que puedes mirar un mensaje, escuchar una historia, leer un email y decidir no entrar. No se trata de hacer *gosthing*, simplemente de no entrar a todo. Contestar sin entrar.

Funciona porque te devuelve una parte del control que habías entregado a la obligación de agradar, de apoyar o de estar en todo.

Mi madre lo practica como una profesional. Un día, sin comunicados ni drama, se salió de todos los grupos de WhatsApp. Familia, amigas, vecinas. Todos.

Escribió: *Me salgo del grupo, si es importante, me lo decís directamente.*

Y ya está. No ha perdido amigas, no se ha desconectado de la realidad, no vive en la ignorancia, solo ha recuperado su espacio, su tiempo, su tranquilidad y, además, su móvil suena bastante menos veces.

El NPC tiene una extensión muy útil: el filtrado consciente. Es como un escáner mental exprés que te ayuda a decidir si algo merece quedarse en tu vida o no. Cuando alguien viene con su historia, su drama o su intensidad, hazte estas tres preguntas:

¿Esto me informa, me transforma o me deforma?

¿Tiene algo que ver conmigo?

¿Puedo hacer algo útil con esto?

Si la respuesta es no, ya sabes, NPC con cariño y sin culpa. Se trata de no absorber lo que no te corresponde, de proteger tu atención como el recurso valioso que es, de responder desde el respeto a la otra persona, pero también desde la elección.

Respuestas reales para situaciones reales (y sin perder la educación)

Porque sí, aplicar el método está muy bien. Pero esto es un libro de comunicación.

Y una cosa es entenderlo, y otra muy distinta es decirlo.

No se trata de desaparecer del mundo ni de mostrar una actitud pasivo-agresiva. Tampoco de tragártelo todo y poner buena cara mientras por dentro maldices a la humanidad. Se trata de aprender a responder desde un lugar claro, honesto y respetuoso, sin justificarte de más ni mostrar sequedad o dramatismo.

Esto es la verdadera comunicación asertiva: expresar lo que piensas o necesitas sin atacar, sin complacer por sistema y sin disfrazar lo que realmente quieres decir.

Situación: Alguien te manda un audio eterno que no has pedido.

Respuesta:

«Oye, lo escucho más tarde. Estoy con mil cosas y no puedo escucharlo con atención ahora. Si es algo concreto, ¿me lo puedes resumir por aquí?».

¿Por qué funciona? Porque valida la intención de la otra persona, pero pone un límite claro de tiempo y disponibilidad. No lo haces desde el rechazo, sino desde la gestión de tu atención. Le estás diciendo: me importa lo que digas, pero también me importo yo.

Situación: Te paran para contarte un drama que sabes que va para largo.

Respuesta:

«Ahora mismo no tengo *espacio mental/tiempo* para escucharte como mereces. ¿Lo hablamos más tarde? Prefiero darte atención de verdad y no con prisa».

Aquí usas un lenguaje emocional congruente: nombras lo que sientes (tu saturación), pero no lo conviertes en una excusa. A la vez, muestras empatía real sin sacrificar tu paz. La clave está en esa última frase: no huyes, propones otro momento. No cierro la puerta, pero tampoco te dejo entrar ahora.

Situación: Te invitan a una reunión sin sentido.

Respuesta:

«He visto la convocatoria, pero creo que en este tema no puedo aportar mucho. Si en algún punto necesitáis algo específico de mi parte, contad conmigo».

Aquí entra la comunicación estratégica: breve, concreta y enfocada en el valor que puedes (o no puedes) aportar. No dices que no quieres asistir ni das excusas como que tienes otra cita. Simplemente resitúas tu presencia desde la utilidad. Lo que transmites es: no estaré por estar, pero estaré si puedo sumar.

Situación: Te reenvían información absurda, noticias o cadenas.

Respuesta:

«Gracias por pensar en mí, pero intento no saturarme con tanta info ahora. Estoy filtrando un poco para no acabar sobrepasada».

Kit de comunicación NPC

CUANDO TE ESTÁN INTERROGANDO SIN FILTRO (familia, compañeros, conocidos):

Versión formal:

«Prefiero no entrar en eso ahora, pero gracias por el interés».

«No tengo respuestas para eso todavía, y estoy bien con no tenerlas».

«Es un tema personal y lo estoy gestionando a mi ritmo».

«Si algún día te lo quiero/puedo contar, te prometo que lo haré».

Versión informal:

«Ahora no me apetece entrar en eso, pero gracias por preocuparte».

«No tengo ni idea todavía... y, honestamente, tampoco me agobia».

«Es algo mío y lo estoy llevando a mi manera, sin prisa».

«Si algún día me apetece contarlo, lo haré. Lo prometo».

CUANDO TE CUENTAN UN PROBLEMA QUE YA HAS ESCUCHADO MIL VECES:

Versión formal:

«Te entiendo, pero siento que seguimos dando vueltas al mismo punto. ¿Te parece si hablamos de otra cosa?».

«¿Quieres desahogarte o prefieres que pensemos en una solución? Lo digo para saber cómo acompañarte».

«No sé si soy la persona adecuada para ayudarte con esto ahora. Quizá alguien con otra mirada te puede aportar más».

Versión informal:

«Te entiendo, pero siento que estamos en bucle. ¿Te apetece cambiar de tema?».

«¿Quieres solo desahogarte o prefieres que pensemos juntas algo nuevo?».

«No sé si te estoy ayudando realmente con esto. Quizá otra persona pueda darte otra perspectiva».

Cuando alguien te envía algo urgente fuera de horario:

Versión formal:

«Lo he visto, pero fuera del horario de trabajo intento no contestar. Mañana lo reviso con calma».

«Sé que es importante, pero ahora no estoy disponible. Te leo con atención más tarde».

«Gracias por avisar. Lo retomo mañana cuando esté enfocada».

Versión informal:

«Lo he visto, pero fuera del curro intento no contestar. Mañana lo miro bien».

«Ahora estoy desconectando. Te leo con calma en otro momento».

«Gracias por avisar, lo reviso mañana cuando esté con cabeza».

Cuando te piden hacer algo que no te apetece o no puedes asumir:

Versión formal:

«En otro momento te diría que sí, pero ahora necesito priorizar otras cosas».

«Estoy a tope estos días, prefiero no comprometerme y quedar mal».

«No me quiero sumar por compromiso, así que esta vez paso».

«Agradezco que hayas pensado en mí, pero no voy a poder».

Versión informal:

«Ahora mismo no me da la vida, así que prefiero no decir que sí por compromiso».

«Me encantaría, pero estoy a mil. Esta vez paso».

«Gracias por pensar en mí, pero no voy a poder sumarme».

«En otro momento me animaría, ahora necesito reservar energía».

Cuando alguien se ofende por tu límite (y quieres cerrar con calma):

Versión formal:

«Mi intención no es herirte, solo intento cuidarme también».

«Poner límites no significa que me importes menos, significa que también me importo yo».

«Si esto te ha molestado, te pido disculpas, no era mi intención, podemos hablarlo. Pero necesito que también entiendas mi parte».

«No siempre vamos a coincidir, pero te agradezco que puedas respetarlo».

Versión informal:

«No es por ti, es por mí. Estoy intentando cuidarme sin herirte».

«Poner límites no es dejar de querer, es quererme también a mí».

«Si te ha molestado, lo siento. Podemos hablarlo, pero necesito que también me escuches».

Este tipo de respuestas son puro autocuidado verbalizado. No estás criticando a la otra persona ni haciendo una cruzada contra los reenvíos, simplemente estás explicando qué estás haciendo tú: filtrar. El lenguaje es suave, pero el mensaje es firme. No te defiendes, simplemente informas. No voy a tragar con esto y no me siento mal por decirlo.

SITUACIÓN: Cuando la opinión de los demás pesa demasiado

¿Recuerdas los *cumplidos de mierda* de los que hablamos en la primera parte? Sí, esos cumplidos que te sueltan disfrazados de elogio que te dejan pensando: ¿eso era un piropo o una colleja? Pues las opiniones no solicitadas son lo mismo, solo que sin envoltorio bonito. Llegan en forma de comentarios, sugerencias, consejos y críticas que algunas personas te dicen con total naturalidad, como si tuvieran entrada libre para opinar sobre lo que haces, cómo te vistes, cómo trabajas o cómo vives.

Unas veces te sueltan su opinión con cariño; otras, con condescendencia, y otras, con *buena intención* (esa fórmula que justifica cualquier intromisión). En muchas otras ocasiones esas personas te dan su opinión simplemente porque pueden.

Tu madre te suelta con toda la tranquilidad del mundo: «¿Vas a salir así? No es por criticar, ¿eh?». Una compañera te comenta: «Yo en tu lugar no lo haría así, pero, bueno, tú sabrás...». Te cae un *solo te lo digo por tu bien* que te deja incómoda todo el día. Y, por supuesto, no falta quien remata con una broma con puntilla: «Ay, cómo eres... si es que tú siempre te lo tomas todo tan a pecho».

En este punto quiero hacer una pausa.

Esa frasecita —la de «es que eres muy susceptible» o «es que no sabes encajar una broma»— me ha perseguido durante años. Años que me he pasado aguantando comentarios que no tenían gracia ninguna, pero que, como venían en tono de chiste, aceptaba para no parecer intensa, sosa o alguien que no sabía reírse de mí misma. Como mecanismo de defensa, acabé perfeccionando la técnica de usarme a mí misma como objeto de humor antes de que lo hicieran otros. Era una técnica defensiva, porque lo hacía para que no me pillaran desprevenida, para que no dolieran las bromas de los demás. Y, sí, reconozco que a veces todavía lo hago —de hecho, lo hemos comentado en el capítulo relativo al humor en la comunicación—, pero ya no me afecta como antes. Ahora, siendo el mismo comportamiento de usarme como objeto de humor, lo hago desde la conciencia, no desde el miedo. Sé que es un recurso a mí disposición, un juego comunicativo y no un mecanismo de defensa. Llegar hasta ese punto me ha costado lo mío. Es más, hasta que no aprendí a poner límites y a dejar de justificar la incomodidad ajena con sonrisas propias, no entendí que no era cuestión de que yo fuese más susceptible o menos, sino que era cuestión de respeto hacia mí.

Porque no es lo que te dicen, es cómo te lo dicen o desde dónde lo dicen. El problema no es solo que alguien opine sin que se lo hayas pedido, es que tú asumas esa opinión como si fuera una verdad absoluta. A veces no se trata de una frase aislada, sino de la acumulación de opiniones que llegan una detrás de otra, de personas diferentes, en momentos distintos lo que, sin darte cuenta, se convierte en una especie de ruido constante en tu cabeza. Un runrún que empieza a condicionar tus decisiones, tus dudas, tus gestos. Así es como lo que podría haberse quedado en una frase suelta, se transforma en una sombra que arrastras días, semanas o incluso años.

Ahora bien, antes de meternos de lleno en el *esto no me lo quedo*, toca hacerse una pregunta incómoda pero liberadora: ¿no seré yo misma la que está dejando esta puerta demasiado abierta?

Otra cosa muy distinta es cuando la otra persona responde a una pregunta que tú has hecho, quizá sin darte cuenta. Subes una foto con un look nuevo y preguntas: «¿Os gusta?». Luego, cuando alguien dice que no, te sienta mal. Pero fuiste tú quien preguntó. Compras algo que te encanta, pero en cuanto lo enseñas dices: «¿No será demasiado?, ¿no?». Y cuando alguien confirma tu duda, te remueves por dentro. De nuevo fuiste tú quien abrió el tema. O presentas una idea y, sin esperar a ver cómo encaja, ya has preguntado a tres personas: «¿Tú cómo lo ves?».

Y de pronto tienes tres opiniones distintas, tu idea desinflada y la cabeza hecha un lío.

No pasa nada por pedir opinión, pero hay una línea entre compartir algo y necesitar validarlo. Cuando pedir opinión se convierte en un reflejo, en una necesidad constante, en un «dímelo tú porque yo no me atrevo a decidir sola», entonces se pierde el equilibrio. Sin darte cuenta, estás entrenando a los demás para que opinen sobre todo lo que haces. Les has abierto la puerta y luego no sabes cómo gestionar lo que llega.

Por eso, el primer cambio no es filtrar lo que te dicen, el primer cambio es dejar de abrir la puerta a las opiniones de todo el mundo por sistema. Porque cuanto más abres la puerta, más difícil será luego cerrarla sin parecer borde, rara o desagradecida.

Y no lo eres. Solo estás aprendiendo que no todo el mundo tiene que opinar. Y que tú no necesitas preguntar tanto.

Desde ahí, ahora sí, podemos empezar a ver cómo decidir qué opiniones se quedan contigo y cuáles no.

FILTRO 1: ¿Quién tiene derecho a opinar?

Vamos a empezar por aquí, porque muchas veces el problema no es tanto lo que te dicen, sino quién te lo dice. No todas las opiniones deberían tener el mismo peso. Pero la realidad es que, a menos que pongas un filtro consciente, tu cabeza las procesa como si todas tuvieran la misma importancia. Y eso te descoloca, te confunde y, muchas veces, te debilita.

Hay una teoría que me encanta porque le pone orden a este caos. Es la teoría de los círculos sociales del antropólogo Robin Dunbar. Él descubrió que el cerebro humano tiene una capacidad limitada para mantener vínculos reales y significativos. Y no es por falta de voluntad, es por pura biología social: no podemos con todo el mundo. Según su investigación, una persona puede manejar relaciones estables con unas ciento cincuenta personas, pero dentro de ese grupo hay una especie de jerarquía natural.

Y aquí viene lo bueno: el círculo más íntimo, el que realmente importa, lo forman entre cinco y quince personas. Y de esas hay unas diez con las que compartes vínculos emocionales profundos. Personas que te conocen de verdad, que te han visto en tus luces y en tus sombras, que no te juzgan por una decisión concreta porque entienden el proceso que hay detrás. Son personas que no solo te quieren, sino que te respetan. Y, ojo, porque las personas que componen ese círculo no siempre son tus padres, tus hermanos o tu mejor amiga de la infancia, no siempre coinciden con la familia ni con los vínculos más cercanos por tiempo o por sangre. Hay relaciones familiares que no son sanas, personas muy cercanas que no respetan tus decisiones o amistades de toda la vida con las que ya no sientes la misma cercanía. También pasa lo contrario: personas que conoces desde hace menos tiempo, pero que han demostrado saber estar, sostenerte y decirte las cosas sin romperte.

El problema es ¿qué pasa cuando tú le das el mismo peso a la opinión de alguien que no te conoce bien, o no te quiere bien, que a la de alguien muy cercano? Pues que esa opinión entra con más fuerza de la que debería y eso tiene consecuencias. Lo que te dice tu madre o tu mejor amiga te puede doler, claro, pero tiene detrás una historia compartida. En cambio, lo que te suelta de pasada alguien del trabajo, una conocida que te sigue en redes o la pareja de tu primo, si tú lo dejas entrar sin filtrar, se convierte en una opinión que no solo no suma, sino que te desconecta de ti.

Y eso es lo que queremos evitar: que la voz de alguien periférico suene como una verdad central.

Así que toca hacer limpieza o, mejor dicho, toca poner orden.

EJERCICIO: Tu círculo de diez

Coge papel y boli. No para hacer una lista de *personas que me caen bien*, sino para identificar quiénes son esas diez personas cuya opinión realmente te importa. Las que, aunque te moleste lo que digan, sabes que te hablan desde el vínculo, no desde la pose. Esas personas con las que tienes confianza, pero también respeto, que no te dan su opinión para tener razón, sino para ayudarte a ver más claro.

Hazte estas preguntas para afinar esa lista:

—¿Esta persona me conoce más allá de mi versión pública o profesional?

—¿Sabe lo que valoro, lo que me duele, lo que estoy intentando?

—¿Ha estado presente en momentos difíciles o solo aparece cuando todo va bien?

—¿Tiene contexto real de mis decisiones o solo tiene una impresión superficial?

—¿Me ha demostrado que respeta mis tiempos, incluso cuando no entiende lo que hago?

—¿Suele decirme cosas desde el cariño o desde el juicio?

—¿Me escucha cuando hablo o solo espera su turno para opinar?

—¿He sentido que su opinión me impulsa, aunque a veces me confronte?

—¿Puedo contarle algo vulnerable sin miedo a que lo use en mi contra?

—¿Esta persona quiere lo mejor para mí, o lo que cree que es mejor *según ella*?

Y una más, para redondear:

—¿Me siento más conectada conmigo misma después de hablar con esta persona, o más insegura?

Si la mayoría de las respuestas son sí, esa persona entra en el círculo. Y si la mayoría son no, aunque sea alguien a quien veas cada semana, aunque sea parte de tu entorno habitual, aunque haya cariño entre vosotros, quizá no tiene por qué estar entre las voces que guían tus decisiones.

Porque estar cerca no es lo mismo que estar dentro.

Y dentro solo deberían estar quienes te ayuden a volver a tu esencia.

Si no te ayudan, pues están mejor fuera. No significa que le retires la palabra a esa persona, solo significa que, cuando te diga algo que no te siente bien, vas a recordarte a ti misma que no forma parte de tu círculo de influencia real y que, por tanto, no tiene el poder de descolocarte.

Puedes repetir este ejercicio cada cierto tiempo. Porque tu vida cambia con los años y, por tanto, tu círculo también puede cambiar. No tiene que ser algo fijo, pero una cosa está clara: solo tú decides quién entra.

Cuando tienes eso claro, todo cambia. Porque ya no necesitas blindarte, solo priorizar y recordar que el peso de una opinión no depende del volumen con el que te la digan, sino del lugar donde tú sitúas a quien te habla.

FILTRO 2: ¿Me importará esto en cinco años?

Vale, ya sabemos quién puede opinar. Ahora vamos a abordar otro filtro igual de importante: durante cuánto tiempo vas a dejar que esa opinión te afecte. Hay opiniones que te pueden doler en el momento, claro que sí, pero si te paras un segundo, sabes perfectamente que dentro de un mes ni te acordarás de ellas. O si las recuerdas, ya no te removerán. Lo que pasa es que, en caliente, todo parece crucial, y si ese comentario te pilla en un mal día, o acierta justo en uno de tus puntos débiles, o viene de alguien que no esperabas, entonces se activa todo el sistema de alarma emocional. Y entras en bucle.

Por eso este filtro me gusta tanto, porque no va de racionalizar, sino de hacer una pausa, de interrumpir ese bucle con una sola pregunta que te saca de la niebla y te recoloca en lo que realmente importa. Este filtro no lo aprendí de ningún autor famoso ni de ningún gurú espiritual. Este filtro me lo enseñó mi hijo.

Yo estaba en uno de esos momentos de cabreo monumental. Ya sabes, ese enfado que va subiendo por dentro, se te nota en la cara, te cambia el tono, y empiezas a montar un discurso interno que crece y crece hasta que ya no sabes si estás cabreada por lo que ha pasado o por cómo lo estás procesando. En medio de todo eso, mi hijo me miró con la mayor naturalidad del mundo y me dijo: «Mamá, ¿esto en cinco años te va a importar?». No sé si lo dijo para que me callara de una vez o porque lo había escuchado por ahí, pero me dejó muda. Me reí, pero al mismo tiempo me calmé, porque tenía toda la razón. Y lo peor (o lo mejor) es que ni siquiera recuerdo cuál era el drama. Eso ya lo dice todo.

Desde entonces, cuando algo me pincha, cuando un comentario se me queda pegado, cuando empiezo a darle vueltas a algo que me han dicho, me paro, respiro y me lo pregunto de verdad. ¿Esto va a seguir siendo importante dentro de cinco años? ¿Va a tener consecuencias reales? ¿Va a cambiar algo esencial en mi vida? Si la respuesta es no, lo dejo pasar. No me lo llevo al sofá, no me lo llevo a la cama, no lo convierto en tema de conversación. Simplemente, lo suelto. Y si la respuesta es sí, entonces me permito sentirlo, dedicarle espacio, procesarlo. Pero con conciencia, no porque me he enganchado a ello por inercia.

La utilidad de esta herramienta no es hacerte la dura ni ayudarte a fingir que todo te da igual. Este filtro sirve para saber hacia dónde debes dirigir tu energía, sirve para no sobrecargarte por costumbre y, por último, sirve para diferenciar lo que necesita atención de lo que simplemente necesita aire.

La idea no tiene un autor oficial, pero está por todas partes. Está en los estoicos cuando te recuerdan que la vida es corta, en

Stephen Covey cuando te habla de la diferencia entre lo urgente y lo importante. También está en versión *coaching de calle* con Gary Vaynerchuk, cuando repite una y otra vez que pienses si eso te importará en diez años. Y está en muchas conversaciones reales, entre amigas, entre madres e hijas, entre compañeros, cuando alguien te dice esa frase que parece simple, pero que aporta una enorme claridad: «No pierdas tiempo en eso».

Si quieres aplicar este filtro en serio, no te lo quedes en la cabeza. Escríbelo. Cuando algo te remueva —una crítica, un comentario fuera de lugar, una discusión que se te queda enganchada—, ponlo por escrito. Abre una nota en el móvil o coge una hoja y apunta: *Esto que me ha pasado hoy, ¿me afectará dentro de cinco años?* No pienses demasiado en ello, solo escríbelo. Luego contesta con sinceridad: *Sí, porque…* o *No, porque…* Y si la respuesta es no, escribe también lo que vas a hacer con eso: *Entonces hoy no le voy a dar más vueltas*, *Entonces lo suelto*, *Entonces me voy a dormir sin llevármelo puesto*.

Y si resulta que sí te va a importar dentro de cinco años, entonces transforma el agobio en acción. Pregúntate: *¿Qué puedo hacer ahora con esto que sí dependa de mí?* Esa es la diferencia. Sentir está bien, lo que agota es quedarse enganchada a lo que no puedes mover.

El objetivo de este ejercicio no es evitar las emociones, es dirigirlas en la dirección correcta. De ese modo las emociones no decidirán por ti. Así, debe servirte para entrenar el músculo de la perspectiva, que a veces se atrofia entre tanta inmediatez emocional. Es solo una pregunta, pero bien usada, funciona como una brújula. Y como toda brújula, no elimina las dificultades de la ruta, pero sí te señala hacia dónde no merece la pena seguir caminando.

En definitiva, se trata de decidir si eso que estás sintiendo merece acompañarte más allá del día de hoy. Y si la respuesta es no, ya sabes: NPC, y a otra cosa.

EXTRA: El traje de trucha

Puede ocurrirte que todo esto de filtrar, soltar, priorizar y no cargar con lo que no te corresponde te parezca muy bonito pero muy teórico, muy difícil de aplicar en el momento en el que algo te altera. Pues bien, para eso tengo una herramienta estrella. Es tan absurda como eficaz. Y no falla.

El traje de trucha.

Sí, has leído bien.

De todas las formaciones y ponencias que doy, este es sin duda mi consejo favorito. No porque sea fácil de cumplir —no lo es—, sino porque es visual, concreto y tremendamente liberador. Llevar puesto el traje de trucha significa que las cosas te resbalan, de ahí el nombre. Es ese momento en que alguien lanza un comentario inútil, desagradable o fuera de lugar y tú decides que no se te queda pegado. Porque no lo necesitas, porque no te sirve, porque no te define.

Vuelvo a repetir, no se trata de ir por la vida como si todo te diera igual. No es indiferencia, es hacer una selección de lo que te resbala y lo que no.

El traje de trucha está fabricado con tejido cien por cien ecológico del tipo *Me la suda*, sostenible y libre de aprobación externa. Lo mejor es que no necesitas plancharlo ni combinarlo con nada. Solo ponértelo. Mentalmente, claro.

Pero aquí viene el truco. El secreto para que el traje de trucha funcione es asociarlo a un gesto físico. Un gesto discreto pero que sea identificable, un gesto que puedas hacer sin llamar la atención, pero que tu cuerpo y tu mente reconozcan como señal de *esto no me lo quedo*.

Por ejemplo: alguien te dice esa maravilla de «Qué mala cara tienes hoy» —que ya me dirás tú a quién ayuda esa frase, como si no me hubiera visto la cara en el espejo antes de salir de casa—. En ese mismo momento, en vez de responder, en vez de justificarte o forzarte a sonreír, haces el gesto. Te acaricias la solapa de la chaqueta, o la manga o te alisas el pantalón, como si te sacudieras algo. Tienes que hacerlo con intención. Así, ese gesto se convierte en tu anclaje, tu código interno, tu señal de *esto me resbala*. Sonríes y gracias.

Es discreto, pero funciona. Porque al repetirlo, tu mente lo empieza a asociar con el mensaje: esto no me sirve. Y ahí está la magia. Este tipo de recursos es lo que en PNL (programación neurolingüística) se conoce como *anclaje*: vincular un estímulo físico a una respuesta emocional para entrenar un comportamiento. En este caso, proteger tu paz mental sin tener que dar explicaciones a nadie.

Puede ser cualquier tipo de gesto: hay quien se toca la pulsera, quien se alisa la ceja, quien simplemente hace una respiración más profunda. Da igual el gesto. Lo importante es que sea tuyo, repetible, consistente y que te recuerde, sin palabras, que no todo lo que escuchas merece quedarse, que no estás obligada a reaccionar. En definitiva, que si un comentario, no te suma, te resbala.

Así que ya lo sabes: elige tu gesto, ponte tu traje de trucha y empieza a practicar. Porque sí, hay opiniones que importan, pero hay muchas más que no. Y si alguien no lo entiende, que se lo explique otra trucha. Tú ya has decidido.

2

Poner límites: Aprender a decir *no* y no morir en el intento

Quiero que tengas clara una idea: no existe un estilo de comunicación ideal.

Sí, ya sé, en todos los manuales de *comunicación consciente* se sube la asertividad a un pedestal como si fuera el Santo Grial del diálogo. Y, ojo, no digo que no sea maravillosa cuando se consigue, pero también es una práctica exigente, difícil y, sobre todo, poco natural.

Cuando la vida aprieta, lo que aflora de forma natural no es tu versión más diplomática. Normalmente suele salir la versión más callada, la que evita la confrontación o, por el contrario, la que se pasa de frenada y suelta un «pues te aguantas» sin filtro. Esas reacciones no te convierten en mala persona, te convierten en humana.

La buena noticia es que todos los estilos comunicativos tienen sentido, siempre que los uses con consciencia. El problema no es ser pasiva o contundente, es no darte cuenta de que lo estás siendo. Y el problema puede crecer si te instalas en esas actitudes de modo que terminas confundiendo tu manera de hablar con tu forma de ser.

YO PIERDO / TÚ GANAS (estilo pasivo)

A veces callas porque no quieres líos, porque ceder parece más fácil que discutir. Y mientras funcione, parece que todo está bien.

Hasta que empieza a no estarlo. Hasta que decir siempre que sí te deja vacía.

Este estilo pasivo se disfraza de amabilidad, pero lo que esconde muchas veces son miedos: miedo a molestar, a decepcionar o a que te juzguen.

Es ese «tranquila, no pasa nada» que te repites mientras por dentro se te encoge el estómago. Ese «sí, ya lo hago yo» que dices con una sonrisa, aunque estés agotada.

En casa, aceptas planes que no te apetecen para no parecer egoísta. En el trabajo, sales más tarde porque no sabes decir que no. En lo social, te quedas echando unas risas con los demás, aunque por dentro estés deseando irte.

Cuando repites estas conductas con demasiada frecuencia, llega la factura. No en forma de carta certificada, sino en formato emocional: rabia que no sabes de dónde sale, cansancio que no se quita ni con spa, tristeza camuflada de apatía... o directamente una explosión inesperada porque alguien te ha pedido que pases la sal. Sí, la sal. Pero no es la sal, claro. Es todo lo que has ido tragando antes. Es ese «sí» forzado, ese «no pasa nada» que sí pasaba, ese límite que no pusiste.

Sin embargo, cuando este estilo pasivo se usa con consciencia, tiene su valor. Callar para no alimentar un conflicto innecesario, observar antes de intervenir o esperar un momento más propicio para abordar un asunto puede ser muy útil. Sirve para ganar tiempo, rebajar tensiones o posponer algo que no se puede resolver hasta que llegue el momento adecuado. Eso sí, habrá que resolverlo. Guardártelo no lo arregla, solo lo aplaza. Y si eliges no hablarlo ahora, al menos apúntalo en algún lado: en una nota, en el móvil, en tu agenda o donde te dé la gana, pero que no se pierda. Porque con la vida que llevamos, se te va a olvidar o llegará algo más urgente. Y cuando eso que no resolviste se queda dando vueltas, se te hace bola.

Una comida familiar donde todo está a punto de estallar no

siempre es el mejor escenario para plantar batalla. Guardarte una respuesta, en esos momentos, puede ser un acto de estrategia emocional, no de sumisión.

Esta actitud se convierte en un problema cuando ese silencio deja de ser puntual y se convierte en tu idioma principal. Porque ahí ya no te protege: te borra.

YO GANO / TÚ PIERDES (estilo agresivo o contundente)

Otras veces sueltas lo que piensas tal cual: con fuerza, sin filtro y sin paños calientes. ¡Zasca! Y fuera. Este estilo agresivo se suele confundir con tener carácter o con ser una persona muy segura... pero muchas veces lo que hay detrás es otra cosa: cansancio acumulado, frustración que no sabes por dónde sale o simplemente un mecanismo de defensa para no mostrarte vulnerable. Porque sí, ir de dura también es una forma de protegerte.

Hay momentos en los que hace falta ser firme, cortar por lo sano, tomar decisiones y marcar el límite.

Pero si te instalas ahí, tu mensaje no conecta, impone.

Y al imponer siempre, puede que consigas lo que quieres, pero a costa de los demás.

En casa, se traduce en un «porque lo digo yo y punto». En el trabajo, en no dejar espacio a otras opiniones. Y en lo social, en hablar sin parar hasta que nadie más tiene ganas de responder.

Ahora bien, si esa actitud más contundente la usas con intención, este estilo de comunicación puede ser muy eficaz. En general, sirve para cortar conversaciones que están cruzando límites, protegerte de una manipulación emocional o frenar una falta de respeto en seco.

Puede ayudarte a no perder el foco cuando el entorno es caótico o poco claro. Por ejemplo, soltar un «esto no es negociable» en medio de una reunión donde todos se van por las ramas puede servir para recentrar el tema.

Utilizado en ciertas situaciones de forma consciente, ordena y posiciona. El riesgo es que, si lo automatizas, estarás construyendo una muralla que te aísla.

YO PIERDO / TÚ PIERDES (estilo conformista)

Este es el más silencioso y el más invisible. No hay discusión ni tensión ni conflicto, pero tampoco hay conexión ni acción.

Aquí ya no es que calles por miedo, es que te has resignado. Ya no pides, no reclamas, no planteas alternativas. Te limitas a seguir la corriente.

Este estilo conformista se cuela en tu comunicación sin hacer ruido, con frases como «da igual», «ya lo intenté» o «mejor no remover». No hay pelea, pero tampoco hay vida.

En casa convives sin hablar de lo que importa. En el trabajo aceptas sin creer. En lo social estás donde no quieres estar porque te parece tarde para cambiar.

Y aunque parezca que todo está tranquilo, en realidad todo se está apagando.

Pues incluso este estilo, lleno de resignación, si se aplica con consciencia, puede tener sentido. Puede servir como tregua, como forma de tomar distancia temporal cuando sientes que todo te supera.

Puedes, por ejemplo, aceptar por un tiempo una dinámica que no te gusta, mientras decides cómo vas a actuar, o dejar un tema aparcado para cuidar tu energía en un momento en el que no puedes con todo. La diferencia está en que tú sabes que es provisional.

Lo eliges. Lo vigilas.

El problema, como con los demás estilos, es que, si se vuelve tu forma permanente de estar, no es adaptación, es desconexión.

YO GANO / TÚ GANAS (estilo asertivo)

Luego está la asertividad, el equilibrio entre decir lo que necesitas sin hacer daño y escuchar sin desaparecer. No es magia, es práctica. Cuesta, pero funciona.

Quien practica este estilo comunicativo no grita ni calla, no impone ni se rinde, comunica con claridad, con cuidado por el otro y con intención estratégica. Es el respeto del otro y el tuyo propio.

En casa, puedes decir que no sin sentirte culpable. En el trabajo, plantear un cambio sin sonar agresiva. En lo social, marcar límites sin romper el vínculo.

La asertividad es una forma de respeto mutuo. Y se entrena.

Usada con consciencia, la asertividad te permite elegir cuándo entrar en una conversación, cómo plantearla y qué tipo de relación quieres construir con el otro.

No busca ganar a costa de nadie, sino que ambas partes puedan salir bien paradas. Y cuando eso se logra, no solo te comunicas mejor: te relacionas mejor contigo misma y con los demás.

En definitiva, este capítulo no va de convertirte en la persona perfecta ni de hablar con una sonrisa permanente. Va de identificar cuándo estás evitando, cuándo estás imponiendo, cuándo estás rindiéndote y cuándo estás eligiendo qué estilo adoptar. Porque todos los estilos tienen su función.

Pero solo si tú decides cómo y cuándo usarlos.

TEST: ¿Y tú, desde dónde estás comunicando? (test de autodiagnóstico sin drama)

Antes de entrar en las situaciones reales, te propongo una pequeña parada. Un espejo rápido. No debes utilizarlo para evaluarte, ni para decir si lo haces bien o mal, sino para tomar consciencia de cuál es tu forma de comunicar actual. No cómo deberías, ni cómo te gustaría comunicar, sino cómo lo haces de verdad.

Este test está basado en una combinación de dos herramientas muy útiles: el test de asertividad de Rathus, muy usado para medir el nivel de asertividad, y el autodiagnóstico de Jean-Marie de Ketele, que ayuda a identificar desde qué estilo comunicas en general: pasivo, agresivo, conformista o asertivo.

Como combinación de esas dos herramientas, el resultado del test nos va a permitir sacar dos lecturas del resultado.

¿Por qué dos lecturas? Porque hay personas que son muy asertivas en unas áreas de su vida y nada en otras, o que no gritan ni imponen, pero tampoco piden ni reclaman, o que están calladas no por prudencia, sino por hartazgo.

Así que este test va a darte dos pistas clave:

1. Cuál es tu nivel de asertividad.
2. Cuál es tu estilo de comunicación predominante.

TEST DE AUTODIAGNÓSTICO

Instrucciones:

Lee cada frase y puntúa hasta qué punto te identificas con la afirmación. Usa esta escala:

- +3: Muy característico de mí
- +2: Bastante característico de mí
- +1: Algo característico de mí

- –1: Algo no característico de mí
- –2: Bastante poco característico de mí
- –3: Muy poco característico de mí

Afirmaciones:

1. Me resulta fácil expresar mis opiniones incluso cuando difieren de las de los demás.
2. Si alguien me interrumpe constantemente, le pido que me deje terminar.
3. Me siento cómoda diciendo «no» cuando no quiero hacer algo.
4. Acepto cumplidos sin sentirme incómoda.
5. Pido aclaraciones cuando no entiendo algo.
6. Expreso mis sentimientos abiertamente.
7. Puedo admitir cuándo cometo un error.
8. Defiendo mis derechos sin sentirme culpable.
9. Pido ayuda cuando la necesito.
10. Puedo decirle a alguien que su comportamiento me molesta.
11. Me siento cómoda hablando en público.
12. En situaciones de conflicto, expreso mis puntos de vista sin agresividad.
13. Puedo expresar desacuerdo con una figura de autoridad.
14. Si alguien se aprovecha de mí, se lo hago saber.
15. Me siento cómoda iniciando conversaciones con desconocidos.
16. Puedo pedir favores sin sentirme incómoda.
17. Acepto críticas constructivas sin ponerme a la defensiva.
18. Puedo expresar afecto a las personas que me importan.
19. Defiendo mis ideas en discusiones sin menospreciar a los demás.
20. Me siento cómoda expresando necesidades personales en una relación.

LECTURA 1: TU NIVEL DE ASERTIVIDAD

Suma tus puntuaciones. El total puede ir de –60 a +60.

- +45 a +60: Alta asertividad. Comunicas desde el equilibrio. Sabes decir lo que necesitas y escuchar sin desaparecer.
- +30 a +44: Buena asertividad. Tienes recursos sólidos, pero aún hay espacios que puedes reforzar.
- +15 a +29: Asertividad moderada. Vas por buen camino, aunque seguramente a veces dudas, cedes o reaccionas de más.
- 0 a +14: Baja asertividad. Probablemente tu forma de comunicar te deja insatisfecha o genera malentendidos frecuentes.
- Menos de 0: Muy baja asertividad. Puede que te cueste mucho expresar lo que piensas, poner límites o defender tu punto de vista. No te castigues por eso: este capítulo es para ayudarte a cambiarlo.

LECTURA 2: TU TENDENCIA COMUNICATIVA

Vuelve a repasar las frases del test, especialmente aquellas en las que puntuaste con **–1, –2 o –3**. Esas son las que te generan más incomodidad o conflicto. Ahora mira a qué grupo pertenece cada una de esas frases:

Para ayudarte, aquí tienes una pequeña guía. Si la mayoría de tus puntuaciones bajas están en uno de estos grupos, es probable que esa sea tu tendencia comunicativa más habitual.

YO PIERDO / TÚ GANAS (tendencia pasiva)

Te cuesta decir que no, pedir ayuda, expresar emociones o reclamar lo que necesitas. Tiendes a ceder, aunque por dentro te remuevas.

Frases que suelen costar en esta tendencia: 1, 3, 6, 9, 10.

Tu desafío: ocupar tu sitio sin culpa.
Tu riesgo: implosionar.
Tu fuerza: saber cuidar a los demás.

YO GANO / TÚ PIERDES (tendencia agresiva o contundente)

Respondes rápido, impones tu punto de vista, te cuesta escuchar cuando algo te molesta. A veces lo haces por claridad, otras por cansancio.

Frases que suelen costar en esta tendencia: 2, 5, 12, 13, 14, 19.

Tu desafío: decidir cuándo soltar y cuándo contenerte.
Tu riesgo: perder el vínculo.
Tu fuerza: presencia y claridad.

YO PIERDO / TÚ PIERDES (tendencia conformista)

Has dejado de esperar. No dices nada, no pides, no discutes. Y te dices que da igual, aunque sabes que no es verdad.

Frases que suelen costar en esta tendencia: 7, 15, 16, 18, 20.

Tu desafío: reconectar contigo misma y con lo que quieres.
Tu riesgo: desconectarte del todo.
Tu fuerza: la calma, cuando viene desde la elección.

YO GANO / TÚ GANAS (tendencia asertiva)

Si te sientes cómoda con las frases que muestran equilibrio entre firmeza y empatía, y no hay muchas zonas donde hayas puntuado bajo, estás en camino.

Frases que muestran buena asertividad si puntuaste +2 o +3: 1, 4, 5, 6, 7, 8, 9, 10, 12, 17, 18, 19, 20.

Tu desafío: seguir afinando.
Tu riesgo: pensar que ya no necesitas aprender más.
Tu fuerza: el equilibrio.
Este test no te define, pero sí te da una brújula.

No para que cambies quién eres, sino para que puedas elegir cómo quieres comunicarte a partir de ahora.

SITUACIÓN: Cómo no liarla innecesariamente con asertividad

La asertividad no es espontánea, no es automática y desde luego no se activa sola cuando estás emocionalmente alterada. Es una práctica. Una elección. Un ejercicio consciente de freno, pausa y estrategia.

Y aunque muchas veces la confundimos con simplemente decir lo que uno piensa sin pelos en la lengua, la realidad es otra. La asertividad no es decir lo que piensas sin filtro, es decirlo con intención, con respeto y con capacidad de adaptación al momento, a la persona y al vínculo.

Porque sí: ser asertiva implica esfuerzo. Y ese esfuerzo no lo haces por cualquiera. Lo haces cuando la relación te importa, cuando crees que vale la pena invertir en ella. Por eso, cada vez que eliges comunicarte desde la asertividad, estás apostando por construir, no por soltar.

Y eso se entrena. ¡Sorpresa! Todo esto está directamente conectado con las 5C que hemos visto en la Parte 1. Sí, aquellas cinco amigas fieles que te ayudan a no liarla cuando las emociones se enredan: cuándo, contexto, conectar, contar y concretar.

Y aquí viene lo potente: cuatro de ellas dependen totalmente de ti. Contexto, conectar, contar y concretar están en tus manos. Solo el cuándo a veces se escapa de tu control, porque no siempre puedes elegir el momento perfecto. Pero el resto son tus herramientas.

Cuando las usas bien, pueden marcar la diferencia entre un desencuentro innecesario y una conversación valiosa. Entre soltar lo primero que te sale y construir algo que valga la pena. Entre apagar fuegos o evitar que se prendan.

1. CUÁNDO

El momento lo es todo. Y, no, no es exageración. Una misma frase puede sonar a conexión o a ataque dependiendo de cuándo la digas.

Para mí, la técnica más clara para entrenar esta C es simple, pero poderosa: nunca contestes en caliente. Nunca. Jamás. Ni aunque tengas razón, ni aunque lo veas clarísimo. Porque lo que sale en modo impulso suele llevar regalo envenenado: tono de más, palabras de menos o un dramatismo que ni tú entiendes después.

La asertividad no es una reacción. Es una respuesta. Y para poder responder bien, necesitas una mínima pausa. Un respiro. Un «me lo pienso y te digo» que te permita procesar lo que te han dicho sin explotar ni tragártelo.

No se trata de dejar pasar semanas, solo unos minutos. Lo justo para bajarte del volcán y volver al terreno firme. Porque si eliges mal el momento, lo que digas se va a perder entre la tensión o el ruido emocional del otro.

2. CONTEXTO

Pregunta antes de contestar.

Para poder responder con claridad, necesitas entender y no dar nada por sentado. Para ello necesitas hacer preguntas.

Sí, lo repito: preguntar antes de responder debería ser un hábito anclado en cualquier conversación que implique emociones, decisiones o límites, te aseguro que habría menos divorcios o guerras.

Imagina este ejemplo: tu pareja, una amiga de confianza o un familiar te pregunta si quieres ir al cine.

Imagina que a ti no te apetece para nada ir al cine. Nada. Cero. Plan sofá.

La primera respuesta que probablemente darás de manera natural, porque hay confianza (aunque ya sabemos que la confianza da asco), va a ser: «No».

Ese *no*, aunque expresa lo que tú quieres —que es no ir al cine—, puede sonar tajante o agresivo, porque no estás teniendo en cuenta la necesidad del otro, ni lo que puede haber detrás de esa propuesta.

Aquí es donde entra en juego entender el contexto: que no es solo el respeto por lo que yo quiero, sino también el respeto hacia lo que el otro quiere.

Si dices que no, sin más, parecerá un portazo emocional, y eso puede provocar automáticamente un conflicto.

La otra persona te puede soltar, con más o menos drama:

—Es que siempre me dices que no.

—Nunca quieres hacer nada conmigo.

—Siempre decides tú lo que hacemos.

¿Te suena? Pues para evitar eso, vamos a probar algo que, aunque suene obvio, casi nunca hacemos: hacer una pregunta de contexto. Pero no cualquier pregunta… No se trata de interrogar ni de ponerte a la defensiva, sino de abrir el diálogo con curiosidad, no con juicio.

Una pregunta simple, abierta, sin doble fondo. Algo que te ayude a entender qué hay realmente detrás de lo que la otra persona está proponiendo.

Porque sí, ya sé que si alguien te dice «¿vamos al cine?», resulta evidente lo que quiere. Pero, ojo, no demos nada por hecho. ¿Te parece?

Lo que sí sabemos es que antes de decidir, necesitamos saber desde dónde nos lo están pidiendo.

Y aquí viene la clave: tenemos que despersonalizar la pregunta.

Nada de *¿por qué quieres ir al cine?* Que suena acusatorio, las preguntas siempre abiertas sin juicio.

Mejor: «¿Qué peli echan?», informativa, de contexto.

Una vez lanzas esa pregunta, pueden pasar tres cosas:

Opción 1:

La persona te dice que no tiene ni idea de qué hay en cartelera, que solo te proponía lo del cine por pasar tiempo contigo.

¡Bingo! Te das cuenta de que el plan es lo de menos. Lo importante era el rato juntos. Y aquí, solo con una pregunta, te has ahorrado un conflicto absurdo.

Opción 2:

La persona te dice un título de película que, a ti, sinceramente, se te había pasado por completo. Pero al mencionártela, te das cuenta o recuerdas que sí, que tenías ganas de ver esa película. Y entonces puedes cambiar de opinión. Porque sí, cambiar de opinión es factible, es sano, y no te convierte en una persona débil, voluble o incoherente. De hecho, puedes contestar algo tan simple como:

—Mira, de entrada, no tenía ninguna gana de ir al cine, pero esta propuesta me gusta muchísimo. ¡Vamos!

Opción 3:

La persona te propone una película que tampoco te apetece ver.

Y además tú ya tenías clarísimo que no querías ir al cine. Entonces aquí ya estamos en una situación clara: no quieres ver esa película, y además no deseas ir al cine. Perfecto. Ya lo sabes.

3. CONECTAR

Para conectar con la otra persona es esencial escuchar sin juicio, aunque no estés de acuerdo (y sin poner caritas).

Sea cual sea la respuesta que te dé la otra persona a tu pregunta de contexto, llega un momento clave: el momento de escuchar sin juzgar.

Y aquí viene uno de los puntos más importantes (y más difíciles) de toda esta historia:

Cuando estás haciendo una pregunta de contexto para entender al otro, no basta con no interrumpir. Hay que no juzgar. No juzgar no significa no pensar nada mientras el otro habla (porque eso es imposible), sino no mostrarlo con la cara, el gesto, el suspiro o el silencio cargado.

Porque en el momento en que tú pones cara de *madre mía lo que me está diciendo*, o enarcas una ceja como diciendo *ya estamos*, se acabó la asertividad. Ya no estás conectando. Estás juzgando.

Escuchar desde la asertividad es sostener lo que el otro te cuenta sin desmontarlo, sin reírte por dentro, sin ponerte a la defensiva aunque no te guste lo que estás oyendo.

Escuchar y validar no es lo mismo que estar de acuerdo.

Solo significa que estás presente, que respetas su punto de vista y que no necesitas derribar su relato para sostener el tuyo.

Cuando lo consigues, cuando de verdad escuchas al otro, puedes ver cosas que antes no veías. A veces no hay grandes emociones escondidas, ni dramas. Simplemente hay una perspectiva distinta. Una forma de ver la situación que no es la tuya.

Y eso ya es un montón.

Ahora bien, no basta con entenderlo por dentro. Hay que decirlo. Porque si no lo expresas, el otro no sabrá que lo has escuchado ni que has pillado su punto de vista. Y si no lo sabe, seguirá repitiéndolo o defendiéndolo. Y la conversación no avanza. Así que, en ese momento, cuando el otro te ha dado su contexto y tú lo has escuchado sin juicio, tienes que devolverle una señal de que lo has comprendido.

Puedes usar frases como:

«Ahora que me has dicho esto, puedo entender por qué te hace ilusión».

«Ahora que me explicas que era solo por hacer algo juntos, lo veo distinto».

«Puedo ver que esto para ti es más que una peli, es un plan compartido».

Y en el caso de que te haya dicho una película concreta, podrías decir:

«No me extraña que quieras ir a ver esta película, llevas meses diciéndome que estabas esperando que saliera».

«No me sorprende que te apetezca, tú siempre has sido muy fan de ese personaje, y esta peli es todo un plan para ti».

Eso, que parece una tontería, marca la diferencia entre una conversación y una pared. Porque te estás saliendo del *yo* para entrar al *nosotros*. Y eso es asertividad: validar al otro sin anularte tú.

Si te fijas bien, cuando haces esto en una situación un poco más tensa que la del cine, verás cómo los hombros del otro se relajan. Sentirse validado —aunque no estemos de acuerdo— baja la tensión al instante. Es como quitarle peso a la conversación sin dejar de hablar de lo importante. No hace falta compartir el punto de vista para reconocer que el otro tiene uno.

4. CONTAR

Expresar tu punto de vista sin disculparte por sentir.

Ahora sí, una vez has entendido al otro y has conectado con su motivo, te toca hablar a ti. Y aquí es donde muchas veces tropezamos.

Porque o nos callamos (otra vez), o nos pasamos de honestas y soltamos nuestra respuesta como una piedra envuelta en papel de regalo.

La clave está en ser firme sin desmerecer al otro. Por supuesto, no es obligatorio estar de acuerdo con lo que te han dicho, pero sí puedes ser honesta sin destruir.

En el caso del cine, tu respuesta podría ser tan simple como:

«Lo que pasa es que, personalmente, hoy no me apetece para nada ir al cine».

Eso no te hace borde, te hace clara.

Si te encuentras en otra situación más emocional que una

propuesta para ir al cine, más tensa, más compleja, puedes decir algo como:

«Puedo entender que para vosotros haya parecido un ataque. Pero desde nuestra parte era una forma de solucionar una situación crítica, no de imponer nada».

Esto es lo que en comunicación asertiva se llama *plantear tu punto de vista*, pero con respeto, con enfoque, sin añadir leña al fuego y, sobre todo, sin juicio al otro.

No hace falta justificarlo todo ni dar veinte argumentos, solo necesitas hablar desde ti, no contra el otro.

Frases como:

«Yo me siento así…».

«Para mí esto es importante porque…».

«Yo hoy necesito otra cosa…».

Ese *yo* no es egoísmo. Es autoafirmación.

No está reñido con la conexión. Está reñido con la culpa.

Ojo con esto: cuando por fin te toca hablar, no aproveches el momento para lanzar el contraataque. Nada de «es que tú siempre…» o «lo que tú hiciste fue peor». No estás en un partido de ping-pong emocional.

Vamos a mantenerlo en el terreno de los hechos, no en el de las acusaciones. Habla de lo que viste, de lo que sentiste, de lo que necesitas… sin convertir tu opinión en un juicio sobre el otro. Porque si cruzas esa línea, la otra persona se cerrará, y adiós conversación.

5. CONCRETAR

Ofrecer alternativas reales (si se puede, si vale la pena).

Aquí es donde la conversación asertiva de verdad se convierte en conversación, y no en dictado. Porque si tú solo escuchas, entiendes y expones lo tuyo, pero no abres la puerta a ningún tipo de acuerdo o colaboración, lo que estás haciendo es elegante, pero unilateral.

La asertividad no busca ganar, busca sostener el vínculo. Cuando te sea posible hacerlo, cuando tengas margen emocional y energía para plantear opciones al otro, debes hacerlo.

Te propongo algo muy concreto para iniciarte en esa práctica: haz que todas tus propuestas de alternativa empiecen con «¿Qué te parece si...?».

Es una forma sutil de decirle a otra persona: «Te escuché, te entendí, me posicioné, y ahora te propongo algo que nos permita salir de aquí sin heridos».

En el ejemplo del cine podrías decir:

«¿Qué te parece si buscas a alguien que tenga muchas ganas de ver esa peli y luego tú y yo nos vamos a cenar?».

«¿Qué te parece si buscamos una peli que nos apetezca a los dos otro día y hoy nos quedamos tranquilos?».

Y si no hay opción, si realmente no hay ninguna posibilidad de acuerdo, entonces puedes decir:

«Hoy no puedo, pero otro día lo organizamos con más tiempo».

«Lo valoro, pero ahora no me va bien. Gracias por pensar en mí».

Incluso un «Gracias por tu propuesta, pero no puedo esta vez» es asertivo si lo dices con presencia, sin huir, sin pasivo-agresividad, sin cara de *no me insistas más*.

Aplicar las 5C en una conversación difícil no garantiza que todo salga perfecto, pero sí te da algo clave: la tranquilidad de haberlo dicho bien, en el momento adecuado, con respeto y con intención. Y eso, ya es ganar.

¿Y si el otro no quiere conectar, ni colaborar, ni escuchar? Porque, sí, eso también pasa.

En este punto quiero hacer un recordatorio de la idea que, en realidad, atraviesa todo este libro:

No podemos cambiar al otro. No podemos hacer que el otro sea más asertivo, más empático, más abierto, más comprensivo.

Lo que sí podemos —y debemos— es decidir cómo comunicamos nosotras.

Vale, pero ¿qué hacemos cuando la otra persona no está dispuesta a sostener el vínculo?

Pues tienes que seguir siendo asertiva.

A veces ser asertiva significa dar una respuesta clara y respetuosa, aunque no tenga eco.

A veces significa retirarte.

A veces significa sostener tu posición sabiendo que no va a gustar.

Y a veces solo significa elegir otro estilo comunicativo que encaje mejor con el momento, con tu energía y con la importancia que tenga esa relación para ti.

Porque hay relaciones que merecen el esfuerzo de una conversación, pero otras simplemente merecen un límite sin explicación. Y las dos respuestas, cuando se deciden desde la consciencia, son ejemplos de asertividad.

SITUACIÓN: Poner límites sin drama (ni en los demás ni en ti)

Poner límites con tu familia, tus amigos o en el trabajo no debería ser una guerra… pero a veces lo parece. Te da miedo herir, decepcionar, parecer borde o sentirte culpable. Así que aguantas. Vas cediendo, tragando, negociando contigo misma hasta que algo se rompe: o explotas, o te apagas.

Pero poner límites no es gritar un «¡hasta aquí!» con dramatismo. Es algo mucho más práctico y cotidiano: decidir qué cosas ya no van contigo… y aprender a comunicarlas sin miedo y sin culpa.

Y, como siempre, no vale improvisar. Para poder decir «no» con claridad, primero debes tener claro a qué estás diciendo que no. Porque si no sabes dónde está tu línea, no hay manera de defenderla cuando alguien la cruza.

Por eso, antes de pensar en cómo decirlo, te propongo esto:

EJERCICIO EXPRÉS: Tus *no go's* bien claritos

1. Haz memoria rápida.

Piensa en las últimas tres veces que sentiste incomodidad, rabia, frustración o agotamiento con alguien. En casa, en el curro, con amistades, da igual. ¿Qué pasó exactamente?

2. Detecta el patrón.

¿Qué tienen en común esas situaciones? ¿Qué se repitió? ¿Te interrumpieron? ¿Te pidieron algo en el último momento? ¿Te hicieron sentir culpable por decir que no? Anótalo sin filtro.

3. Pasa al modo «no más».

Ahora pregúntate:

«¿Quiero seguir viviendo esto?».

«¿Qué parte de esta situación ya no tolero más?».

«¿Qué necesito empezar a decir para protegerme?».

4. Traduce en frases límite.

Convierte cada NO GO en una frase que podrías usar si vuelve a pasar. Por ejemplo:

«Me cuesta responder bien si me avisas con tan poco margen».

«No me siento cómoda hablando de esto ahora».

«Prefiero no comentarlo, gracias por entenderlo».

Este ejercicio no es para tener razón, es para tener paz.

Es tu base para dejar de reaccionar a lo loco y empezar a responder con intención.

Y aquí viene lo importante: poner límites no es castigar al otro, es cuidarte a ti. Es elegir cuándo algo deja de funcionarte, y tener el valor de decirlo. No hace falta gritarlo ni justificarlo con un monólogo emocional. Basta con tenerlo claro, decirlo bien y sostenerlo con calma.

Porque cuando tú no marcas tu lugar, los demás lo ocupan sin preguntar.

Y luego adivina quién se siente mal. Porque poner un límite a alguien que te importa o con quien compartes muchas horas (familia, equipo de trabajo) sigue siendo una de las situaciones más incómodas y emocionalmente arriesgadas que existen.

No porque no sepas cómo decirlo, sino porque sabes muy bien lo que va a suceder cuando lo digas.

Sabes que en cuanto le digas *no* a alguien, esa persona puede provocar un silencio incómodo, poner cara de *ah, vale*, desviar la mirada o empezar con la cantinela emocional de siempre:

«Jo, es que nunca estás…», «Ah, claro, como tú ahora vas a tu rollo…», «Bueno, ya lo hago yo, tranquila…».

Y ahí, en ese microsegundo, te entran las dudas:

«¿Estaré siendo egoísta?», «¿Le estaré fallando?», «¿Estaré perdiendo esta relación por no ceder?».

Spoiler: no.

Lo único que estás haciendo es afirmarte sin atacar, sin huir, sin tragar.

Si esa actitud tuya le duele a alguien, no es por cómo lo dices, sino por lo que el otro esperaba de ti sin decirlo. Entremos en materia.

1. Deja claro tu límite sin justificarte demasiado.

Una de las trampas más habituales al poner límites es caer en la necesidad de adornar el *no* explicándolo todo, la necesidad de justificarte como si fueras culpable de un delito o te estuvieras escapando por la puerta de atrás. Y como te sientes culpable, te justificas con suavidad, claro, porque quieres que el otro te entienda, porque te sabe mal decirle que no, porque no quieres herirle.

«Es que he tenido una semana horrible...».

«Y justo hoy dormí fatal, y además tengo un dolor de cabeza brutal...».

«Y encima tengo que pasar por casa de mi tía...».

Sin embargo, al final, lo que consigues —sin darte cuenta— es dejar la puerta abierta a que la otra persona negocie el límite que acabas de marcar, a que te metan otra vez en el bucle con frases como «pero solo es un momento», «pero si tú siempre puedes», «pero no cuesta nada».

Para evitar esas respuestas, podrías haber dicho simplemente:

«Hoy no puedo, lo siento».

«Esta vez no me va bien».

«No me apetece hacerlo ahora».

«No es un buen momento para mí».

«Gracias por pensar en mí, pero no me encaja».

«Prefiero no comprometerme esta vez».

«Ahora mismo necesito priorizar otras cosas».

«No me va bien y prefiero decirlo claro».

Y no habría pasado nada. Porque cuando el límite es claro, sereno y firme, no hace falta vestirlo de tragedia. De hecho, cuanto más te justificas, más débil parece tu *no*, más provoca que empiece el festival de presiones suaves, chantajes emocionales suaves y de frases del tipo «va, mujer, no seas así...».

Además —y aquí viene el dato interesante—, desde la psicología se ha demostrado que cuando justificamos demasiado una decisión, empezamos a generar lo que se llama disonancia cognitiva (gracias, Festinger): es decir, intentamos alinear nuestras acciones con una narrativa que encaje socialmente, aunque no sea del todo cierta.

Ese esfuerzo extra no solo te desgasta mentalmente, sino que muchas veces suena poco creíble, incluso genera desconfianza en el otro, aunque no lo diga. Porque cuando una excusa parece demasiado elaborada, el cerebro de quien escucha se pone en alerta. Ya no escucha el *no* que tú le estás diciendo, escucha el «me está mintiendo disfrazado de explicación amable» que le está diciendo su cerebro.

Y hablando de mentiras...

Por favor, evítalas. En serio. No caigas en el «no puedo, tengo dentista» si no tienes dentista. Puede parecer de entrada un escape elegante, incluso estratégico. Sin embargo, la mentira como vía de salida tiene un pequeño inconveniente: hay que tener muy buena memoria para sostenerla. Si al cabo de tres días alguien te pregunta por el dentista y tú pones esa microcara de *¿qué dentista?*, se acabó cualquier conexión posible.

El límite que intentabas establecer ya no será recordado como un acto claro de afirmación, sino como una escenita de evasión, lo que no te posiciona ni como firme ni como respetuosa ni como adulta, sino como alguien que no se atreve a decir la verdad. Así que mejor ir por lo claro.

Recuerda: no adornes, no te excuses y, sobre todo, no inventes.

Si además quieres que ese límite se escuche, se entienda y se respete, no basta con lo que dices: importa cómo lo dices. Porque tu lenguaje no verbal también comunica, y a veces lo que no dices con palabras lo estás diciendo con el cuerpo. Cuando digas que no, acompáñalo de una mirada directa pero amable, una postura firme (sin rigidez, pero con presencia), y si te encaja, una sonrisa real, suave, no para endulzarlo, sino para mantener el tono cercano. No te encierres. No bajes la mirada. No lo digas como si estuvieras pidiendo perdón por existir.

«Hoy no me va bien» —dicho con voz clara, tono amable y cuerpo abierto— vale más que mil excusas y doscientas explicaciones.

Porque una frase bien dicha, desde el cuerpo y no solo desde la boca, tiene mucha más fuerza de la que imaginas. Y esto vale igual en lo personal y en lo profesional. Porque sí, también en el trabajo puedes decir:

«Esta tarea no la puedo asumir ahora mismo, pero si cambia algo, te aviso».

«No lo tengo previsto en mi planificación. Habría que redistribuirlo».

2. No te sientas culpable por no estar siempre disponible.

¡Ay!, la culpa.

Esa compañera de viaje a quien nadie invita pero que siempre aparece, se cuela sin preguntar y se pone cómoda. No hace falta que te digan nada, ni que te miren mal, a veces basta con que tú respondas «hoy no me apetece» a alguien para que, de pronto, tu vocecita interior se active con frases del tipo: «con todo lo que ha hecho por ti...», «no, no, no, con la ilusión que le hacía», «venga, si tampoco te cuesta tanto...», y así, en menos de cinco segundos, ya estás cuestionándote por haber dicho que no con toda la serenidad del mundo.

Vamos a aclarar una idea fundamental: no estar disponible no te convierte en una mala persona, te convierte en una persona ocupada, cansada o, simplemente, que no tiene ganas de algo en ese momento. Y punto. Por tanto, decir que no a algo no debería desatar un terremoto en tu interior. El problema estriba en que muchas veces confundimos cuidar a los demás con estar siempre accesibles, siempre de acuerdo en todo, siempre de buen humor, siempre con tiempo disponible. Eso no es preocuparte por alguien, eso es agotarte con una sonrisa puesta.

Dar una respuesta negativa no significa que ya no te importe esa persona, ni que estés cortando el vínculo, ni que ahora seas la reina del egoísmo, solo estás diciendo: «hoy no». No estás diciendo «nunca más», ni estás diciendo «ya no me importas». Solo te estás refiriendo a hoy. No hace falta montar una escena para eso. Puedes decirlo con naturalidad, sin drama, sin teatralidad. Un «no me apetece», con una sonrisa y un tono amable, es suficiente. Un «no estoy disponible ahora» dicho sin cara de disculpa ni voz bajita, también sirve.

Y, no, tampoco hace falta reemplazarlo con una promesa como «pero otro día sí, te lo prometo» ni excusarte con un «me sabe fatal, en serio». Si no te sabe fatal, no lo digas. Si lo dices solo para que el otro no se moleste, entonces te estás colocando en un sitio que no es el tuyo: el de calmar emociones ajenas a costa de tragarte las tuyas.

Esto también se aplica al entorno profesional, por cierto. No responder fuera de horario no es ser poco profesional, es tener un horario. No sumarte a todas las urgencias de los demás no es falta de compromiso, es tener criterio y prioridades. Y si antes lo hacías todo y ahora ya no, puede que alguien se sorprenda, pero la sorpresa de los demás no es tu responsabilidad, es una reacción del otro.

Así que la próxima vez que te pique la culpa justo después de poner un límite, en lugar de preguntarte si has quedado mal, pregúntate otra cosa: «¿me siento en paz con lo que he decidido?». Y si la respuesta es sí, ya está. El resto es ruido.

3. Las frases puente: la ayuda para cuando poner un límite se siente como un salto al vacío.

Hay veces en las que negarte a algo de golpe se siente como si te tiraras desde un trampolín emocional sin saber si hay agua debajo. Y no porque no tengas claro lo que quieres —lo sabes perfectamente—, sino porque el solo hecho de verbalizar tu negativa, te revuelve por dentro. No es el otro quien más te preocupa, sino tú misma, con tu vocecita interior de «ay, ¿no estaré exagerando?», «esto antes lo habría hecho», «igual no es para tanto...».

Cuando llevas años diciendo que sí a todo sin pestañear, hacer un cambio de guion y empezar a decir que no con naturalidad no te sale solo con pensarlo. Requiere músculo, requiere práctica y, sobre todo, requiere tiempo para acostumbrarte a escucharte antes de responder.

Ahí es donde puedes utilizar las frases puente, que no son otra cosa que pausas con estilo. Micro salvavidas lingüísticos que te sacan del *sí automático* sin tener que saltar al *no tajante* si no estás preparada. Son una manera de frenar la inercia sin bloquearte, de tomar aire sin quedar mal, de mantenerte presente sin venderte por reflejo.

«Déjame pensarlo y mañana te digo».

«Ahora no te sé decir, ¿puedo darte una respuesta más tarde?».

«Necesito revisar cómo estoy antes de comprometerme».

«No tengo claro si me apetece o no, lo pienso y te digo».

«¿Te parece si lo hablamos después con más calma?».

Estas frases no son excusas ni evasivas. Son herramientas reales para que tú te des espacio antes de responder desde la ansiedad, la costumbre o la culpa. Y no pienses que estás quedando mal, estás quedando como una persona consciente. De hecho, en *coaching* esta herramienta se conoce como *decision bridge*: un puente entre lo que te piden y lo que tú necesitas. Un espacio intermedio donde no decides bajo presión ni con el piloto automático encendido.

Y, no, tampoco es cobardía, es estrategia, es como poner el *modo avión mental* cuando te están llamando desde fuera, pero tú necesitas chequear cobertura interna. Si, además, la frase puente te sale con una sonrisa y con lenguaje corporal adecuado, aún mejor.

No todo el mundo está preparado para soltar un *no* seco con voz templada y mirada firme. No pasa nada, lo importante es que no digas *sí* solo para que la conversación se acabe. Las frases puente te permiten entrenarte en sostenerte, en darte permiso para no responder como te han educado, sino como necesitas.

Y si el otro pone cara de *¿y esta ahora qué?*, tú respiras, repites tu frase puente con naturalidad y mantienes el tipo:

«Lo pienso y te digo».

«Prefiero decidirlo cuando lo tenga más claro».

Eso sí —y aquí viene el remate importante—: una frase puente no es una excusa eterna. Es una pausa para poder decidir, no un pasillo sin salida. Una vez hayas recuperado la calma, te tocará responder.

Y la respuesta deberá ser un Sí o un No.

Con claridad, con el cuerpo alineado y sin arrastrar la culpa.

La frase puente es el respiro que te das antes de elegir. Y elegir con calma siempre será mejor que responder por miedo.

4. Y si el otro insiste, insiste e insiste.

Imagina, tú ya has soltado tu frase puente con toda la elegancia del mundo. Has hablado con una sonrisa, tono amable y el cuerpo sereno. «Lo pienso y te digo», o «Déjame revisarlo con calma», o «Te respondo más tarde, ¿vale?». Y en ese momento te sientes muy bien, muy madura, con todo bajo control, hasta que la otra persona no se da por aludida y empieza con la segunda ronda de presión.

Te sale con el «Va, pero si es un momento», el «Tú siempre has querido hacer esto», el «¡Venga, que es contigo con quien lo quiero hacer!», o el más pasivo-agresivo de todos: el «Bueno, como quieras…». Y ahí es cuando te tiembla el alma. Porque no quieres ceder, pero tampoco quieres parecer borde. No quieres entrar al juego, pero tampoco sentirte mala persona. Y sin darte cuenta, vuelves a dudar de ti. Como si tu pausa no valiera. Como si tu *necesito pensarlo* fuera una falta de respeto en lugar de un acto de consciencia.

Este es el momento de recordarte algo básico pero muy

importante: si el otro insiste, no es tu responsabilidad gestionar su impaciencia. Tu responsabilidad es sostener tu espacio sin perderte en su reacción. No hace falta entrar en un pulso ni convertir la conversación en un duelo argumental. No estás aquí para ganar. Estás aquí para no ceder. Basta con reafirmar lo que ya dijiste, con la misma serenidad que la primera vez.

«Te entiendo, pero prefiero pensarlo tranquila». «Te lo agradezco, y cuando tenga la respuesta, te la daré». «Sigo necesitando tiempo para decidirlo bien».

No hay que inventar nuevas razones, ni escalar el tono, ni dramatizar. Solo repetir, desde el centro. Como quien ya ha decidido no decidir todavía, lo que también es una decisión.

Porque a menudo, el otro no insiste porque no te haya entendido, insiste porque estaba acostumbrado a que tú cedieras y, ahora que no lo haces, se agita. Bien, ese no es tu problema, es parte del reajuste. Tu único trabajo en ese momento es no traicionarte por calmar al otro, no decir que sí solo para que se acabe la conversación. No modificar tu límite por no incomodar a la otra persona.

Si aun así la insistencia continúa, puedes sonreír (sí, aún se puede) y decir: «Ya te respondí, y me gustaría que respetaras mi ritmo». «Sé que insistes porque te importa, pero esto necesito decidirlo sin presión». «Si sigo teniendo que justificarlo, ya no es una conversación, es una negociación y yo no estoy negociando nada». No lo dices para alejarte, lo dices para no borrarte.

Para que quede claro cómo se hace esto sin entrar en conflicto, vamos con lo concreto.

SITUACIÓN PERSONAL: Tu hermana te pide que este fin de semana le ayudes con la mudanza

Tú sabes que estás agotada, que necesitas descanso, que no te apetece. Le dices: «Ahora no te sé decir. Déjame ver cómo llego al viernes y mañana te confirmo». Ella insiste: «Pero si es mover cuatro cajas, y así pasamos rato juntas...». Y tú sostienes: «Lo sé, y me hace ilusión verte, pero necesito pensar si puedo con eso esta semana». Y si aún insiste, puedes cerrar con honestidad: «Te lo quiero decir cuando lo tenga claro. Si te urge saberlo ya, cuenta con otra opción».

SITUACIÓN PROFESIONAL: Tu jefe te pide que presentes tú el informe en la reunión del lunes

Sabes que no estás preparada ni te corresponde. Dices: «Necesito revisarlo bien antes de comprometerme. ¿Te parece si lo hablamos después de la reunión de mañana?». Él responde con un «pero si tú lo dominas, solo tienes que entrar y contarlo». Y ahí repites: «Lo valoro, pero no quiero asumirlo sin estar segura de que lo puedo preparar como toca». Y si aprieta más: «Si necesitas una respuesta ya, te propongo que lo presente quien esté más involucrado en esa parte. Si puedo sumarme, te lo confirmo más adelante». Sin confrontación, sin excusas, sin ceder. Solo diciendo lo que piensas con claridad, tono firme y voz amable. Porque no estás discutiendo, estás afirmándote. Y eso también es comunicar.

Y otro clásico del trabajo moderno: estás fuera de la oficina, has desconectado por fin, estás en modo descanso y te llega ese mensaje con urgencia emocional incluida: «¿Tendrías esto listo para mañana?». Así, sin contexto, sin saludo, sin saber si estás en un chiringuito o en la cola del súper. Lo primero es lo primero: ¿es realmente urgente o solo lo es para quien lo pide? Y lo segundo, igual de importante: tú decides si lo lees, cuándo lo lees y cómo lo respondes.

Poner límites también es saber a qué hora miras el correo y a qué hora no. No responder siempre al instante no es desatender, es organizar tu atención. No estar disponible 24/7 no te convierte en alguien poco profesional, te convierte en una persona con vida fuera del trabajo. Si finalmente decides responder (porque sí, a veces decides hacerlo), puedes decir perfectamente: «He visto tu mensaje. Estoy fuera hoy. Si se puede resolver mañana en horario, me lo miro con calma. Si es urgente, indícame qué necesitas exactamente». Si tu jefe o quien sea insiste con un «venga, solo échale un ojo», respiras y respondes: «Ahora no estoy disponible. Si es imprescindible resolverlo hoy, será necesario buscar otra vía. Mañana estoy cien por cien conectada».

Aquí no estás dejando de colaborar, estás enseñando a los demás cómo se colabora contigo sin pasar por encima de ti. Eso, si lo haces con claridad y sin excusas, tus compañeros y jefes lo acabarán aprendiendo. A veces lo harán a la primera, otras no, pero el primer paso siempre tienes que darlo tú.

KIT DE FRASES PARA NO TRAICIONARTE EN CALIENTE

Cuadrante práctico de frases para poner límites con conciencia.

Frases puente (para ganar tiempo):

- Déjame pensarlo y mañana te digo.
- ¿Te parece si te lo confirmo más tarde?
- Prefiero revisarlo con calma antes de responder.
- Ahora no te sé decir, ¿puedo contestarte luego?
- Lo valoro, pero no quiero decidirlo deprisa.
- No quiero decir que sí por reflejo, déjame pensarlo bien.
- No quiero decir que sí y arrepentirme. Prefiero pensarlo y darte una respuesta sincera.

Frases para poner límites claros sin drama:

- Hoy no me va bien.
- Gracias por pensar en mí, pero no me encaja.
- No me apetece, lo dejamos para otro día.
- No estoy disponible ahora.

- No lo puedo asumir esta vez.
- Esta vez prefiero que no.

Preguntas de contexto (para no responder en vacío):
- ¿Qué tienes en mente exactamente?
- ¿Qué necesitas exactamente de mí?
- ¿Hay algún motivo por el que sea urgente?
- ¿Qué parte necesitas que haga yo, en concreto?
- ¿Hay flexibilidad en la fecha o es algo inmediato?
- ¿Cuál sería la mejor manera de ayudarte, si no soy yo?

Frases de validación sin ceder:
- Entiendo que te haga ilusión.
- Veo que para ti es importante.
- Tiene sentido lo que propones.
- Me alegra que cuentes conmigo, aunque esta vez no pueda.
- Gracias por tenerme en cuenta.
- Entiendo lo que esperas, pero esta vez no será posible.

Cuando el otro insiste (y quiero mantenerme firme):
- Sigo necesitando un poco más de tiempo para decidirlo bien.
- Te agradezco el interés, pero me gustaría decidirlo sin presión.
- No es que no quiera, es que no puedo darte una respuesta sin pensarlo.
- Ya te respondí, me gustaría que respetaras mi ritmo.
- Sé que insistes porque te importa, pero esto necesito decidirlo sin presión.
- Si sigo teniendo que justificarlo, ya no es una conversación, es una negociación… y no estoy negociando nada.

EXTRA: El botón de pausa (Acción / Reflexión / Reacción)

Hay momentos en los que la comunicación no pasa por la cabeza, pasa por el cuerpo. No es emocional, es físico. Literal. Estás ahí, delante de alguien, y de golpe lo notas: el calor sube por el cuello, el pecho se acelera, la garganta se cierra entre «lo digo» y «mejor me callo»... y antes de que te des cuenta, ya lo has soltado. No con calma, no con intención, no con estilo. Lo has dicho con cara tensa, con un tono que no era el tuyo y con una intensidad que ni tú sabías que llevabas encima.

Y, claro, después llegan las frases clásicas: «No era para tanto», «Tampoco quería decirlo así», «Me he alterado». Sí, te has alterado. Porque el cuerpo ha ido por libre y tú te has quedado mirando cómo tu reacción se te escapa sin pedirte permiso.

Este tipo de reacción suele aparecer con situaciones que nos pillan con la guardia baja: un comentario irónico, una crítica inesperada, una frase con veneno pasivo-agresivo, una actitud que no sabes bien cómo interpretar pero que te pincha igual. Incluso cosas más simples, como cuando alguien te ignora mientras hablas o cuando ves ese mensaje leído y no respondido y tu cabeza empieza sola el monólogo.

Tu cuerpo reacciona, claro. Es normal. Primero sientes, luego piensas. Pero ahí es donde está el punto clave: entre lo que pasa y lo que haces, hay un espacio. Un hueco. Un mini paréntesis. Y ese espacio —si te lo das— puede marcar la diferencia entre actuar con intención o arrepentirte después.

Yo a eso lo llamo: acción, reflexión, reacción. Lo que pasa. Lo que sientes. Y lo que decides hacer. Pero, cuidado: la parte de en medio no es opcional. No es un adorno zen ni una sugerencia de *mindfulness*. Es el paso que te salva. El que te permite no entrar en automático. El botón de pausa. Tu lugar seguro.

Cuando ese botón no está activado, lo que haces es reaccionar como un resorte. Vas con el piloto emocional encendido, todo lo que ocurre fuera te dirige y tú solo vas apagando fuegos como puedes. Te lo tomas todo como personal, saltas antes de procesar, no escuchas. Solo te proteges. Y aunque por fuera parezca que no pasa nada, por dentro estás en tensión constante. Todo te afecta. Todo te cansa. Todo te mueve.

Y, claro, en ese estado no solo te desgastas: rompes sin querer. Te salen tonos que no tocaban, frases que no eran, respuestas que no representan lo que realmente querías decir. Y después toca convivir con el eco incómodo de lo que salió sin filtro.

Vale, ¿y cómo se activa ese famoso botón?

- Respira. En serio. Haz una respiración lenta, larga y profunda. Aguanta tres segundos el aire en los pulmones y suéltalo sin urgencia. Parece una tontería, pero el sistema nervioso aprovecha esa respiración para reorganizarse. Y ese segundo de pausa te salva.
- Haz algún movimiento pequeño. Cambia el peso del cuerpo, toca el borde de la mesa, junta los dedos. Darle una señal física a tu cuerpo te ayuda a decirle: tranquila, no estamos en guerra (como el traje de trucha).
- No des una respuesta, formula una pregunta. El simple hecho de contestar algo como: «¿Qué quieres decir exactamente con eso?» o «¿A qué te refieres?», ya te coloca a ti en reflexión, contiene el impulso y te da tiempo para pensar.
- Si no puedes sostener la pausa, verbaliza el límite de que necesitas un momento. «Necesito un momento antes de responder a esto» o «Prefiero tomarme un rato y lo hablamos con calma». Eso también es comunicación. Y de la buena.

Este principio de acción, reflexión y reacción no es solo para grandes discusiones. Se aplica también cuando alguien te ignora al hablar y te hierve la sangre. Cuando ves ese mensaje leído sin respuesta y te montas la película. Cuando alguien te lanza una indirecta y tú estás lista para entrar con todo. Cuando un coche se cruza y tú ya estás soltando el insulto mental.

Tomarte una pausa no es callarte ni huir ni perder. Es decidir. Es darte el margen que necesitas para no reaccionar por impulso, sino responder con intención. Es elegir —una vez más— a qué no le vas a hacer ni puto caso.

3

Gestión de conflictos (o cómo no liarla más de lo que está)

Saber responder sin explotar es clave en cualquier discusión.

Hay una frase muy básica que dice que el conflicto es inevitable, pero el drama es opcional. Y aunque suene de taza de Mr. Wonderful, esconde una verdad muy útil: los conflictos forman parte de cualquier relación humana. No se pueden evitar ni ignorar ni eliminar. Lo que sí podemos hacer es aprender a gestionarlos sin que nos arrastren, nos agoten o nos hagan perder los papeles.

Y, ojo, aunque en el capítulo anterior pueda parecer que abordábamos los conflictos, no era así. Definir tus límites no es lo mismo que resolver un conflicto, aunque muchas veces una cosa lleva a la otra. Cuando sabes poner un límite claro, firme y sin culpa, te ahorras muchas tensiones innecesarias, pero cuando ese límite ya ha sido ignorado, rebasado o directamente pisoteado, lo que tienes delante ya no es una simple petición incómoda. Es un conflicto.

Poner límites es una herramienta preventiva: marca el terreno, reduce la ambigüedad y protege tu energía. Resolver conflictos, en cambio, es una herramienta reactiva: sirve para cuando el malentendido, el roce o el desencuentro ya han estallado o están a punto de hacerlo. Sin embargo, ambas actitudes se necesitan mutuamente. No puedes resolver un conflicto si no sabes poner límites, y tus límites no tienen fuerza si no sabes sostenerlos cuando hay tensión. Es un equilibrio entre proteger tu espacio y ser capaz de construir un puente cuando el terreno se complica.

Y aquí va un aviso importante antes de seguir: esto no es un manual para justificar relaciones tóxicas ni para *hacer mejor* a esa persona que te está haciendo daño. No hay recetas mágicas para convertir al cuñado invasivo en un ser de luz ni al jefe pasivo-agresivo en un líder emocionalmente inteligente. No olvidemos que este libro es un manual de herramientas de comunicación que tiene que servirte a ti, para la parte de la que eres responsable, para guiarte en lo que tú puedes hacer en una conversación difícil. Nada más y nada menos.

Comunicar mejor no garantiza el resultado, pero sí te da coherencia interna, respeto propio y claridad de cara a los demás. Debes tener claro que estas herramientas no te ayudarán a convencer al otro, ni a obtener una disculpa, ni tampoco te servirán para que tus conflictos se resuelvan como en una peli de Pixar. Te servirán para, cuando el conflicto se presente, poder actuar sin perderte, sin reventar y sin renunciar a ti. Y eso, créeme, ya es mucho.

Por favor, grabémonos esto en la cabeza: cuando hay insultos, amenazas, chantaje emocional o violencia verbal o física no estamos hablando de un conflicto. Estamos hablando de una agresión. Y ante una agresión, la herramienta no es una frase puente ni una disculpa bien formulada: es alejarse, pedir ayuda, denunciar si hace falta y protegerse. Ninguna estrategia de comunicación funciona donde hay abuso. Ni debe funcionar. Esto que estás leyendo es para relaciones donde todavía existe la posibilidad de diálogo, donde hay margen para decir *hasta aquí* sin miedo. Y si no estás en esa situación, lo primero no es comunicar: es salir de ahí.

Entonces ¿de qué hablamos cuando hablamos de conflictos?

De conversaciones que se tuercen.

De choques de opiniones.

De personas que no respetan tu ritmo, tus tiempos o tus decisiones.

De silencios incómodos que esconden enfado.

De esa tensión sutil que se cuela en la familia, el trabajo, la pareja o el grupo de amigos.

De reproches camuflados en bromas.

De expectativas no dichas que luego explotan.

De esa sensación de «otra vez lo mismo» aunque cambien las palabras.

De pequeños gestos que duelen más que una frase mal dicha.

Y ahí sí que podemos actuar. Porque en ese tipo de situaciones, las palabras importan, el tono importa, y tu capacidad de mantenerte en tu sitio sin dejarte arrastrar, también.

Además, no todo conflicto es una amenaza. A veces puede ser una señal. Como esa luz que se enciende en el salpicadero del coche: no es el problema en sí, sino el aviso de que algo necesita revisión. Puede incomodar, sí, pero también ofrece una oportunidad. Como recuerda el psicólogo Lucas Malaisi, el conflicto, cuando se gestiona con conciencia, fortalece los vínculos. También el sociólogo Lewis Coser decía décadas atrás algo en esa línea: lejos de romperlo todo, el conflicto puede ser justo lo que estructura y solidifica un grupo mal conectado. Así que no siempre hay que salir huyendo. A veces, atravesarlo con claridad te muestra si algo vale la pena o si es hora de cerrar el capítulo.

Porque en medio de un conflicto, lo más valioso que puedes tener no es un buen argumento, es una buena brújula. Y eso, amiga, como todo lo que estamos viendo en relación con la comunicación, empieza contigo.

SITUACIÓN: Responder sin explotar (y sin meterte en un conflicto de tres días)

A veces no te da tiempo ni a pensar. La otra persona te lanza una crítica en modo misil y tú te quedas congelada, como si alguien hubiera pulsado pausa. Otras veces entras en bucle: te explicas, te justificas, das más detalles y, cuanto más hablas, más te enredas. Y otras veces, bueno, directamente saltas, dices algo que no querías decir, y después pasas el resto del día con el runrún del *¿por qué he reaccionado así?* Y está bien que te pase. Esto no va de dejar de sentir. No vas a dejar de enfadarte, de tensarte o de querer mandar a alguien a freír espárragos. Lo que trabajamos aquí no es cómo apagar la emoción, sino evitar que sea la emoción quien tome el mando del micrófono. La comunicación no elimina lo que sientes, pero sí te da herramientas para no quedarte atrapada en la peor versión del momento.

Mi primera recomendación es que, si puedes, no contestes en caliente. Esa pausa mínima entre el golpe y la respuesta puede ser la diferencia entre una reacción y una decisión. Lo vimos en el capítulo anterior: aplicar las 5C —cuándo, contexto, conectar, contar y concretar— también sirve cuando te están atacando. Especialmente el cuándo. No hace falta que respondas en el mismo momento en el que te pinchan. Puedes elegir cuándo hablar y cómo hacerlo.

Si ves que la situación te supera, tienes derecho a decir: «No quiero hablar de esto ahora, prefiero hacerlo cuando me sienta más tranquila». Eso no es evitar, es cuidar el espacio. Postergar una discusión no es huir: es ganar tiempo para pensar y responder cuando veas las cosas con más claridad.

Y si no puedes irte, si la conversación te cae encima sin margen para escapar, hay otro pequeño gesto que puede marcar la diferencia: hacer una pregunta de contexto. Algo tan simple como: «¿Por qué me estás diciendo esto ahora?» o «¿Qué necesitas que haga con lo que me estás diciendo?». A veces, esa sola pregunta desinfla el ataque, desplaza la tensión y te devuelve algo de control sin entrar en el juego del otro.

Después, cuando hayas respirado y veas que la cosa no da más de sí, hay frases que funcionan como pequeños cierres dignos:

no ofensivos, no agresivos, pero sí claros. Por ejemplo: «Creo que ya te he dicho todo lo que puedo decir por ahora» o «Prefiero no alargarlo más; si te parece bien, lo dejamos aquí». También: «Si en otro momento puedo darte otra respuesta, lo haré. Ahora no» o «No es un tema en el que quiera entrar más». Estas frases son salidas de emergencia emocionales. Te permiten cortar la espiral sin sonar borde ni sumisa ni culpable. Te dan aire y te devuelven el control.

Pero, claro, hay ocasiones en las que, aunque tú te expreses bien, la otra persona se toma fatal lo que dices. Reacciona mal, se ofende, te lanza la carta del drama o te hace sentir que lo estás rechazando personalmente cuando en realidad solo estás cuidando tus límites. Y ahí lo fácil sería ceder o estallar.

Hay una tercera opción: reconducir sin escalar. No hace falta ponerse intensa ni ponerse borde. Solo dejar claro el límite sin apagar al otro ni apagar tu voz.

Puedes decir cosas como:

- «No es que te esté diciendo que no a ti, es que esto ahora mismo me supera».
- «Ya sé que no es lo que esperabas, pero necesito respetarme un poco también».
- «No lo digo porque esté enfadada, lo digo porque necesito cuidarme».
- «Entiendo que no te encante lo que estoy diciendo, pero aun así necesito que lo respetes».

Estas frases no aseguran que el otro se lo tome bien. Pero sí te ayudan a no perderte tú en medio del conflicto.

Y, a veces, eso es lo único que necesitas para salir de una conversación sin estallar… ni tragar.

CUADRANTE DE FRASES PARA RESPONDER SIN EXPLOTAR

¿Qué necesitas hacer?	¿Cuándo usarlo?	¿Qué puedes decir?
Cerrar conversación	Cuando ya has repetido tu posición y seguir hablando solo desgasta: «Prefiero no alargarlo más, si te parece bien lo dejamos aquí». «Si en otro momento puedo darte otra respuesta, lo haré. Ahora no». «No es un tema en el que quiera entrar más». «Creo que seguir hablando de esto no nos va a llevar a ningún sitio ahora». «Voy a parar aquí, no me siento en condiciones de seguir».	«Creo que ya te he dicho todo lo que puedo decir por ahora».
Reconducir sin escalar	Cuando el otro reacciona mal, dramatiza o se lo toma como algo personal: «Entiendo que no es lo que esperabas, pero para mí es importante respetarme también». «No lo digo desde el enfado, lo digo desde el cuidado». «Sé que no te gusta la respuesta, y aun así necesito que la respetes». «Esto no va contra ti, va a favor de mí». «No es fácil para mí decir esto, pero necesito ser honesta contigo».	«No estoy rechazándote a ti, solo estoy decidiendo sobre lo que puedo asumir».
Sostenerte internamente	Cuando te entra la culpa: «No todo lo que me piden merece una respuesta inmediata». «Poner un límite no me aleja: me cuida». «No tengo que explicar lo evidente: hoy no puedo». «Elegir el silencio también es una forma de cuidarme». «No es egoísmo, es oxígeno».	«No tengo que justificar la duda o el remordimiento después de cada decisión que tomo».
Crear espacio emocional	Cuando no puedes decir que sí: «Déjame sentirlo un poco antes de responder». «No quiero decidir ahora y equivocarme contigo» «Necesito un rato para ordenar cómo me siento».	«No quiero decir que sí y que no del todo, pero tampoco arrepentirme. Prefiero pensarlo y darte una respuesta sincera».

OJO, ESTAS FRASES NO FUNCIONAN SI LAS RECITAS DE MEMORIA

No conseguirás soltar estas frases con naturalidad si esperas a decirlas por primera vez en medio de un ataque emocional. Esto no es teatro improvisado. Tienes que entrenarlas, probarlas, practicarlas cuando no estás a punto de explotar.

No hace falta que montes un ensayo general en casa, basta con empezar a incorporarlas poco a poco en tu día a día. A lo mejor hoy no te atreves a decir «prefiero no alargarlo más», pero puedes probar con una versión suave como «mejor lo hablamos en otro momento». También puedes escribir tus propias variantes, con tus palabras, con tu tono, con tu estilo. Así no sonarán a libro de autoayuda, sino a ti, pero una versión de ti que no se desborda.

También ayuda muchísimo visualizarlas antes. Imaginarte en esa conversación incómoda y ensayar mentalmente lo que dirías o incluso decirlas en voz alta cuando estés sola, para que el cuerpo las vaya reconociendo como posibles. Para que, cuando llegue el momento real, no te salgan con voz temblorosa o tono de excusa.

Porque no se trata solo de tener la frase perfecta. Se trata de que tu cuerpo la sostenga, de que tu cara, tu mirada y tu postura acompañen eso que estás diciendo. Que no parezca que estás pidiendo perdón por poner un límite.

Y si al principio no te sale, no pasa nada. Se intenta otra vez. Esto no es un examen, no hay nota final ni jurado. Solo se tratar de ir afinando, de situarte cada vez un poco más cerca de esa versión de ti que sabe decir lo que necesita sin liarla más de lo que está.

INCISO NECESARIO: SI QUIERES EXPLOTAR, ADELANTE

Porque sí, a veces estás tan harta que lo único que sale es un «¡ya está bien!» bien gritado, un portazo verbal, o un elegante «vete a la mierda» con voz firme y sin levantar una ceja. Y ¿sabes qué? También estás en tu derecho. Nadie te obliga a reaccionar siempre desde la calma zen. Explotar, de vez en cuando, libera. Lo único que hay que tener en cuenta es si las consecuencias son asumibles.

¿Te puede costar una relación, una oportunidad, un conflicto más grande? Pues ahí decides tú. Pero si después de valorar eso, decides que mandar a alguien a la mierda es lo más honesto que puedes hacer en ese momento, hazlo con estilo, con conciencia y con buena respiración. Y luego te das un paseo largo o te tomas una cerveza. Pero sin sentirte culpable.

SITUACIÓN: Cuando te das cuenta de que (tú también) la has cagado, pero no quieres quedar ni como una mártir ni como una cabrona pasivo-agresiva

A veces, lo más efectivo para parar un conflicto no es un argumento brillante ni una frase que deja al otro en silencio. A veces, lo más eficaz es simplemente asumir que la hemos cagado. Porque sí, aunque no tengamos *la culpa*, es bastante probable que tengamos una parte de responsabilidad. Y reconocerla no nos hace pequeñas ni débiles. Nos hace humanas y, sobre todo, adultas.

Ya te lo he dicho antes en el libro: «Dos no se pelean si uno no quiere». Y aunque hay matices y excepciones, la frase encierra una idea poderosa: la manera más rápida de desactivar una bomba emocional es responsabilizarte de la parte que te toca. No más, no menos. Y pedir disculpas de verdad, sin adornos, sin manipulación y sin teatrillo.

Esta idea no es solo sentido común de abuela sabia —aunque también—. Está respaldada por la psicología.

La teoría de la atribución de Fritz Heider explica que las personas tenemos la tendencia a buscar causas para el comportamiento de los demás. Y muchas veces esas causas las colocamos fuera de nosotras, en el otro. Vamos, lo que decíamos más arriba: culpar al otro es lo primero que pensamos, incluso antes de revisar qué parte puede tener que ver con nosotras.

Pero cuando somos capaces de asumir nuestra parte en un conflicto —aunque no sea toda—, cambia el enfoque. Dejamos de repartir culpas para empezar a compartir responsabilidad. Y eso, aunque parezca pequeño, facilita que la otra persona también baje la guardia.

Por otro lado, la comunicación no violenta, desarrollada por Marshall Rosenberg, va justo en esa línea: expresar lo que sentimos y necesitamos sin culpar, sin acusar y sin atacar. Porque cuando en vez de señalar con el dedo hablamos desde lo que necesitamos de verdad, la conexión mejora. Y donde hay conexión, hay más posibilidad de solución.

Así que sí, hablar desde uno mismo, responsabilizarse de lo que sientes y decidir cómo responder no solo es una muestra de madurez emocional, también es una estrategia de comunicación eficaz.

El problema es que a menudo confundimos *pedir perdón* con *ceder* o con *tragarse el orgullo*. Otras veces, cuando damos el paso de pedir perdón, lo hacemos tan mal que acabamos generando más enfado que el que queríamos evitar. Por eso, aquí desmontamos una por una esas disculpas tóxicas, que parecen disculpas, pero no lo son, y que más que reparar, acaban echando sal en la herida.

Esto no es una disculpa (aunque lo parezca)

Pedir perdón de manera incorrecta también es una forma de comunicación. Y a veces lo que comunicamos es peor que el error original. Hay frases que suenan a disculpa, huelen a disculpa, tienen color de disculpa, pero no son una disculpa. Son excusas maquilladas, bombas pasivo-agresivas con moño o piruetas para zafarse sin asumir nada.

Vamos a desenmascararlas, una por una. Si te reconoces en

alguna, tranquila. La buena noticia es que todo esto se puede reconducir. La mala es que primero hay que reírse un poco de nosotras mismas.

«Siento si te molestaste».

La reina del *gaslight* educado. No reconoce lo que hiciste, solo insinúa que el otro es demasiado sensible. Traducción: «Yo todo bien, tú te has ofendido sola».

Es como echar gasolina a un incendio y decirle a la casa: «Yo no lo encendí, tú eres la que arde».

Mucho mejor:

«Lamento que mis palabras te hicieran sentir así. No era mi intención herirte».

No estás diciendo que lo hiciste a propósito, pero sí reconoces que pasó algo real.

«Bueno… si te dolió, lo siento».

Condescendencia con lacito. Traducción: «A mí no me parece para tanto, pero si tú lo sientes así, qué remedio».

Es la disculpa que se lanza mientras se mira el móvil. Educada, sí; implicada, no.

La alternativa para que estas excusas se conviertan en una sincera petición de disculpas puede ser una frase como: «Ahora que lo veo desde tu lado, entiendo que fue doloroso. Me equivoqué, y lo siento».

Cambia el tono por completo, asumes tu parte de responsabilidad. Y no se te cae ningún anillo por decirlo.

Sigamos con otros ejemplos:

«Perdón, pero es que tú también…».

La disculpa bumerán. Empieza suave, pero termina en «tú lo hiciste peor». Es como tirar una disculpa al suelo y pisarla antes de dársela al otro.

Lo valiente: «Quiero asumir mi parte sin entrar en lo que hiciste tú. Pido perdón por cómo reaccioné». Separar los temas es madurez emocional. Y estrategia fina.

«Venga, perdona por todo».

Versión exprés de «A ver si esto cuela y salimos del drama». Es tan vaga que podría aplicarse a una pelea o a una guerra mundial. Es como tirar confeti en una tormenta.

¿Y si pruebas con esto?: «Perdón por interrumpirte de esa forma. Fue brusco y no lo gestioné bien». Cuando nombras lo que pasó, el otro deja de sentirse invisible.

«Lo siento, pero es lo que hay».

Disculpa pasivo-agresiva nivel ninja. Traducción: «Me importa cero cómo te sientes, esto no va a cambiar, pero te lo digo con tono de funeral para que parezca maduro».

Más digno (y menos frío): «Siento no poder darte otra respuesta, pero no ha sido fácil tomar esta decisión». Sigue siendo un no rotundo, pero con humanidad. No eres un muro, eres una persona.

«Bueno, ya está, ¿no?».

Disculpa por agotamiento. Lo que en realidad estás diciendo es: «Te he dado lo justo, déjame en paz».

Es la típica frase que deja al otro con más rabia que antes del *perdón*.

Mejor opción si quieres cerrar con altura: «Sé que esto puede necesitar más conversación. Estoy aquí si quieres seguir hablándolo».

No te estás castigando, solo estás dejando abierta la puerta al cierre real.

Antes de pasar página, una cosa más: una disculpa, por muy bien escrita que esté, pierde fuerza si no va acompañada de presencia. Lo vimos en la Parte 1: lo digital nos da inmediatez, pero nos quita matices. Y cuando se trata de reparar, los matices importan. El tono, la mirada, el silencio que sostiene lo que estás diciendo, todos esos elementos no verbales no se transmiten con un emoji llorando. Así que, si de verdad quieres que el otro sienta que lo que dices es sincero, no lo sueltes por mensaje mientras haces otra cosa. Una disculpa no es un trámite, es un momento. Y ese momento, si puede ser cara a cara, vale el doble.

Cómo disculparte de verdad (y no parecer una marquesa emocional)

Pedir perdón no es un acto decorativo ni una frase bien dicha para que el otro te aplauda. Es una decisión consciente en relación con el otro, por eso es importante que el contexto (de las 5C) se enfoque, no solo en el lugar o momento externo, sino en la comprensión emocional del otro. Ese es el verdadero contexto cuando pretendes reparar algo con alguien.

Por eso, antes de lanzarte con un «lo siento», conviene asegurarnos de algo básico pero que, aunque parezca obvio, se nos olvida con frecuencia: es fundamental sentir lo que estás diciendo. Es primordial conectar con la situación, con el otro y contigo misma. Lo vimos ya antes: las **5C** también sirven para disculparse. No hace falta citarlas como si estuvieras dando una clase TED, basta con que estén presentes en tu forma de estar, de mirar y de hablar.

1. CUÁNDO

No pidas perdón en medio de la tormenta. Si aún estás dolida, a la defensiva o cargada de rabia, no vas a conectar con el otro, que es lo más importante. Te disculparás para salir del paso o para evitar el conflicto, pero no vas a sentirlo. Espera al momento en que de verdad puedas mirar lo que pasó sin ponerte en el centro.

«He estado pensando en lo que pasó…».

«Me he tomado un tiempo porque no quería responder desde el malestar».

Eso ya baja el humo.

2. CONTEXTO

Cuando toca pedir disculpas, el contexto no es *dónde* ni *cuándo*. Es *qué ha pasado realmente* y *cómo lo vivió la otra persona*. Y para eso, no hace falta ponerte a adivinar emociones profundas, sino hacer buenas preguntas que te ayuden a entender la situación de verdad.

¿Qué fue exactamente lo que molestó? ¿Hubo algo que se repitió? ¿Fue el tono, el momento, la forma? ¿Estaba pasando algo más ese día que tú no sabías?

Cuanto mejor entiendas el escenario completo, más sentido tendrá tu disculpa. Porque no estás pidiendo perdón *porque sí*, ni solo *por si acaso*, ni para pasar página rápido. Estás mostrando que te has tomado el tiempo de entender lo que pasó.

Ese es el verdadero contexto de una disculpa: no solo lo que hiciste tú, sino lo que eso provocó en el otro, en ese momento, en esa situación concreta.

Y si no lo sabes, lo preguntas. Porque una disculpa basada en supuestos puede sonar bien, pero no repara nada.

Frases como: «¿Te molestó más lo que dije o cómo lo dije?» o «¿Hubo algo que te hizo sentir que no te estaba escuchando?», te dan pistas para afinar la disculpa. No se trata de defenderte, se trata de entender mejor.

3. CONECTAR

Si en la parte anterior hacías preguntas para entender qué pasó, aquí toca lo más importante: escuchar sin interrumpir, sin defenderte y sin interpretar todo desde tu prisma. Ahora no es el momento de explicar nada. Ahora toca conectar.

Y conectar empieza así: escuchamos, pero no juzgamos. O al menos, lo intentamos… sin levantar la ceja, sin poner cara de «tampoco era para tanto» y sin soltar ese suspiro pasivo-agresivo que lo dice todo sin decir nada.

Porque sí, también se desconecta con la cara, con ese gesto

de «madre mía, qué drama» que puede cargarse en un segundo la intención más sincera.

Lo que toca ahora es sostener el relato del otro sin desmontarlo. Validar su vivencia, aunque no coincida con la tuya. Empieza por reconocer lo que el otro vivió. Porque, aunque tú no lo veas tan grave, si te importa la persona, te importa su experiencia.

Eso es empatía real. Y si no llegas a eso, por muy correcta que suene tu disculpa, va a parecer una respuesta de servicio al cliente: amable, pero hueca.

Frases como:

«Ahora que me dices esto, puedo entender por qué te dolió».

«Sé que esto no fue solo por lo que pasó, sino por todo lo que venías acumulando».

«Me doy cuenta de que mi tono fue injusto. Y no me gusta haberlo hecho así».

Y cuando una disculpa logra eso, ya no suena a excusa. Suena a reparación. No son fórmulas mágicas. Pero son formas de mostrarle al otro que no solo has escuchado, sino que has comprendido.

4. CONTAR

Aquí es donde asumes tu parte. Ojo, no tienes que asumir toda la culpa del universo, solo la tuya, la que te corresponde por lo que hiciste, dijiste u omitiste. Con sencillez, sin dramatismo.

«No tendría que haber reaccionado así».

«Podría haber escuchado mejor antes de responder».

No hay nada más potente que alguien que se hace cargo, sin victimismo ni ataque.

5. CONCRETAR

Una disculpa sin propuesta suena a eso de «lo siento… pero hasta aquí hemos llegado». Educado, sí. Reparador, no tanto.

No hace falta prometer la luna ni redactar un contrato emocional. Basta con mostrar que hay voluntad de reparar o al menos de hacerlo diferente la próxima vez. Es ese pequeño gesto que demuestra que no solo has entendido lo que pasó, sino que estás dispuesta a actuar desde ahí.

Frases como:

«Estoy intentando gestionar mejor mis impulsos. Esto me sirve para verlo».

«Si hay algo que pueda hacer para arreglarlo, dime».

«¿Te parece si la próxima vez lo hablamos antes de que se líe?».

No son promesas vacías ni excusas disfrazadas. Son maneras reales de abrir la puerta al después.

Porque pedir perdón no borra lo que pasó, pero puede reescribir lo que viene.

Y cuando lo haces desde un lugar honesto, presente y conectado, no solo te acercas al otro, también te acercas a ti misma.

EXTRA: El arte de salir a tiempo (cómo acabar una conversación sin parecer borde)

Decir lo que piensas es importante. Saber callarte a tiempo, también.

Y luego está ese tercer superpoder: saber salir de una conversación sin quedar como una antipática ni quedarte atrapada en el *ajá* infinito.

A todas nos ha pasado. Estás en el trabajo, en un evento, en una cena y te encuentras en una conversación que no va a ninguna parte. O que ya fue, pero no acaba nunca. O en la que simplemente no te apetece seguir porque ya no tienes ni energía ni interés. Sin embargo, no quieres ser maleducada, ni cortar en seco, ni hacer el clásico gesto de *tengo que ir al baño* cuando no tienes la menor intención.

Tenlo claro, esto no va solo de ser más o menos educada, va de algo más profundo: gestionar tu energía de forma consciente. Hay conversaciones que nutren y otras que agotan, por lo que sea. Muchas veces no es por el tema, sino por la forma, por la duración, por el bucle en el que entran cuando llegan a ese punto exacto en el que ya nadie está comunicando nada nuevo, pero seguimos ahí por inercia, por no incomodar, por miedo a parecer *bordes*.

Pues bien. Salir a tiempo no es ser borde, es tener responsabilidad emocional. Con el otro, y contigo.

En entornos profesionales, además, esto es esencial. Una conversación de pasillo puede ser útil o comerse media mañana. Un «¿tienes un minuto?» puede acabar siendo un podcast de media hora si no sabes cerrarlo con amabilidad firme. Y aquí, la amabilidad sin firmeza te lleva directo al síndrome del ¿por qué no avanzo en nada?

La clave está en mantener el equilibrio entre dos aspectos: cerrar con cuidado y dejar al otro con la sensación de que ha sido escuchado. No necesariamente con entusiasmo, pero sí con respeto.

Por ejemplo:

«Me ha encantado escucharte, gracias por compartirlo. Voy a saludar a alguien antes de que se me escape».

O en una reunión:

«Creo que con lo que hemos hablado tenemos una buena base. Si te parece, lo retomamos por email».

O si el otro sigue hablando, puedes añadir:

«Te escucho con gusto otro día, de verdad. Ahora tengo que centrarme en otra cosa».

Y si te da miedo que suene a excusa, usa tu cuerpo. El lenguaje no verbal es tu mejor aliado.

Contacto visual, sonrisa sincera (no falsa simpatía), cuerpo que empieza a girar, paso hacia atrás, manos que ya recogen bolso, cuaderno o taza de café. Todo eso habla. Y mucho.

Y si sientes culpa, repítete esto: no estás cortando la conversación, estás cuidando tu espacio mental. No es falta de educación, es presencia con límites.

A veces, alargar una conversación por cortesía puede convertirse en malestar para ti y también para el otro, porque cuando no sabes salir, el cuerpo se queda, pero la mente se va. Entonces aparece la impaciencia, la cara forzada, la mirada que busca una excusa para marcharse. Aunque no digas nada, el otro nota tu impaciencia. Por eso salir bien no es cortar: es evitar que algo neutro se convierta en incómodo sin necesidad. Porque salir a tiempo también es una forma de comunicar. Y como todo en este libro, se puede entrenar.

4

El silencio también es una respuesta

Y a veces, la más clara que puedes dar

Después de todo este recorrido —de filtrar lo que llega, de aprender a decir que no sin dramas, de sostenerte en medio de conflictos sin perder la cabeza ni la educación, y de convertirte en una auténtica experta en las 5C— queda una herramienta que muchas veces se subestima, pero que comunica tanto (o más) que cualquier otra: **el silencio.**

No siempre necesitas una frase brillante ni una despedida impecable. No siempre hay que explicar lo que sientes, justificar por qué no contestaste o adornar el cierre de una conversación con una sonrisa perfecta. A veces, lo más coherente, lo más honesto y también lo más potente es no decir nada. Literalmente. Nada.

Y no, no hablo de hacer *ghosting* como estrategia o de desaparecer como una diva emocional. Hablo de elegir, con toda la intención del mundo, cuándo no responder a algo. De entender que no todas las conversaciones merecen ser contestadas, que no todos los comentarios necesitan réplica y que no todas las provocaciones requieren tu talento escénico. A veces no responder no es indiferencia: es higiene mental. Es saber que ya lo dijiste todo al respecto o que repetirlo no va a convertirlo en ópera. Es entender que eso que te están reclamando no es tuyo o que, sinceramente, ahora mismo no te da la gana.

Puede que al otro le incomode. Puede incluso que tú misma sientas esa punzadita de *uy, ¿y si hubiera dicho algo más suave, más simpático, más educado?* Pero el silencio, cuando se elige con conciencia, no es vacío: es una coreografía. Una forma de marcar un límite sin ponerte la banda sonora de *me estoy defendiendo*. Una forma de comunicar que estás, que ves, que entiendes, pero que no vas a entrar a la pista.

El silencio puede decir: «Estoy procesando». O «Ya me lo he dicho todo a mí misma, no necesito repetirlo contigo». O incluso: «Te escuché, pero no voy a justificarme otra vez para que me entiendas desde un sitio donde no me pienso meter». También puede decir: «No me atraviesa lo suficiente como para quedármelo. Suerte con eso».

Y eso, por sí solo, ya es un acto de coherencia. Y de paz. Y, si me apuras, de ahorro energético.

No todo lo que te dicen merece respuesta. No todas las preguntas exigen aclaración. Y no todas las personas tienen que quedarse satisfechas con tu nivel de disponibilidad. Y si te preguntan por qué no contestaste, tampoco hace falta fingir que te funcionaba mal el wifi emocional: basta con decir «no era el momento» o «preferí no añadir más ruido». Punto.

Porque sí: puedes aceptar a las personas como son, pero colocarlas donde se merecen. Ni más arriba ni más cerca ni con acceso ilimitado a tus emociones. Eso también es una forma de comunicación: sin castigo, sin drama, sin moralina. Solo ubicación.

Al final lo que eliges callar también forma parte de tu narrativa. Porque hay mensajes que se dicen en voz alta y otros que se entienden en la pausa. No todo tiene que pasar por las palabras. A veces lo más maduro, lo más limpio y lo más firme que puedes hacer es no hacer nada. Ni responder ni justificar ni decorar.

Solo estar. O no estar.

Y, sí, eso también es comunicación.

Y, sí, a veces es la forma más poderosa de no hacer ni puto caso.

PLAN NI PUTO CASO: MEJORA TU COMUNICACIÓN EN 12 MESES

MES 1: Descubre desde dónde comunicas

🎯 Objetivo: Hacerte un diagnóstico real (y sin anestesia) de tu estilo comunicativo.

🧠 ¿Por qué empezar aquí?

Porque antes de arreglar nada, hay que entender qué está pasando. Muchas veces creemos que *no nos escuchan* o que *los demás son un muro*, cuando en realidad somos nosotras las que hablamos desde lugares que ni sabíamos: la culpa, el miedo, el *quiero caer bien*, el *no quiero líos* o el ¡*me la suda todo y reviento*! Este mes no se trata de cambiar. Se trata de entender. Lo demás, ya vendrá.

📒 Referencia al libro:

Capítulo 1 de la Parte 1 + test de diagnóstico comunicativo. Clasificación:

- Agresiva (yo gano / tú pierdes)
- Pasiva (tú ganas / yo pierdo)
- Pasivo-agresiva (parece que sí, pero no)
- Asertiva (yo gano / tú ganas)

🛠 Herramienta base:

El test de diagnóstico NPC con sus 24 frases y la interpretación:

✔ Tu tendencia dominante
✔ Tus puntos débiles (dónde más puntuaste bajo)
✔ Tu desafío, tu riesgo y tu fuerza
✔ Las frases tipo que te chirrían y las que te representan

🧭 Ejercicios del mes:

1. Haz el test completo sin censura.
2. Marca las frases donde puntuaste –1, –2 o –3.

3. Pregúntate: ¿Qué me pasa? ¿Qué me gustaría decir, pero no digo? ¿Qué me sale sin querer y luego me arrepiento?

🧩 Microdesafíos semanales:
– Semana 1: Observarte sin juzgar.
– Semana 2: Anotar situaciones incómodas.
– Semana 3: Etiquetar con tu estilo.
– Semana 4: Reescribir una escena desde la asertividad.

💬 Frases tipo:
«No quiero molestar, pero…» → PASIVA
«¡Haz lo que quieras!» → AGRESIVA
«Nada, si ya veo que no te importa…» → PASIVO-AGRESIVA
«Ahora no me va bien, pero mañana te confirmo» → ASERTIVA

🎯 Objetivo final: Saber desde qué estilo sueles comunicar sin juzgarte, pero con claridad.

¡Vamos allá con el desarrollo al estilo completo del **mes 2**! Seguimos con el tono NPC: práctico, divertido y directo al corazón comunicativo. Aquí lo tienes listo para incluir en guía, workbook o en tu plan maestro de entrenamiento emocional:

MES 2: Filtra lo que no te sirve – Limpia tu espacio mental

🎯 **Objetivo:** Aprender a poner un filtro entre lo que te dicen y lo que decides quedarte. Porque no todo lo que te llega merece quedarse contigo.

🧠 **¿Por qué toca esto ahora?**

Porque si en el mes 1 descubriste desde dónde comunicas, ahora toca mirar **qué de todo lo que recibes afecta a esa forma de comunicarte.**

¿Te das cuenta de la cantidad de opiniones, reproches, consejos no pedidos y frases tipo *te lo digo por tu bien* que entran directo a tu autoestima sin pasar por aduanas?

Este mes se trata de activar el radar: no todo lo que los demás opinan de ti es verdad. Ni necesario. Ni tuyo.

Y mucho menos obligatorio de procesar.

📓 **Referencia al libro:**

Situación 2 (Parte 2): cómo filtrar lo que te llega.

Incluye el recurso:

¿Esto me importará en cinco años?

Y la idea de **quedarte solo con lo que aporta**: claridad, mejora, conexión o cariño.

Si solo trae ruido o drama… ¡next!

🛠 **Herramienta base:**

La pregunta de los 5 años.

El **análisis exprés de intenciones:**

¿Esto que me están diciendo, me ayuda a crecer o me deja peor de lo que estaba?

El **semáforo emocional:**

🟢 Me construye → lo escucho

🟡 Me confunde → lo reviso

🔴 Me aplasta → lo suelto

🧭 **Ejercicios del mes:**

Haz una lista de frases que te han marcado en los últimos meses. De esas que te han dolido o removido por dentro.

Al lado de cada una, pregúntate:

—¿De quién viene?

—¿En qué momento me lo dijo?

—¿Me aporta algo útil o solo me da vueltas en la cabeza?

Tacha sin piedad las que no pasarían el filtro de «¿me importará esto en cinco años?».

Cambia el chip: En vez de «me lo dijo fulanita y me lo creo», empieza a pensar «esto que me dijo, ¿lo quiero yo para mí?».

Microdesafíos semanales:

Semana 1: Apunta cada comentario o frase que te afecte emocionalmente durante el día.

Semana 2: Marca con colores según el semáforo (verde/amarillo/rojo).

Semana 3: Practica responder con frases tipo «gracias por decírmelo, lo pensaré» (aunque por dentro lo mandes a Marte).

Semana 4: Elige una situación donde antes habrías encajado el golpe sin rechistar... y di en voz alta: «Esto no me lo quedo».

Frases tipo del mes (para tu nuevo filtro mental):

—Gracias por tu opinión, pero no me la quedo.

—Lo estoy procesando, pero ahora mismo no lo necesito.

—Sé que lo haces con buena intención, pero no me ayuda.

—Voy a dejar este comentario en pausa. Si luego me sirve, ya lo rescato.

Objetivo final del mes:

Que empieces a **diferenciar lo que se dice de lo que eliges creer.**

Que aprendas a **poner fronteras simbólicas,** no para aislarte, sino para proteger tu comunicación de todo lo que no suma.

Y, sobre todo, que no confundas tu valor con lo que opinan los demás.

MES 3: Di NO sin culpa – Pon límites con estilo

🎯 **Objetivo:** Decir que NO sin que te dé taquicardia, sin perder la educación... y sin quedarte luego tres días repasando la escena en tu cabeza.

🧠 **¿Por qué toca esto ahora?**

Porque después de descubrir desde dónde comunicas (mes 1) y limpiar lo que te llega (mes 2), ahora toca mirar lo que *sale de ti.*

Y aquí entra tu capacidad de poner límites.

Spoiler: decir que NO es una forma de autocuidado.

No es egoísmo, no es agresividad, no es «ir de borde», es comunicar que tú también importas.

📓 **Referencia al libro:**

Situación 5 (Parte 2): cómo decir que NO a familia, amigos o gente cercana sin drama ni culpa.

Y la herramienta estrella: **las frases puente.**

🛠 **Herramientas base:**

Las **frases puente:**

Aquellas que te permiten ganar tiempo, respirar y pensar antes de responder sin caer en un sí automático ni en un no seco.

Ejemplos:

—Déjame pensarlo y mañana te digo.

—Ahora mismo no tengo claridad, ¿te importa si te contesto más tarde?

—Necesito ver cómo tengo la agenda. ¿Te aviso?

El **termómetro emocional del SÍ:**

Si el *sí* sale con ganas, adelante.

Si sale con incomodidad, tensión o ganas de huir, cuidado.

Si sale con rabia o resignación, ¡alerta roja!

Ejercicios del mes:

Haz memoria: Piensa en las últimas cinco veces que dijiste que sí… queriendo decir que no.

Analiza qué te frenó: Miedo al rechazo, culpa, ganas de agradar, evitar conflicto.

Reescribe esas situaciones: ¿Qué podrías haber dicho con una frase puente en vez de ese sí automático?

Elige una situación próxima y prueba a usar una frase puente: No es necesario que sea un NO rotundo de primeras. Solo evita el SÍ sin filtro.

Microdesafíos semanales:

Semana 1: Observa todos los síes que das en automático. Solo obsérvalos.

Semana 2: Escribe una lista de tus frases puente favoritas. Pégalas donde las veas.

Semana 3: Usa al menos una frase puente real con alguien de confianza.

Semana 4: Di un NO suave pero firme. Y date permiso para no justificarlo.

Frases tipo del mes (no son excusas, son decisiones):

—Ahora mismo no me viene bien, pero gracias por pensar en mí.

—Esta vez no puedo, pero cuéntame cómo te va cuando lo hagas.

—No tengo espacio para eso ahora, y prefiero no comprometerme a medias.

—Gracias, pero lo voy a dejar pasar.

Objetivo final del mes:

Que entiendas que decir que NO también es una forma de decirte que SÍ a ti misma.

Que el límite no es una barrera, es un marco.

Y que, si no lo pones tú, no lo pondrá nadie por ti (y luego vendrán los dramas, los reproches, las facturas emocionales... y la terapeuta interior diciendo «te lo dije»).

MES 4: Maneja conflictos con clase – Sostente sin explotar

🎯 **Objetivo:** Afrontar conversaciones difíciles sin perder la calma, sin herir (ni herirte) y sin salir de ti misma hecha un torbellino emocional.

🧠 **¿Por qué toca esto ahora?**

Porque ya sabes cómo sueles comunicar (mes 1), qué opiniones soltar (mes 2) y cómo empezar a marcar límites (mes 3)...

Ahora toca lo heavy: **cuando el conflicto está servido**, ¿cómo responder sin perder la cabeza ni tragarte el veneno?

Este mes va de sostenerte cuando todo a tu alrededor te invita a hacer lo contrario: callar, explotar o soltar una indirecta por WhatsApp a las dos de la mañana.

📓 **Referencia al libro:**

Situación 3 (Parte 2): cómo enfrentarse a conversaciones incómodas, manipulaciones, reproches y bucles infinitos.

Incluye:

—Técnica del **botón de pausa**

—Frases para cortar bucles sin sonar borde

—Mantras de autocuidado

🛠 **Herramientas base:**

El botón de pausa (acción > reflexión > acción):

No es huida, es conciencia. Antes de reaccionar con las tripas, paras.

Respiras. Nombras. Y luego eliges cómo responder.

Ejemplo:

—Acción emocional: te atacan, te pican, te empujan a responder.

—**Pausa:** Voy a pensarlo un momento antes de contestar.

—Reflexión interna: ¿desde dónde quiero responder?

—Acción consciente: contestas desde tu centro, no desde el caos.

Frases rompe bucle:

—Siento que estamos repitiendo lo mismo sin avanzar, ¿lo retomamos más adelante?

—No me siento en condiciones de seguir esta conversación ahora.

—Prefiero que hablemos cuando los dos estemos más tranquilos.

Ejercicios del mes:

Haz inventario de conversaciones recientes que te han dejado agotada o descolocada.

Escribe qué te habría gustado decir o hacer si hubieras tenido un botón de pausa.

Crea tu propio mantra de autocuidado. Algo que puedas repetir mentalmente cuando el conflicto se ponga intenso.

Ejemplo: No me pierdo en esto. Me sostengo.

Entrena una salida elegante por semana. Sí, aunque sea con alguien random que te pida un favor por email o en el grupo del cole.

Microdesafíos semanales:

Semana 1: Detecta tu primer impulso ante una situación tensa. Solo obsérvalo.

Semana 2: Practica una frase de pausa en frío: «¿Te importa si lo hablamos después?».

Semana 3: Usa una salida con clase ante una conversación circular.

Semana 4: Cierra una charla que ya no te aporta sin justificarte.

💬 **Frases tipo del mes (para usar como ninja emocional):**

—Ahora mismo no estoy en el mejor momento para hablarlo.

—Necesito un momento para ordenar lo que siento antes de responder.

—Te escucho, pero así no puedo avanzar.

—No es el momento ni el tono para que esta conversación sea útil.

🎯 **Objetivo final del mes:**

Aprender a **no reaccionar por inercia**, sino a responder con intención.

A entender que sostenerte no es aguantar en silencio, sino **cuidar cómo y cuándo dices lo que necesitas decir**.

Y que una conversación difícil bien gestionada... puede ser una victoria épica (aunque nadie te aplauda al final).

MES 5: Repara sin rendirte – Pide perdón con poder

🎯 **Objetivo:** Aprender a pedir disculpas sin que eso te reste valor, sin humillarte ni justificarte... y, sobre todo, sin convertir el perdón en una autodefensa encubierta.

🧠 **¿Por qué toca esto ahora?**

Porque si ya sabes poner límites, sostenerte y decir NO (meses 1-4), es hora de trabajar **cómo reparar cuando tú la cagas** (spoiler: sí, también pasa).

Y cuando lo haces desde un lugar honesto y no desde el miedo o la culpa, el perdón **no te debilita, te vincula.**

Pedir perdón no es agachar la cabeza. Es mirarte y mirar al otro con claridad, asumir lo que toca… y seguir adelante sin cargar con esa piedra emocional en la mochila.

📓 **Referencia al libro:**

Parte 2 – bloque sobre cómo disculparse de forma real y consciente, integrado en las 5C, en especial:

→ **C de conectar**: Validar el impacto emocional en el otro.

→ **C de contar:** Explicar sin justificarse.

→ **C de concretar**: Proponer reparación realista, no promesas de telenovela.

🛠 **Herramientas base:**

Disculpa en tres movimientos:

Reconozco lo que hice y cómo pudo afectarte.

Expreso desde dónde lo hice, sin excusas pero con humanidad.

Propongo algo concreto para compensar o hacerlo mejor.

Frases sanadoras (de verdad):

—No era mi intención herirte, pero veo que lo hice. Y lo lamento.

—Estoy intentando gestionar mejor mis impulsos. Esto me sirve para verlo.

—Gracias por decírmelo. Si hay algo que pueda hacer para repararlo, dime.

—No quiero justificarme, pero sí entenderlo mejor contigo.

🧭 **Ejercicios del mes:**

Haz lista de personas con las que sientes que quedó algo pendiente. No para ir corriendo a escribirles, sino para ver si tú necesitas cerrar.

Elige una y redacta una disculpa completa con los tres pasos. Aunque nunca la envíes, haz el ejercicio real.

Detecta tus muletillas defensivas favoritas:

—Es que tú también…

—Pero si te lo dije…

—No fue para tanto…

Y prueba a sustituirlas por silencio y presencia.

Aplica una disculpa real en una situación pequeña esta semana. No esperes al drama gigante. Entrena con lo cotidiano.

🧩 **Microdesafíos semanales:**

Semana 1: Reflexiona sobre una vez que te pidieron perdón mal. ¿Qué faltó?

Semana 2: Haz tu lista de muletillas y transforma al menos una.

Semana 3: Prueba a pedir perdón por algo menor usando el esquema 1-2-3.

Semana 4: Ofrece reparación real («¿Te gustaría que…?», «¿Qué te ayudaría ahora?»).

💬 **Frases tipo del mes (para entrenar perdón con poder):**

—Sé que no estuve bien. Lo reconozco y no quiero dejarlo pasar.

—Esto me ayuda a verlo. Gracias por confiar en decírmelo.

—Lo siento por cómo lo viviste. No era lo que quería provocar.

—Si hay algo que pueda hacer para arreglarlo, dime. Estoy abierta.

🎯 **Objetivo final del mes:**

Que entiendas que pedir perdón **no borra lo que pasó**, pero puede transformar lo que viene después.

Y que, si lo haces desde un lugar presente, honesto y sin

autoflagelarte, **te conecta contigo y con el otro**, sin debilitar tu voz ni tu valor.

MES 6: Revisa tu humor – No estás aquí para entretener a nadie

🎯 **Objetivo:** Usar el humor como herramienta de conexión y no como escudo. Dejar de recurrir al chiste automático para evitar incomodidad, rellenar silencios o hacerte la simpática cuando en realidad te sientes… invisible.

🧠 **¿Por qué toca esto ahora?**

Porque ya estás afilando tu forma de comunicar (meses 1 al 5), pero hay algo que puede estar saboteándote por dentro: **el humor defensivo, autohiriente o sobreadaptado.**

Ese que usas para que nadie se ofenda, para caer bien, para que no noten que estás incómoda…

Y, ojo, no se trata de dejar de ser graciosa. Se trata de **usar el humor para ti, no contra ti.**

📒 **Referencia al libro:**

Capítulo 7 completo: teoría, errores frecuentes y ejemplos de humor que construye *vs.* humor que desactiva o te desconecta.

Ejemplos clave: autohumor, exageración, contraste… y también **el rol de payasa emocional** que muchas activamos sin darnos cuenta.

🛠 **Herramientas base:**

La pregunta clave:

¿Estoy usando el humor para conectar o para protegerme?

Radar de humor útil *vs.* dañino:

✔ Me río de lo absurdo, exagero lo real, comparto algo que une.

✖ Me ridiculizo, minimizo lo que siento o desvío el tema con chistes cada vez que alguien se pone serio.

Autodiagnóstico exprés:

—¿Te cuesta sostener el silencio?

—¿Usas bromas para rellenar tensión?

—¿Te haces la graciosa cuando estás incómoda?

—¿Eres la que siempre aligera el ambiente aunque esté fatal?

Si dijiste sí a más de dos, este mes es para ti.

Ejercicios del mes:

Haz una lista de tus muletillas cómicas. Las típicas frases que lanzas cuando no sabes qué decir o cuando sientes que estás incomodando.

Identifica tres situaciones en las que usaste el humor para protegerte. ¿Qué sentías? ¿Qué habría pasado si no hacías el chiste?

Haz el reto de los cinco segundos de silencio. En una conversación, cuando sientas la necesidad de meter un chiste rápido, respira y espera. ¿Qué pasa si no lo haces?

Practica un humor que muestre vulnerabilidad sin humillarte. Cuenta algo tuyo real, sin adornarlo de risa. Solo con presencia. A ver qué pasa.

Microdesafíos semanales:

Semana 1: Observa cuándo usas el humor para evitar emociones (propias o ajenas).

Semana 2: Cambia una frase de burla propia por una frase neutra o afirmativa.

Semana 3: Cuenta algo que te incomodó sin camuflarlo de risa.

Semana 4: Usa el humor para ilustrar una idea, no para esconderla.

💬 **Frases tipo del mes (para reemplazar el sarcasmo innecesario):**

—Esto me cuesta decirlo, pero lo voy a intentar sin escaparme en chistes.

—Lo digo en serio, aunque suene a broma.

—Estoy aprendiendo a no bromear cada vez que algo me incomoda.

—No me hagas caso, soy la típica que lo disfraza todo de risa… pero lo pienso.

🎯 **Objetivo final del mes:**

Que entiendas que **el humor no es tu escudo, es tu herramienta.**

Y que dejar de entretener a todo el mundo a costa tuya no te hace menos encantadora.

Te hace **más auténtica, más presente y mucho más poderosa.**

MES 7: Mejora tu presentación – Empieza y termina con impacto

🎯 **Objetivo:** Aprender a abrir y cerrar una conversación, una charla o un mensaje con claridad, intención… y un poquito de magia. Porque lo primero y lo último que dices deja huella.

🧠 **¿Por qué toca esto ahora?**

Porque llevamos seis meses afinando tu comunicación interna y externa, pero ahora toca subir al escenario, sea cual sea el tuyo.

Y en escena, **no basta con lo que dices,** importa cómo entras, cómo te colocas y cómo cierras.

Como en un buen concierto: **la primera canción te engancha, la última te deja vibrando.**

📓 **Referencia al libro:**

Situación 10 (Parte 1): cómo iniciar y cerrar una charla con impacto.

Incluye metáforas útiles (como el concierto), ejemplos reales, errores frecuentes y recursos prácticos:

→ *Icebreakers*, anécdotas, datos, preguntas, silencios potentes, cierre con llamado a la acción o emoción.

🛠 **Herramientas base:**

El ABC de un inicio con impacto:

✔ Algo que capte la atención (pregunta, anécdota, dato curioso, imagen potente)

✔ Breve contextualización (qué vas a contar y por qué importa)

✔ Conexión emocional (algo que enlace contigo o con el otro)

Cierres que cierran (de verdad):

—Cierre emocional: Lo que me llevo de esto es…

—Cierre de acción: Y ahora te toca a ti…

—Cierre inspirador: Como dijo [nombre sabio], y como tú puedes empezar hoy…

🧭 **Ejercicios del mes:**

Elige un tema que domines y escribe tres formas distintas de empezarlo. Una con humor, otra con una pregunta, otra con una minihistoria personal.

Grábate haciendo esas tres entradas. Obsérvate. ¿Cuál conecta más contigo? ¿Cuál te resulta más natural?

Haz lo mismo con el cierre. ¿Te sueles ir sin cerrar o te enrollas sin fin?

Prueba en una conversación real (una reunión, una clase, incluso un wasap de grupo) un inicio diferente. Luego cierra con claridad.

🧩 **Microdesafíos semanales:**

Semana 1: Observa cómo empiezas normalmente las conversaciones importantes.

Semana 2: Crea una minibiblioteca de frases de apertura potentes.

Semana 3: Entrena un cierre con intención en voz alta.

Semana 4: Aplica inicio + cierre en una conversación real. Evalúa cómo te sentiste.

💬 **Frases tipo del mes (que cambian el tono desde el segundo uno):**

—¿Te ha pasado alguna vez que…?

—Quiero contarte algo que cambió la forma en que veo esto…

—Solo tengo tres minutos y una idea que vale por mil.

—Me voy con esta frase que no se me quita de la cabeza…

—Y con esto, cierro. Porque, a veces, menos es más.

🎯 **Objetivo final del mes:**

Que empieces a hablar desde el primer segundo, no desde el minuto cinco.

Y que cuando cierres una intervención, una conversación o un texto, **no dejes el tema flotando**, sino vibrando.

La diferencia entre sonar bien y **dejar marca** está en **cómo abres y cómo cierras.**

MES 8: Las 5C – Tu mapa para comunicar con cabeza, corazón y coherencia

🎯 **Objetivo:** Tener un marco claro y práctico para todas tus conversaciones. Las 5C son tu GPS emocional: no te dicen lo que tienes que decir, pero te ayudan a no perderte en el intento.

🧠 **¿Por qué empezar aquí?**

Porque muchas veces no es que comuniquemos mal, es que **lo hacemos sin mapa.**

Contestamos sin pensar si es el momento, si el otro está receptivo, si lo que decimos se entiende…

Y luego pasa lo que pasa: malentendidos, silencios raros, respuestas que no esperábamos y dramas que podrían haberse evitado con un poco de estructura.

Las **5C** no son una fórmula mágica. Son **tu *checklist* mental antes, durante y después de hablar.**

Te sirven tanto para una conversación íntima como para una reunión, una *story* o una charla en público.

📒 **Referencia al libro:**

Parte 1 – Introducción al método de las 5C, ejemplos integrados en situaciones reales y cada C explicada con intención práctica.

🛠️ **Las 5C, una por una:**

CUÁNDO

⏰ ¿Es el momento adecuado?

¿Estás hablando en caliente? ¿El otro puede recibir lo que tienes que decir?

→ A veces, esperar es mejor que hablar por impulso.

CONTEXTO

🧭 Entiende la situación antes de intervenir

Antes de lanzarte a hablar, **pregunta para entender el marco completo.** No solo el lugar o el canal (WhatsApp, en persona, en grupo), sino lo más importante:

¿Desde qué situación está hablando la otra persona? Esto no va de leer emociones (que también puede ayudar), sino de tener una foto más clara del momento que está viviendo el otro.

CONECTAR

🤝 ¿Estás escuchando de verdad antes de soltar lo tuyo?

¿Validas lo que el otro siente o vas directa a tu punto?

→ La conexión no se fuerza, se construye. Y sin conexión, lo que digas no llega.

CONTAR

🗣 ¿Qué quieres decir realmente? ¿Estás adornando, justificando o soltando un monólogo interno?

→ Habla claro, habla con intención, y no sueltes toda tu historia si el otro solo necesitaba un dato.

CONCRETAR

🎯 ¿Cómo cierras? ¿Hay una propuesta, una decisión, una acción?

¿O te quedaste flotando en la emoción sin aterrizar nada?

→ Una conversación sin final concreto es como una serie sin capítulo final: frustrante.

🧭 **Ejercicios del mes:**

Elige una conversación reciente que no salió como querías y analiza si fallaste alguna de las 5C.

Haz el test exprés de las 5C con cada charla importante:

—¿Elegí bien el momento?

—¿Vi lo que pasaba a mi alrededor?

—¿Validé al otro o fui a lo mío?

—¿Fui clara o me enrollé?

—¿Dejé claro qué quiero o cómo sigo?

Antes de tu próxima conversación clave, escribe una frase para cada C como preparación.

Después, revisa cuál te saltaste y cómo podrías haberla incluido.

🧩 **Microdesafíos semanales:**

Semana 1: En todas tus conversaciones intenta al menos **elegir bien el momento (CUÁNDO).**

Semana 2: Observa el **contexto** antes de hablar (¿quién está?, ¿es el lugar?, ¿cómo está el otro?).

Semana 3: Escucha activamente antes de lanzar tu punto. Practica validar sin resolver.

Semana 4: Cierra cada charla con algo claro: una frase, una decisión, una acción. Evita irte flotando.

💬 **Frases tipo del mes (para aplicar cada C):**

—CUÁNDO: ¿Es un buen momento para hablar de esto?

—CONTEXTO: ¿Qué ha pasado exactamente?

—CONECTAR: Entiendo cómo te sientes. Gracias por decírmelo.

—CONTAR: Lo que quiero decir es esto:...

—CONCRETAR: Entonces ¿cómo seguimos? / ¿Te parece que lo resolvamos así?

🎯 **Objetivo final del mes:**

Que las 5C te acompañen como un hábito, no como un esquema rígido.

Que se integren en tu manera de pensar antes de hablar.

Y que cada vez que notes que algo se desajusta en una conversación, puedas volver a ellas y decir: «Ajá, aquí fallé la C de conectar...».

Eso es comunicar con intención, no con impulso.

MES 9: Cuerpo, voz y actitud – Tu kit de presencia

🎯 **Objetivo:** Tomar consciencia de lo que dices sin palabras. Afinar tu cuerpo, tu voz y tu actitud para que todo lo que proyectas esté alineado con lo que realmente quieres transmitir.

🧠 **¿Por qué toca esto ahora?**

Porque llevamos meses afinando lo que piensas, sientes, eliges y dices…

Y ahora toca **revisar lo que proyectas.**

Tu cuerpo, tu tono, tus silencios, tu postura, tu mirada. Todo eso habla.

Y a veces **dice cosas que tú no firmarías:** inseguridad, prisa, desconexión o falta de intención.

Este mes va de alinear tu mensaje externo con tu centro interno.

No se trata de impostar, sino de afinar.

No de actuar, sino de habitarte.

📓 **Referencia al libro:**

Parte del método **#MÍRATE**, centrado en la coherencia entre imagen externa, actitud y expresión.

Lo que proyectas cuando entras a un sitio, tomas la palabra o simplemente… estás.

🛠 **Herramientas base:**

Check de presencia en tres niveles:

✔ **Cuerpo:** ¿Cómo entras a una sala? ¿Ocupas espacio o te encoges?

✔ **Voz:** ¿Te oyes firme? ¿Haces pausas o disparas frases como metralleta?

✔ **Actitud:** ¿Tu postura transmite disponibilidad, conexión o tensión defensiva?

Mapa de incoherencias:

—¿Dices que estás segura pero tus manos tiemblan?

—¿Dices que no te importa, pero tu tono suena enfadado?

—¿Dices que estás abierta, pero cruzas los brazos y no miras a los ojos?

Ejercicios del mes:

Grábate hablando de un tema que domines. Puede ser una anécdota, una opinión o algo cotidiano.

—Mírate sin juzgar. ¿Qué proyecta tu cuerpo? ¿Qué transmite tu voz?

—¿Tu cuerpo dice lo mismo que tus palabras?

Ponte frente al espejo dos minutos al día y di en voz alta una frase que te cueste creer:

—«Tengo derecho a estar aquí».

—«Mi voz importa».

—«Lo que digo merece ser escuchado».

Observa qué pasa en tu cara, tu postura, tu respiración.

Elige una conversación cotidiana para entrenar tu presencia.

No cambies lo que dices, cambia **cómo lo dices:** tono, mirada, pausa, cuerpo.

Microdesafíos semanales:

Semana 1: Observa cómo entras en las salas (virtuales o físicas). ¿Cómo llegas tú antes que tus palabras?

Semana 2: Escucha tu tono en los audios que mandas. ¿Te reconoces? ¿Qué cambiarías?

Semana 3: Haz tres pausas conscientes en medio de una conversación.

Semana 4: Mira a alguien a los ojos durante cinco segundos antes de empezar a hablar. No expliques, solo sostén.

Frases tipo del mes (para activar presencia):

—Puedo parar antes de hablar. Eso también comunica.

—Mi presencia no necesita ser ruidosa para ser potente.

—Estoy aquí. Y se nota.

🎯 **Objetivo final del mes:**

Que descubras que tu cuerpo, tu voz y tu actitud **no son decoración**, son parte de tu mensaje.

Que no necesitas ser más intensa ni más alta ni más teatral...

Solo necesitas **alinearte contigo y sostenerte ahí.**

Y eso, amiga, se nota. Mucho.

MES 10: Comunica con coherencia digital – Limpia tu huella sin perderte a ti misma

🎯 **Objetivo:** Revisar cómo te comunicas en redes, en WhatsApp, en correos... y asegurarte de que lo que se ve, se lee y se intuye de ti **realmente te representa.**

🧠 **¿Por qué toca esto ahora?**

Porque después de todo lo que has trabajado (cómo piensas, cómo filtras, cómo marcas límites, cómo usas tu cuerpo y tu voz...), sería una pena que todo eso **se contradijera en tu comunicación digital.**

Tus palabras, tus emojis, tus silencios online también hablan. Y a veces, ¡más fuerte de lo que crees!

No se trata de crear una marca personal perfecta.

Se trata de que **tus perfiles no te saboteen.**

Que no seas coherente en persona y confusa en digital.

O que no proyectes nada... y otros te acaben definiendo por ti.

📒 **Referencia al libro:**

Parte del extra sobre comunicación digital: cómo se distorsiona el mensaje en digital, errores frecuentes, cómo cuidar tu tono por escrito, y cómo mantener tu estilo sin perder claridad ni autenticidad.

🛠 **Herramientas base:**

Radar de coherencia online:

✔ ¿Lo que publicas coincide con lo que defiendes?

✔ ¿Tu tono escrito es claro, respetuoso y personal?

✔ ¿Respondes como hablas… o como un robot corporativo o una *influencer* impostada?

✔ ¿Tus perfiles están actualizados o en coma digital?

Revisión de canales clave:

— WhatsApp: ¿Eres directa, clara o pasivo-agresiva en tus mensajes?

— LinkedIn o Instagram: ¿Hablas desde lo que aportas o desde lo que esperas que guste?

— Email: ¿Tu estilo es frío, difuso o condescendiente sin querer?

🧭 **Ejercicios del mes:**

Revisa tus últimos diez mensajes escritos. WhatsApp, email, redes.

— ¿Qué tono usaste? ¿Cómo puede haberlo recibido el otro? ¿Te representa?

Elige una publicación tuya antigua que ya no habla de ti. ¿La actualizas, la borras o la dejas como parte de tu historia?

Redacta una bio o un mensaje de presentación que te represente hoy. No tiene que ser perfecta. Solo honesta y clara.

Crea una lista de palabras o expresiones que sientes tuyas. Y otra de las que usas para *encajar* o sonar más profesional/de moda. Elimina estas últimas poco a poco.

🧩 **Microdesafíos semanales:**

Semana 1: Limpia tu foto de perfil, estado, bio o firma de email para que diga *aquí estoy yo* y no *hace tres años era así.*

Semana 2: Responde un mensaje importante **con tu estilo real, no con lo que crees que esperan de ti.**

Semana 3: Publica o comparte algo que represente tu visión actual, aunque no dé *likes*.

Semana 4: Pregúntate antes de publicar: ¿Esto comunica lo que quiero o lo que creo que gusta?

💬 **Frases tipo del mes (para conectar también desde la pantalla):**

—Lo que escribes también tiene tono. Elígelo bien.

—No necesitas ser perfecta, necesitas ser tú (también online).

—Comunicar sin presencia física exige más intención, no menos.

—Tu versión digital también necesita tu permiso.

🎯 **Objetivo final del mes:**

Que dejes de permitir que la versión online de ti se arrastre por ahí sin supervisión.

Que la alinees, la limpies y la afines... **sin perder tu verdad.**

Y que todo lo que digas —en persona o por escrito— **te represente, te sostenga y te sume.**

MES 11: La primera impresión – Tu impacto empieza antes de abrir la boca

🎯 **Objetivo:** Tomar consciencia de todo lo que comunicas en los primeros segundos. Afinar tu presencia, tu actitud, tu mirada y tu manera de entrar para que hablen de ti **como tú quieres.**

🧠 **¿Por qué este tema al final?**

Porque la primera impresión **no es solo un tema de estilo o de imagen**. Es una condensación de todo lo que has trabajado: presencia, coherencia, intención, escucha y claridad.

Y porque el mundo no espera a que hables. **Empieza a leerte desde el segundo uno.**

Este mes no va de impostar ni de posar. Va de **alinear lo que proyectas con lo que realmente eres.**

Que cuando entres, sin hablar, **ya se intuya quién eres y cómo te comunicas.**

📒 **Referencia al libro:**

Parte del método **#MÍRATE**: el impacto de la presencia, la expresión corporal, el estilo personal, el tono no verbal. También conecta con la Parte 1 cuando se habla de **percepción y primeros segundos.**

🛠 **Herramientas base:**

Los tres segundos mágicos:

Tu entrada a un sitio, tu primera frase, tu mirada.

Todo eso define el tono de lo que viene después.

Check de primera impresión:

✔ ¿Cómo entras en una sala o en una llamada?

✔ ¿Cómo saludas o te presentas?

✔ ¿Qué expresión sueles tener cuando no dices nada?

✔ ¿Tu estilo, tu postura, tu energía transmiten lo que tú querrías decir de ti?

Actitud de anfitriona:

En vez de pensar «cómo me están viendo», piensa: «¿Qué quiero que sientan al interactuar conmigo?».

🧭 **Ejercicios del mes:**

Grábate entrando a una sala (real o imaginaria).

Sin hablar. Solo entrando, saludando, sentándote. Luego mírate: ¿Qué ves? ¿Qué proyectas?

Haz tu presentación en voz alta:

En quince segundos. ¿Quién eres y qué te define?

— Prueba tres versiones: una seria, una cercana y una creativa.

— Elige la que más conecte contigo, no la que suene más «correcta».

Pregunta a tres personas de confianza:

«¿Qué impresión te di la primera vez que me conociste?».

No corrijas. Escucha y apunta. ¿Coincide con lo que tú quieres proyectar?

Ensayo de entrada con intención:

Elige un sitio donde sueles pasar desapercibida. Y esta vez, entra con conciencia. Mira, saluda, respira… y sostente.

🧩 **Microdesafíos semanales:**

Semana 1: Sé consciente de cómo saludas al entrar a cualquier espacio.

Semana 2: Revisa tu expresión neutral. ¿Estás en modo «cara de nada» o en modo «esto es mi presencia»?

Semana 3: Elige una prenda, un gesto o una palabra que refuerce tu identidad.

Semana 4: En una interacción nueva, observa la reacción del otro sin hablar. ¿Qué estás generando?

💬 **Frases tipo del mes (para posicionarte desde el principio):**

—Me llamo X, y lo que más me importa es que esto nos sirva.

—Soy de las que creen que la primera impresión importa, pero que se puede matizar con lo que viene después.

—No necesito destacar, solo estar presente.

🎯 **Objetivo final del mes (y del plan):**

Que puedas entrar a cualquier sitio —real o virtual— sabiendo que **lo que proyectas es coherente con lo que eres.**

Que ya no te escondas detrás de frases, excusas o disfraz.

Y que, sin necesidad de hablar mucho, **dejes claro que estás, que sabes estar y que lo que viene después… va en serio.**

MES 12: Haz que te hagan PUTO CASO – Comunica con todo tu *power*

🎯 **Objetivo:** Integrar todo lo aprendido y lanzarte a comunicar desde tu centro, sin pedir permiso, sin pedir perdón y sin apagar tu voz. Este mes va de usar tu presencia, tu lenguaje, tu escucha, tu humor, tus límites, tus silencios… TODO. Para que lo que digas, se escuche. Y lo que no digas, también.

🧠 **¿Por qué toca esto ahora?**

Porque ya tienes todo el *toolkit*.

Ya sabes qué decir, cuándo, cómo, con qué tono, desde qué lugar y con qué intención.

Ahora falta lo más importante: **confiar en tu forma de comunicar**.

No en una versión perfecta, sino en una versión completa. Y real.

Este mes no se trata de aprender nada nuevo. Se trata de **usar todo lo que sabes y hacerlo notar.**

📒 **Referencias al libro:**

TODAS. Porque este mes es un remix.

Las 5C. El test de estilos. Los límites. El humor. Las disculpas. La conexión. El silencio. La presencia.

Y sobre todo… el momento de que tú tomes el micrófono.

🛠 **Herramientas base:**

Tu fórmula personal de impacto:

✔ ¿Qué haces bien al comunicar?
✔ ¿Qué has mejorado estos meses?
✔ ¿Qué te sale de forma natural?
✔ ¿Qué haces ahora que antes evitabas?

***Checklist* final de presencia comunicativa:**

—¿Elijo bien mis batallas?

—¿Pido lo que necesito sin rodeos?

—¿Escucho antes de opinar?

—¿Cierro con claridad?

—¿Comunico también cuando no hablo?

Ejercicios del mes:

Haz un mapa de «mi comunicación hoy».

Divide en cuatro áreas: presencial, digital, escrita y emocional.

Escribe cómo comunicas ahora en cada una. ¿Qué se nota distinto?

Graba un mensaje que combine todo: una presentación, una opinión, una historia, una frase final.

— Escúchalo y pregúntate: ¿Esto suena a mí, o a lo que creo que debería sonar?

Elige una situación real para probar tu versión 12.0:

Una reunión, una conversación importante, un directo, un email clave…

Y úsalo TODO: escucha, pausa, claridad, mirada, presencia, humor, cierre.

Como quien entra al escenario y dice: «Estoy lista. Y esto es lo que hay».

Microdesafíos semanales:

Semana 1: Haz algo que antes evitabas por miedo a «decirlo mal».

Semana 2: Habla claro en una situación que antes hubieras adornado.

Semana 3: Lanza un mensaje potente, corto y tuyo en redes o en persona.

Semana 4: Cierra una conversación con firmeza y calidez. Nada de «bueno, ya si eso hablamos».

💬 **Frases tipo del mes (que dejan marca):**

—Esto es lo que pienso. Lo digo con respeto y claridad.

—No busco tener razón, busco que me entiendas.

—No voy a callarme solo porque incomoda.

—Estoy aquí para que me oigas. Y también para escuchar.

🎯 **Objetivo final del mes (y del plan):**

Que uses todo lo que eres para que te escuchen, te respeten y te valoren.

Que comuniques sin disfraz.

Y que, cuando hables, pienses:

No sé si te va a gustar lo que voy a decir… pero esta vez, me vas a escuchar.

Agradecimientos

Gracias a ti, que sostienes este libro, por hacerme puto caso.

Gracias a Mónica Adán y David Trías, mis editores, por elegir hacerme puto caso.

Gracias a Jose Rafoso, porque desde que nos conocimos es el ángel de la guarda que más puto caso me hace.

Gracias a mis amigas Reichel y Meri, que a pesar de todo siempre me hacen puto caso.

Gracias a mi marido e hijos, porque no les queda más remedio que hacerme puto caso y los quiero con locura.

Gracias a mi madre y a mi padre, a los que quiero mucho, a pesar de no haberles hecho ni puto caso.